ライブラリ経済学基本講義❷

基本講義
マクロ経済学
第2版

中村 勝克 著

BASIC ECONOMICS

2

新世社

編者のことば

　大学教育も，これまでのエリート主義，アカデミズム重視から汎用性ある知識を持つ職業人の養成へと徐々にシフトしている。そのような中，最近の経済学各科目のシラバスをみると，かつてに比べ教科書を指定しない傾向が見受けられる。PCによって教授者の教え方に合わせたレジメ作成が容易になっており，そうした自作資料を主にした授業も盛んである。しかし，指定テキストを置かずに行う講義でも，当該テーマの全体像を説き明かし，講義を別視点から補強するテキストの存在は依然重要であり，学生にとっても自習用，試験前の確認用として冊子体のテキストは有用といえよう。

　こうした経済学を学ぶ学生の資質・志向の変容と教育形態の状況を鑑み，上記のような教育環境下においても存在価値あるテキストを実現するために，本「ライブラリ経済学基本講義」を企画した。本テキストは，学習者にあった内容と教授者の利用しやすさを追求し，「テキストは補助に徹し，利用者（学生，教員）を重視する」という基本原則の下で，以下のような特色をもつ。

1. 直感理解重視で，背後にストーリーを透かすような流れを考え，目標や結果を先に伝えて，あとは説明でその理解を深めさせる解説スタイルを心がける。
2. 一文は比較的短めで重くならないように工夫し，軽く読み流せるものとし，箇条書きを適宜挿入する。
3. 図解を多用して理解を促す。
4. 現実例を示しながら，実際に役立つことも実感できる。
5. 定期試験対策等としても活用できるように，ポイントの確認がしやすく，「答」が見出しやすいものとする。
6. 基本的内容が一通り入っている網羅性を満たす。
7. 受講する学生の7割が理解できるレベルの内容設定で，理解力の底上げを主として，授業の不足分の補足ができるようにする。
8. デジタル時代の中で，冊子体である「本」の良さ（一覧性，閲覧・持ち運び容易性，ストーリー性など）が十分に活かされたものとする。

　以上，学生側，教授者の両者の視点を十分に考慮した重点方針の下，各巻独立したライブラリ形式の単行本として刊行する。各巻の内容・記述は統一性を重視して，原則として単著か，少人数の共著によるものとする。

　従来にない実践的で有用なテキストとして，本ライブラリが経済学の初心者に広く受け入れられることを期待している。

井堀　利宏

■第2版へのはしがき

　第2版を上梓するにあたり，改めて「ケインズ経済学は面白い」と感じているところです。初版のはしがきでも触れましたが，現在，マクロ経済学にはいくつかの考え方（理論体系）が存在しています。その中でも，理論の直観性と現実経済への応用力という意味で，いわゆるケインズ経済学には一定のアドバンテージがあります。「金融引き締め政策を行うとどうなるのか？」とか，「どのようなときに物価が上がるのか？」等々，難しい数式ではなく，一般的な感覚を用いて体系的にストーリーを語ることができる。これがIS-LM分析をベースにしたケインズ経済学の面白さであり，この面白さを伝えることこそ，初版執筆時から持ち続けている最大の目標と言えます。

　現在，マクロ経済学者や専門家の間では，ミクロ的基礎付けのあるニュー・ケインジアン・モデルという分析ツールが多く用いられています。それと対比的に言うのならば，本書で解説する経済学は，差し詰め，"オールド・ケインジアン・モデル"となる訳です。しかし，この「オールド」という言葉から，単純に「古い」とか「時代遅れ」というニュアンスを汲み取るのは大きな間違いでしょう。むしろ，「円熟した」分かりやすい理論というのがケインズ経済学の本当であり，誰も先を読み切れない経済的混沌の中，多くの人が身に着けるべき教養，それが本書で扱うマクロ経済学になります。

　初版を刊行してから今日に至るまで，いくつかの大学でマクロ経済学の講義を担当する機会に恵まれました。その際，様々な学生からいろいろと質問を受けてきたのですが，今回の改訂では，それら学生との問答も，加筆・修正のヒントにさせてもらっています。なお，全体的なストーリーラインを重視する方針は第2版でも変えていません。そのため，追加的トピックのうち

少々複雑なものについては，敢えて本文から離し，「Technical 編の確認問題」の解説欄で説明を加えるというスタイルを取りました。

　初版の際，お世話になった方々があまりにも多く，全てのお名前を上げることができませんでした。第2版でも状況は同じなのですが，ただ，学生時代より公私ともにご指導ご鞭撻をいただいてきております浅子和美先生におかれましては，改めてこの機会を借り，心から感謝申し上げます。最後になりましたが，新世社編集部の御園生晴彦氏と谷口雅彦氏には初版に引き続き，また菅野翔太氏には第2版で，大変ご尽力いただきました。ここに厚く御礼申し上げます。

2022年7月

中村　勝克

■初版へのはしがき

　本書は，マクロ経済学を初めて学ぶ人を対象にしています。学部の学生や公務員試験を目指す人はもちろんのこと，一般社会人で経済学に興味を持っている人にも，無理なく最後まで読み切れる入門書です。

　マクロ経済学の初級テキストは既に様々なものが刊行されており，良書も多く存在します。ただそれら良書の中には，入門書として分量や内容面においてハードルが高いものも少なくありません。そもそもマクロ経済学の源流は1936年のケインズの『雇用・利子および貨幣の一般理論』に遡ります。その後，様々な議論を経て，現在，複数の考え方がマクロ経済学に混在しています。そのため網羅的に解説しようとすると，どうしても分量が増えたり，また初めて学ぶ人にとってポイントがつかみ難いものとなったりします。

　そのような落とし穴を避けるため，本書ではあえて「有効需要の原理」に象徴されるケインズ経済学的な考え方を首尾一貫して採用しました。ケインズ経済学以外の考え方を十分に紹介できないという弱点は残りますが，このスタンスによってマクロ経済学を体系的かつコンパクトに学べるようになります。言うなれば，まずはケインズ経済学というコース料理を一通り味わい，マクロ経済学の面白さを実感してもらおうということです。

　本書には次のような特徴もあります。マクロ経済学の体系的学習を優先する形で内容を厳選し，初めて学ぶ人に過剰な負担をかけないよう心がけました。また，それぞれの内容の本質を直観的につかむため，経済学的ストーリーを重視しています。なお「マクロ経済学の理論はマスターしたが，いざ経済新聞などで報道される問題を分析しようとすると，よく分からなくなる」というケースも見聞きします。本書では実践的な分析にも対応できるよう，

内容面でもいくつか工夫をしています。

　典型的な工夫は，短期金利と長期金利を明示的に区別したことです。短期金利と長期金利を分けて考えることは，経済新聞や実務的なレベルで至極普通のことです。一方，多くのマクロ経済学のテキストでは，人々の"経済学的な合理性"の仮定のもと，短期金利と長期金利を区別せずに説明します。微妙な状況なのですが，短期金利と長期金利を区別して議論することは，理論をより実践的なものにするだけでなく，金融市場に対する様々な捉え方を再確認する上でも役立ちます。

　元来マクロ経済学は，より実践的な学問と言えます。本書を通じて，マクロ経済学への興味を一層深めてもらうと同時に，多様な経済問題を独自に分析できる知的スキルを身に付けてもらえればと思います。

　最後に，著者が経済学を学び研究を進める過程でお世話になった諸先生，先輩，同僚，後輩，そして友人の皆さんに，この場を借りて心から感謝申し上げます。様々な場面における皆さんとの議論が本書の土台となっていることは，紛れもない事実です。また執筆の機会を与えていただいた本ライブラリの編者である井堀利宏先生，およびサポートいただいた川出真清先生には特別の謝意を表します。さらに何よりも新世社の御園生晴彦氏には，草稿段階から貴重なアドバイスをいただきました。本書が完成できたのは，そのアドバイスあってのことです。ここに厚く御礼申し上げます。

2014 年 12 月

中村　勝克

■目　次

第1章　マクロ経済学とは

Outline

　マクロ経済学とは，一国レベルの経済を分析する学問です。具体的に分析対象となるのは，例えば，ある国の**全体的な生産規模**や**所得水準**，その国における**一般的な物価水準**，**代表的な金利**（利子率と同じ意味です）の水準などです。さらには，その国の**失業率**や**経済の成長率**等々も重要な分析対象と言えます。

　これらの値は，一体，どのような要因で決まってくるのか。また，これらの値の間で何か関連性はないのか。政府などが政策的にこれらの値を変化させることはできないのか。マクロ経済学の大きな目的は，このような問題を解明していくことです。

1.1　マクロ経済学の対象

◆ Story 編 [1]　マクロ経済学とマクロ的視点

●マクロ的視点の必要性

　国レベルで経済を考えるときに重要となるのは，マクロ経済を捉える視点です。多くの人は日常的に様々な経済活動を行っています。働いたり，モノを購入したり，時にはおカネの貸し借りをしたりするでしょう。そのため，ほとんどの人が既に独自の経済的な感覚・視点を持っています。

そのような身近な経済活動で得た感覚・視点は時として重要ですが，ただ国レベルの経済活動を把握するのには，それだけでは，どうしても無理があります。現実の経済には多種多様な側面があり，自分の持っている日常的な感覚・視点で対応できないことが多いからです。

　マクロ経済学では視点を一段と高くして，このような多種多様な経済を1つの"塊"として捉えます。当然，細かな視点は後退してしまいますが，そのことで，かえって経済全体に流れている本質を浮き彫りにできます。

●マクロ経済学の基本方針

　経済を1つの塊として見るため，マクロ経済学では，まず世の中にある様々な製品や商品，それにサービスなどを一括りにして，「財・サービス」と名付けます（以下では「モノ」という言い方を使うときもあります）。この単純化によって，景気の良し悪しを生み出している根本的な原因等々，多くのことが分析可能になります。マクロ経済学で最も重視する指標にGDPがありますが，この指標は，財・サービスの生産量に関するものです。[2]

◆ Technical 編[1] ｜ マクロ経済学における抽象化

●マクロ経済の生産要素

　財・サービスの「生産要素」についても簡略化します。そもそも生産要素とは，企業が製品などを作る際に投入する諸々の要素のことです。この生産要素も，個々の企業のケースを逐一取り上げることはしません。マクロ経済学では，「労働」，「資本」，「土地」を基本に置き，これらを財・サービスの三大生産要素として扱います。[3]　なお，ここでの「資本」は，工場や機械，設備といった"実物的な資本"を指すので留意しておいてください。

---

[1] 本書では，「Story 編」と「Technical 編」という2つの解説スタイルを取ります。最初に「Story 編」で基本的ポイントを直感的に説明し，細かな技術的な内容は「Technical 編」で押さえるように構成しています。

●マクロ経済学における登場主体

　実際の経済には多くの企業や家計に加えて，実に様々な団体や組織が存在しています。マクロ経済学では，経済を営んでいる個々の団体，組織，個人をいくつかの部門（もしくは経済主体）に分け，大きく括ります。その上で，各経済主体の相互関係を分析していきます。

　次の4つが，マクロ経済学の登場主体です。

家計部門：労働などの生産要素を提供して主に消費活動を行う部門
企業部門：主に生産活動を行う部門
政府部門：租税等の徴収，公的サービスの提供，公共事業・公共投資への
　　　　　支出などを行う部門
海外部門：貿易や国際的資金取引などの取引相手となる部門

　企業部門をさらに金融部門と非金融部門とに分けて分析することもあります。政府部門については，国だけでなく都道府県や市町村といった地方自治体，および社会保障基金等の組織も含めた **"一般政府"** をイメージの中心に置きます。また海外部門は，特定の国や地域を想定するのではなく，原則，当該国以外の国・地域の全てを含めることに注意してください。

 Technical 編の確認問題

［1］上では家計部門と企業部門が分かれている。それでは自営業者は家計に含めるべきか，企業に含めるべきか。

（解説）

［1］個人企業つまり自営業者の場合，概念上，仕事の部分とプライベートの部分を分割して考えます。前者を企業部門に，後者を家計部門に含めます。ただし実際の統計では，これらを分割することは基本的にできません。

2　GDP については，次章で詳細を説明します。
3　これらの生産要素に原材料や諸々の部品，燃料などエネルギーをかけ合わせることで新しい製品（財・サービス）が作られます。原材料や諸々の部品，燃料，エネルギーの扱いについては改めて次章で説明します。

1.2 マクロ経済学の構造

◆ Story 編 | マクロ経済学における 3 つのパート

　マクロ経済を分析する際は，「**実物市場**」（一般には**実体経済**とも呼ばれます）と「**金融市場**」を中心に考えます。また，これら 2 つの市場に影響を及ぼす部分として「**潜在的な生産力**」（「潜在成長力」と同じ意味です）を分析することもあります。図 1.1 にこれら 3 つのパートのイメージを描きました。

　まず実物市場とは，モノが生産され売買取引が行われているところ（「**財・サービス市場**」と呼びます），およびモノを生産するために労働や土地，設備などの実物的資本を取引しているところ（「**生産要素市場**」と呼びます）を指します。いわば"景気"に直接関わる部分で，「**景気が良い**」ということは実物市場が活発になることを意味し，反対に「**景気が悪い**」と実物市場の動きは停滞します。一般に，この市場に関する分析がマクロ経済学の中心をなします。本書では第 2 章から第 6 章において実物市場の問題を扱います。

　また金融市場ですが，**おカネの貸し借り**や，株式や債券などの**金融資産の取引**がなされているところです。[4]　新聞やニュースでは，ほぼ毎日，株価や為替レート，金利（利子率）に関わる情報が報道されています。マクロ経済学では，これらの数値の代表的なものを選び，それがいかなるメカニズムで決定されるのか考察します。なお本書では，第 7 章と第 8 章で金融市場の説明と分析を加えます。

　潜在的な生産力は経済の規模を根本的なところで規定するもので，実物市場や金融市場に直接的もしくは間接的に影響を与えています。この潜在的な生産力を定めているものは，その国に存在する**労働**，**土地**，**資本**という三大生産要素の量，およびインフラストラクチャーや一般的な技術水準，企業の生産効率等々です。例えば，ある国で人口が多く労働者も豊富ならば，景気

---

[4] 債券などの金融資産については第 7 章で解説します。

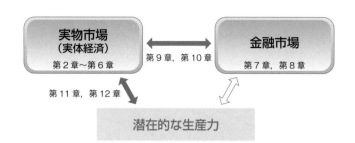

図1.1　マクロ経済学における3つのパート

の良し悪しとは別に，その国において潜在的に沢山のモノが生産可能と考えられます。また機械・設備などの実物的資本が多く存在する場合も同じことが言えるでしょう。

　潜在的な生産力を規定している様々な要素が，時間とともにどのように推移するのか，また，それがどのように実物市場や金融市場に影響を与えるのか，マクロ経済学の中でも重要な問題の一つです。本書では，これらの諸要素が変化しない状況に限定して分析を進めますが，労働供給（潜在的な生産力の一部）と実物市場の関連性について第11章と第12章で考察します。

　以上の3つのパートは，相互に影響を受け合っている点にも留意してください。金融市場と実物市場の相互作用は第9章および第10章で，また上で述べたように潜在的な生産力との関係を部分的に加味した分析が第11章と第12章でなされます。[5]

◆ Technical 編　実物市場（実体経済）の鳥瞰図と金融市場の状態

●実物市場（実体経済）

　改めて実物市場の概要を図1.2の鳥瞰図で見てみます。[6] なお海外部門に

---

[5] 潜在的な生産力そのものに関する分析や，これが金融市場にどのように関連するのかは，マクロ経済学の中でも，より進んだトピックと言えます。いずれも本書を学習した後に学ぶことをお勧めします。

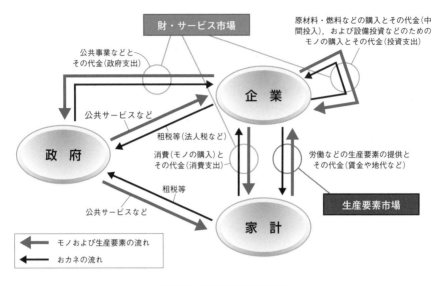

図1.2　実物市場の鳥瞰図

ついては，煩雑になるので省略しています。

　まず家計に注目します。家計は労働や土地などの生産要素を企業に提供して，その見返りに賃金や地代などの所得を得ます。その所得は，一部が政府への税金等にあてられ，また一部が企業の生産した財・サービスを消費するために使われます。

　企業は，家計が提供した労働などの生産要素と，別の企業から購入した原材料・燃料などを用いて，財・サービスを生産・販売します。そして，その販売収入の一部から，家計に賃金などの生産要素の代金を支払い，加えて法人税などの税金を政府に納めます。なお企業の中には，自分の生産能力を高めるために，他の企業から機械や設備など物的資本となるモノを購入するところもあります（第2章および第3章でも触れますが，これらを**設備投資**と呼びます）。

　政府は，家計や企業から徴収した税金（租税）等を用いて公共サービスを

6　実物市場のおカネの流れについては，第3章の図3.6でも描いています。

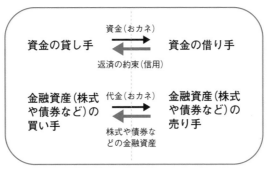

図 1.3　金融市場のイメージ

提供したり，また公共事業を請負ってくれた企業に支払いをしたりします。

　このように実物市場では，財・サービスと生産要素が同時に取引されています。また，この図から分かるように，実物市場では財・サービスや生産要素の流れに伴って，おカネが各経済主体間を流れています。このおカネの流れが，財・サービス市場と生産要素市場を結び付け，全体的な循環を作っている点にも留意します。一般に景気が良いということは，この実物市場におけるおカネの循環が良い状態を指します。

●金融市場

　おカネの流れは何も実物市場だけで発生している訳ではありません。金融市場においても日々莫大なおカネが流通しています。図 1.3 にイメージを描きました。

　ここでは家計や企業など経済主体別に捉えるというよりも，資金の貸し手や借り手，または金融資産（債券や株式などです）の買い手や売り手などに分けて整理されます。金融市場では，これら貸し手や借り手もしくは買い手や売り手の間を，おカネ（資金）が目まぐるしく動いています。

●フローとストック

　マクロ経済学を考察する際に，「**フロー**」という概念と「**ストック**」という概念を明確に区別して置く必要があります。フローとは一定時間内に生じた数量（流れの量）のことで，ストックはある時点で存在している数量（蓄積量）を指します。

　典型的な例は，河川の水量と湖の水量です。河川の水量はフローなので，それを計るときは「一日当たり何万トン流れている」と一定期間を単位に数字を割り出します。一方，湖の水量はストックで，「現時点で何万トン溜まっている」というように，1つの時点を特定して数値を計ります。

　図1.2や図1.3でのおカネの流れは，両方ともフローに属しています。また次章で詳しく見る GDP も，あくまでもフローの概念であり，例えば1年間といった一定期間を定めることで計測される数量です。なおストックですが，図1.2および図1.3の中では表現できていません。ただ「実物市場で使用されているおカネの総額」や「金融市場で使われているおカネや金融資産の総額」をイメージしてください。これら，おカネの"総額"などが典型的なストックと言えます。

 Technical 編の確認問題

［1］法人税は政府が企業から徴収する一般的な税金である。この法人税を減税したときの効果を，実物市場の鳥瞰図を参照しながら論じなさい。

（解説）

［1］法人税を減税すると，企業から政府に流れるおカネの量が減少します。この後の効果は様々なシナリオが考えられますが，例えば，企業が減税分を賃金などに還元したとしましょう。企業から家計に流れるおカネが増える訳です。すると家計の所得は増加して，結果，家計は消費支出を増やします。つまり，家計から企業に向かうおカネの流れも増加することになります。この消費支出の増加は，企業サイドにとって売上の増加に他なりません。そのため，さらに賃金などが増えることになります。この賃金の増加が，さらにさらに消費支出を生み……，という好循環が発生する可能性もあります。

　このように鳥瞰図を用いるだけでも，様々な経済的現象に対してマクロ経済学的な視点が生まれます。その視点は，分析や考察をより立体的なものにしてくれます。

第2章　GDPとは

Outline

この章では，マクロ経済に密接に関係する数値，「GDP（国内総生産；Gross Domestic Product)」について考えていきます。GDPとはその国の経済において形成された「付加価値」の総額として定義されます。GDPがその経済における企業全体の売上総額や利潤総額ではない点に注意が必要です。

以下では，まず「付加価値」，「中間投入財」，「最終財」という概念を整理します。その上で，GDPという指標の意味を確認します。またGDPを理解するために「産業連関表」の基本を説明します。

2.1　GDPに関連した3つの概念

◆Story編　付加価値，中間投入財，最終財の意味

例えば，コンビニエンスストア（コンビニ）に並んでいるパンをイメージしましょう。パン1つとっても，それが消費者の手に入るまでに一定の生産・流通プロセスを経る必要があります。次の簡単化したケースでポイントをつかみます（図2.1）。

まず農家が小麦を作ります。製粉所はこの小麦を用いて小麦粉を産出します。次にパン工場が小麦粉を購入してパンを製造し，そしてそのパンをコンビニが仕入れて，最終的に消費者へ販売します。

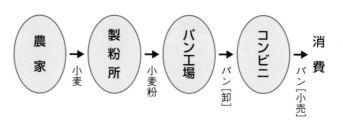

図 2.1　パンの生産・流通プロセス

　以上のプロセスで確認したい点は，パンという 1 つの製品でも，このように複数の段階を経ることです。また，各段階で様々な手が加えられて，加工・変形を繰り返しているという点も注意してください。農家の小麦が製粉所で小麦粉となり，さらにパン工場でパンに変化している等々です。

　この例をもとに，マクロ経済を考える上で欠かすことのできない 3 つの概念を整理します。付加価値，中間投入財，最終財です。

●付加価値

　まず付加価値とは，

> ある経済主体が生産・流通活動の際に付け加えた新たな価値

のことです。原材料などを加工すると，普通，その分だけモノの "価値" は増加します。生産工程で付け加えられた新たな価値を付加価値と呼びます。

　先の例の製粉所を考えましょう。小麦は農家が作っていますが，小麦粉は製粉所が小麦に手を加えることで作られます。原材料の小麦が小麦粉に変化したときに価値が追加された訳で，製粉所は付加価値を生んでいます。なお，その付加価値の値は，製品の小麦粉の価値から原料の小麦の価値を差し引くことで求まります。

　またパン工場でも，原材料の小麦粉に手を加えてパンを製造しています。ここでも新たな価値が追加されていて，パン自体の価値と原材料である小麦

粉の価値の差がパン工場のなした付加価値です。

　コンビニについては具体的に製造・加工作業を行っていません。ただし，パン工場からパンを仕入れてきてお店に並べるなどの作業が付け加えられます。その意味で"手を加えて"いて，その分，コンビニのパンの値段は高くなります。コンビニも新しい価値を追加したと言えます。パン工場からの仕入れ値とコンビニで販売されたパンの値段の差が，コンビニの付加価値です。

●中間投入財
　一方，**中間投入財**とは何かというと，

> 生産・流通活動の中で，別の製品に加工・変形したり，（燃料などのように）喪失したりする財・サービス

のことです。[1]　大雑把に述べると，生産活動や販売活動を行うたびに使いきってしまう原材料や燃料もしくは部品，消耗品などが中間投入財です。

　製粉所が購入した小麦，パン工場における小麦粉，コンビニにとってはパン工場から仕入れたパンが中間投入財にあたります。[2]　なお，図2.1のイメージでは明示していませんが，通常，それぞれの段階で様々な機械や設備も使われます。ただし生産に用いる機械や設備などは，何度も繰り返して使用できるので原材料や燃料と異なり，次に説明する最終財に分類されます。また，これらは前の章で見た三大生産要素の一つ，「資本」となります。[3]

　マクロ経済学では，産出されたモノが中間投入財として用いられるか否かという点にも注目します。[4]　と言うのも，中間投入財の場合は生産・流通プ

---

[1] 中間財もしくは中間消費財など，異なった呼び方を使用することもあります。本書では中間投入財もしくは単に中間投入という言い方を用います。

[2] パン工場段階のパンとコンビニに並んでいるパンは，物理的に同じものですが，消費者が直接購入できるか否かという点で性質が異なります。パン工場のパンは，「消費者が直接購入できない」という意味で，コンビニに並んでいるパンとは"別の製品"とみなします。

[3] 次章では，ここでの資本のことを「固定資本」とも呼びます。なお原材料・燃料なども，また機械・設備なども，等しく生産活動に無くてはならないものですが，製品（完成品）ができるまでのプロセスで使い切り的に投入される前者（原材料・燃料など）のみが中間投入財と呼ばれます。

[4] ここでは財・サービスをまとめて，"モノ"と呼んでいます。

ロセスの中で別のモノに加工・変形されるか，燃料のように途中で消失してしまうからです。このような中間投入財は，例えばコンビニで売られているパンのように，そのままの形で最終的に需要されるモノと明確に区別しなくてはなりません。

●最 終 財

最終財ですが，その字の通り，

産出された形態のままで最終的に使用される財・サービス

のことです。中間投入財のように加工・変形されることなく，生産・流通プロセスにおける"最終形"として，そのまま需要・使用されるのが最終財です。コンビニのパンや，上で触れた機械・設備などをイメージしてください。

　産出されたモノは原材料や燃料のように中間投入されるか，もしくは最終的な製品として，コンビニのパンや様々な機械・設備などのように，そのままの形で使用されるかのいずれかです。つまり新しく作られたモノは，中間投入財か最終財のどちらかに必ず分類されます。マクロ経済学でGDPを考える際，この二者択一的な側面も忘れてはなりません。

◆ Technical 編　数 値 例

　パンが生産されて販売にいたる過程を図2.2のように単純化し，付加価値，中間投入財および最終財の数値を確認していきましょう。

●付加価値の値

　まず農家が50万円分の小麦を生産します。なお説明を簡単にするため，大変極端な話ですが，小麦は，原材料などの中間投入なしで産出されると想定します。ゼロから50万円の小麦が作られたので，農家がなした付加価値は50万円そのものです。

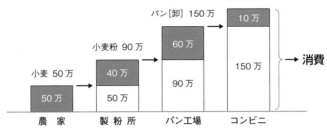

図2.2　付加価値の数値例

次に50万円分の小麦は全て製粉所に購入され，90万円分の小麦粉が産出されます。つまり製粉所は40万円分の価値を上乗せしており，この40万円が製粉所の付け加えた価値，すなわち付加価値です。

パン工場では90万円の小麦粉を原材料にして，150万円分のパン（パン[卸]）が製造されます。パン工場が作り出した付加価値は60万円（＝150万円－90万円）です。またコンビニは150万円分のパンを仕入れてきて，それを総額160万円で販売します。コンビニの付加価値は160万円と150万円の差額の10万円と考えます。

●中間投入の値

図2.2の簡単なケースでは，産出された小麦の全ては，小麦粉の原材料として使用されます。また製粉所の作り出した小麦粉も，パンの原材料としてパン工場が全て購入します。さらにコンビニも，パン工場が産出したパン[卸]を全て仕入れて，最終的に小売り販売しています。

以上から，図2.2のケースの中間投入は，小麦50万円，小麦粉90万円，パン工場のパン[卸] 150万円となります。

●付加価値と中間投入の関係

各段階における産出額ならびに付加価値と中間投入の関係を，再度，表

表2.1　産出額，中間投入額，付加価値の関係

	産出額	中間投入額	付加価値
農家	50万	0万	50万
製粉所	90万	50万	40万
パン工場	150万	90万	60万
コンビニ	160万	150万	10万

表2.2　産出額，中間投入財，最終財の関係

	製品の産出額	中間投入財で使用される部分	最終財となる部分
農家の製品	50万	50万	0
製粉所の製品	90万	90万	0
パン工場の製品	150万	150万	0
コンビニの製品	160万	0万	160万

2.1で確認してください。この表から改めて，

付加価値 ≡ 産出額 − 中間投入額

と書けることが分かります。なお「≡」という記号は用語を定義するときとか，右辺と左辺が"常に等しい"というときに使う記号です。

●最終財の値

　図2.2の例で登場する生産物は，小麦（50万円），小麦粉（90万円），パン工場のパン[卸]（150万円），コンビニのパン[小売]（160万円）の4種類です。また小麦，小麦粉およびパン[卸]は，全てが中間投入財となっています。一方，コンビニのパン[小売]については，そのままの形で最終的に消費されます。つまり，コンビニのパン[小売]（160万円）だけが最終財で

す。

　産出されたモノは中間投入財か最終財に分類される点に改めて注目しましょう。以上の例について表2.2でまとめました。この表からも，それぞれの製品について，製品の産出額は，（他の企業の）中間投入財として使用された金額と，最終財として購入された金額の足し算になることが分かります。したがって，最終財を中心に考えると，各製品に対して

最終財（となる部分）≡（そのモノの）産出額 − 中間投入財（となる部分）

という関係が確認できます。

●中間投入（中間投入財）の2つの側面

　以上の説明では中間投入（もしくは中間投入財）が2つの面から登場しています。付加価値の説明では，あくまでも，原材料といった各プロセスの**投入要素（インプットとも言います）**として中間投入を捉えています。一方，最終財の説明では，**産出された財・サービス（アウトプットとも言います）の用途**，もしくは各製品に関する**需要の種類**として中間投入財を考えています。中間投入（もしくは中間投入財）の持つこの二面性が，2.3節で説明する産業連関表のカギとなります。

➡ Technical 編の確認問題

[1] タクシー会社が使用するガソリンは中間投入とみなすべきか。またこのタクシー会社が新車を導入したとする。この新車は中間投入とみなすべきか。

[2] カバン工房で30万円分のカバンが作られた。このときカバンに使用した革が10万円，金具類が5万円，糸が1万円とする。産出額，中間投入額，付加価値をそれぞれ計算しなさい。

（解説）

[1] タクシー会社が使用したガソリンは，まさしくタクシー会社の中間投入です。ガソリンは，お客さんを運ぶというタクシーサービスを生産する度に消費されるもの（もしくはガソリンがタクシーサービスに変形したとも解釈できます）なので中間投入財です。

一方，新車は中間投入ではありません。確かにタクシーサービスに無くてはならないものですが，1 回 1 回のタクシーサービスで喪失してしまったり変形してしまったりする訳ではないからです。タクシー会社が購入した新車は中間投入財ではなく，設備投資（資本もしくは固定資本）として最終財のカテゴリーの一つに分けられます。

[2] 産出額＝ 30 万円，中間投入額＝ 10 万＋ 5 万＋ 1 万＝ 16 万円，付加価値＝ 30 万－ 16 万＝ 14 万円と計算されます。

2.2　GDP の定義

◆ Story 編　適切な指標としての GDP

　付加価値，中間投入財，最終財の概念を確認した上で，改めて GDP を定義します。GDP を正確に述べると次の通りです。

　　　ある国や地域において一定期間内に生産された付加価値の総額

　なぜ，マクロ経済学では GDP つまり付加価値の総額に注目するのでしょうか。わざわざ付加価値という面倒な概念を導入しなくても，経済全体の売上総額もしくは産出総額などを見れば事が足りる気もします。また，企業の経営者の立場に立つのならば，付加価値よりも自分の企業の利益・利潤の方が大切な感じもします。しかし次のようなケースを考えると，付加価値は経済全体の尺度として，売上総額や企業利潤よりも適切なことが分かるでしょう。

●売上総額 vs. 付加価値総額

　ある売店で，"新鮮フルーツ・ジュース" が 1 杯 500 円で販売されているとしましょう。この売店は近所の果樹園からフルーツを仕入れてきて，それを搾ってジュースを提供しています。ちなみに原料のフルーツの仕入れ値を 1 杯分 300 円とします。

　一方，果樹園でも自分のところで作ったフルーツを用いて，全く同じ "新

鮮フルーツ・ジュース"を販売しているものとします。果樹園のジュースの値段もやはり1杯500円です。

この場合,消費者にとっては売店のジュースも果樹園のジュースも変わりなく,どちらを飲んでも500円分の最終財の購入になります。つまり消費者にとっての「価値」という観点からは,どちらのジュースも同等です。

しかし「経済で発生した売上」の総額で見ると状況は異なってきます。売店のジュースに関連した売上は,消費者が売店に払う1杯当たり500円のジュース代と,売店が果樹園に支払う原料フルーツ代300円で,合計800円となります。他方,果樹園のジュースについては,果樹園の受け取るジュース代の500円だけが経済で発生した売上です。

つまり,消費者から見て経済的価値が全く同じでも,実際に発生する売上の総額は,その時々のケースによって異なります。売店のジュースに関連した売上総額は,果樹園のジュースのケースよりも"水ぶくれ"的に膨らみます。

このような状況が発生するのは,それぞれのモノの価格に,そのモノを産出する際に使用した中間投入財の価値が上乗せされるからです。売店のジュース500円には,果樹園の生産した原料フルーツ代の300円も含まれます。別の言い方をすると,フルーツの価値は果樹園の売上300円だけでなく,ジュースの売上500円の中にも登場します。一般に,各企業の売上額を単純に足していくと,経済全体で中間投入財の価値が多重にカウントされ,結果,売上総額は"水ぶくれ"的になります。

このような多重計算が生じるので,売上総額は経済全体の生産規模を測る指標として不適切です。一方,付加価値は産出額から中間投入財の金額を引いたものとして定義されています。そのため,付加価値総額なら多重計算の問題が避けられ,より適切な指標となり得ます。[5]

---

[5] 売上総額が大きいということは,経済で発生した取引の総額が大きいということを意味しています。つまり経済主体間で流れたおカネの総量は,売上総額が大きい経済の方が多くなり,結果的に「カネ回り」が良いとも言えるでしょう。あくまでも「カネ回り」だけを問題にするのならば,売上総額に注目するのも間違いではありません。

●利潤総額 vs. 付加価値総額

それでは，なぜ企業の利潤総額を用いないのでしょうか。まず付加価値と企業の利潤とは異なった概念である点に留意します。付加価値は，産出額（売れ残りなどを捨象すると売上額と同じです）から中間投入財の費用を引いただけの値であり，各企業は，その付加価値から改めて労働者への賃金や機械・設備などのレンタル料，税金などを支払います。

企業の利潤は，そのような支払いを全て済ませた後に残る部分で，企業の持ち主（例えば株主）の最終的な取り分とみなされます。つまり経済全体の利潤総額を計算しても，その中には労働者が稼いだ分などが含まれておらず，マクロ経済全体の動向を測る上で必ずしも十分とは言えません。

この点については，次のケースを想像するとより明確になるでしょう。いま，ある企業が安い労働力を求めて，工場を国内から海外に移転したとします。この移転により，その企業の利潤は増加するかもしれません。しかし工場がなくなった分，国内の労働者の働き場所が縮小する訳です。結果として国内で生産される付加価値も減少するでしょう。つまり企業の利潤は増加するが，国内全体では付加価値が減少するという "ねじれ" が生じ得ます。

企業の行動に注目するのであれば，経済における企業の利潤総額も重要な指標となり得ます。しかしながら，経済全体を対象に総生産量や総所得を議論する上では，やはり付加価値総額の方が適切な指標と言えます。

◆ Technical 編 | 数 値 例

図 2.2 の例に戻ってみます。引き続き，農家は中間投入なしで小麦を生産すると便宜的に仮定します。つまり小麦 50 万円は，全て農家の生産した付加価値です。その上で，各段階における付加価値の総額を計算すると，「50万円（農家の付加価値）＋ 40 万円（製粉所の付加価値）＋ 60 万円（パン工場の付加価値）＋ 10 万円（コンビニの付加価値）」で 160 万円が求まります。図 2.2 のケースにおける GDP（付加価値総額）は 160 万円です。

付加価値総額の 160 万円という値は，最終財総額（コンビニのパン［小売］の総額です）の 160 万円と一致しています。これは偶然ではありません。マクロ経済では，「GDP ≡ 最終財の総額」という関係が基本的に成立します。この点は大変重要であり，次節において改めて一般的なケースを確認します。

 Technical 編の確認問題

［1］「経済規模の尺度」として付加価値が売上総額よりも適切であることを図 2.2 の例などを応用して説明しなさい。

（解説）

［1］ 図 2.2 の例での売上は，農家の 50 万円，製粉所の 90 万円，パン工場の 150 万円，コンビニの 160 万円であり，総額にすると 450 万円です。ここでコンビニがパン工場を買収し，パン工場とコンビニが 1 つの企業になったとしましょう。図 2.3 を参照してください。

　これまで別の企業だったパン工場がコンビニの直営工場となる訳ですが，それまでと同じようにパンは工場で作られ，それがコンビニへ運ばれて消費者に販売されます。結果，コンビニの売上は今までと同様に総額で 160 万円です。

　つまりパン工場とコンビニが 1 つの企業でも別々の企業でも，最終財総額や付加価値総額は 160 万円で変わりありません。ただ売上総額は大きく異なります。パン工場とコンビニが別々の企業のときには各々で売上額が計上されて，経済の売上総額は 450 万円でした。しかし，パン工場がコンビニ直営となると，もはや「パン工場がコンビニにパンを売る」ということはなくなり，売上は農家 50 万円，製粉所 90 万円およびコンビニの 160 万円です。経済の売上総額は 300 万円と大きく減少してしまいます。

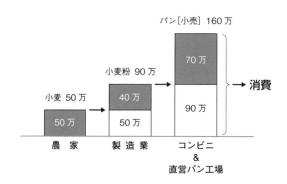

図 2.3　付加価値の数値例（パン工場が直営化された場合）

2.3 産業連関表と GDP

経済の付加価値総額が GDP と定義され，その GDP は最終財総額と等しくなることを 2.2 節で触れました。しかし，そこの説明で用いた図 2.2 のケースは単純過ぎるため，現実の経済との兼ね合いを考えると違和感を持つかもしれません。

そもそも図 2.2 では，小麦や小麦粉が全て中間投入財として扱われています。しかし一般には，家計が自分の消費のために小麦粉を購入することもあるでしょう。小麦粉の一部は最終財にもなり得ます。

また，コンビニの小売り用のパンは，全て最終財になり消費されると想定しました。これについても，世の中で小売りされているパンが全て最終財になると考えるのは不自然です。例えば，街の喫茶店が，モーニングサービスのトースト用として食パンを購入するかもしれません。この場合の最終財は，喫茶店の提供するモーニングサービスもしくはトーストです。つまり，小売り用のパンの中には，中間投入財として購入される分もあります。

さらに図 2.2 では，例えば，小麦粉のための中間投入は小麦だけとか，パン［卸］のための中間投入は小麦粉だけというように，極端に単純化しています。この点も現実的とは言えません。普通，1 種類の財を産出する場合でも複数の中間投入を必要とします。

このように現実的な立場からイメージを深めようとすると，もはや図 2.2 のケースでは限界があります。また，2.2 節の最後で触れた「GDP ≡ 最終財の総額」という関係も，実際のデータで確認する場合には，図 2.2 と異なる説明方法が必要です。

以下では「**産業連関表**」を紹介します。産業連関表を用いると，付加価値，中間投入財および最終財の複雑な関係を正確につかむことができます。また，

この表によって「GDP ≡ 最終財の総額」という関係も，現実的な視点から理解できます。

マクロ経済で「GDP ≡ 最終財の総額」が成立する点は特に重要です。[6] と言うのも，この関係を利用すると，ある国の GDP を見るために経済全体の付加価値を逐一計算しなくても良くなるからです。最終財に対する支出総額（つまり最終財の総額です）を測れば GDP の値が分かり，経済全体の景気動向も，最終財総額の視点から分析可能になります。

◆ Technical 編　**産業連関表とモノ（財・サービス）の流れ**

● 具体的な数値例の確認

産業連関表のエッセンスをつかむため，産業 α と産業 β の 2 産業だけが存在するケースを考えてみます。図 2.4 も参照してください。ここでは各産業の産出額を 2 つの視点から分解します。まず各産業の"生産活動"に注目し，産出額（当面は売れ残りを考えず売上額に同じとみなします）を，中間投入への支払いと付加価値とに分解します。もう一つは，"製品の用途"に関するものです。産出・販売されたモノの中で，中間投入財として使用されたのはどの位で，最終財として使用されたのはどの位かという分け方です。

まず産業 α の企業は，製品 α を産出するため産業 β の製品と自産業（産業 α）に属す別の企業の製品を中間投入するとしましょう。例えば，産業 α を農業，産業 β を製造業とします。その上で，製品 α（農産物）を 100 万円分産出するために，自産業（農業）に属す別の企業の製品（種や苗など）20 万円分と，産業 β（製造業）の製品（肥料やそれ以外の製造品）50 万円分を中間投入するものとします（産出額 α［100 万］のために中間投入 α［20 万］と中間投入 β［50 万］が用いられます）。

---

[6] 正確には，国内で売買される最終財（最終需要とも言います）から諸々の輸入を差し引いた分が GDP（国内総生産）と等しくなります。と言うのも，国内で売買されるモノの中には外国製品，つまり輸入品も含まれるからです。国内で形成された付加価値の総額である GDP とバランスをとるためには，国外で生産されたモノである輸入品分を調整する必要があります。

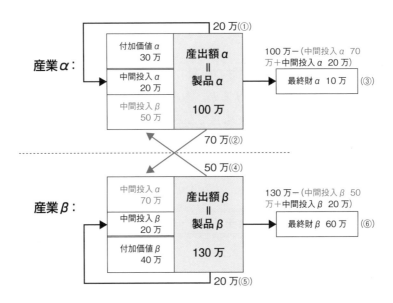

図2.4　産業αと産業βのイメージ

産業α つまり農業の付加価値（付加価値α と表記します）は，製品α（農産物）の産出額100万円から，各中間投入財の費用20万円と50万円を引いた値30万円と計算されます（30万 = 100万 − 20万 − 50万です）。以上を，左辺が産出額α になるように改めて式で表すと，

$$産業α：産出額α [100万] = 中間投入α [20万] \\ + 中間投入β [50万] + 付加価値α [30万] \quad (2.1)$$

となります。[　]内の数値はそれぞれに該当する金額です。

産業β の各企業も生産活動を行う際，中間投入として，産業α の製品と自産業（産業β）に属す別の企業の製品を用います。産業β（製造業）の製品（肥料やそれ以外の製造品）130万円分を産出するのに，産業α の製品（農産物）70万円分と，自産業（製造業）に属す別の企業の製品（プラスチック容器など）20万円分を中間投入するものとします（産出額β [130万]

のために，中間投入 α［70万］と中間投入 β［20万］が用いられるものとします）。結局，産業 β つまり製造業の付加価値 β は 40 万円（= 130 万円−70 万円−20 万円）となり，(2.1) 式と同じように次式でまとめられます。

$$
\text{産業 }\beta：\text{産出額 }\beta\,[130\,万] = \text{中間投入 }\alpha\,[70\,万] \\
+ \text{中間投入 }\beta\,[20\,万] + \text{付加価値 }\beta\,[40\,万] \tag{2.2}
$$

次に産出された"製品の用途"に注目します。産出されたモノは最終財として使用されるか，中間投入財として使用されるかのどちらかです。製品 α（農産物）の場合，産出額 α が 100 万円で，その中から中間投入財となる部分は，自産業内で投入された種や苗などの中間投入財 α［20万］（図 2.4 の①）と，産業 β の投入した農産物，つまり中間投入財 α［70万］（図 2.4 の②）です。金額で見ると合計 90 万円となります。したがって，最終財として使用されるのは，産出額 α の 100 万円から，この中間投入財として使用された 90 万円を引いた額である 10 万円（図 2.4 で最終財 α と表した③）と考えることができます。

確認のために数式でまとめると，

$$
\text{製品 }\alpha：\text{産出額 }\alpha\,[100\,万] = \text{中間投入財 }\alpha\,[20\,万] \\
+ \text{中間投入財 }\alpha\,[70\,万] + \text{最終財 }\alpha\,[10\,万] \tag{2.3}
$$

となります。

産業 β（製造業）の最終財についても，同じように考えます。最終財 β は，産出額 β［130万］から産業 α（農業）が使用した中間投入財 β［50万］（図 2.4 の④）と，自産業が使用したプラスチック容器などの中間投入財 β［20万］（図 2.4 の⑤）を引いた値となります。つまり，最終財 β は 60 万円（= 130 万円− 50 万円− 20 万円，図 2.4 の⑥）です。以上を数式で表すと，

$$
\text{製品 }\beta：\text{産出額 }\beta\,[130\,万] = \text{中間投入財 }\beta\,[50\,万] \\
+ \text{中間投入財 }\beta\,[20\,万] + \text{最終財 }\beta\,[60\,万] \tag{2.4}
$$

表 2.3 簡単な産業連関表

	産業 α	産業 β	最終財	製品産出額
製品 α	中間投入額 α[20万]	中間投入額 α[70万]	最終財 α[10万]	産出額 α[100万]
製品 β	中間投入額 β[50万]	中間投入額 β[20万]	最終財 β[60万]	産出額 β[130万]
付加価値	付加価値額 α[30万]	付加価値額 β[40万]		
産出額	産出額 α[100万]	産出額 β[130万]		

となります。

　中間投入（もしくは中間投入財）が2重に出てくることを利用して，(2.1)式から (2.4) 式までを1つの表にまとめてみましょう。表2.3を見てください。この表が一番簡単な産業連関表で，実際の産業連関表のエッセンスを含んでいます。

　まず，この表の列（縦方向）に注目しましょう。そこでは (2.1) 式および (2.2) 式の関係が産業別にまとめられています。例えば「産業 α」の列に注目すると，(2.1) 式の関係が，上から中間投入額 α [20万]，中間投入額 β [50万]，付加価値 α [30万] の順で記されています。最後の合計に産出額 α [100万] が計算されている点にも注意してください。産業 β についても同様で，「産業 β」の列によって (2.2) 式が表されています。

　一方，(2.3) 式と (2.4) 式の関係ですが，表2.3の行（横方向）に注目することで確認できます。「製品 α」の行には (2.3) 式が記されています。つまり右辺の中間投入財 α [20万]，中間投入財 α [70万]，最終財 α [10万] が左から順に書かれており，最後に (2.3) 式の左辺の産出額 α [100万] が記載されています。同様に (2.4) 式で表した関係も「製品 β」の行で見ることができます。

　以上，付加価値，中間投入財，最終財という相互に絡み合った関係が，この産業連関表を用いて整理されました。どの産業がどの産業の製品を中間投入しているのか。また，どのくらいの付加価値を生んでいるのか。さらに，そ

の産業の製品はいったいどのくらい中間投入財となり，どのくらいが最終財となっているのか。図2.2の直観的なイメージは大きく後退してしまいますが，その代わり，産業連関表によって現実の複雑な関係が正確に表現できます。[7]

●産業連関表の基本的性質

　産業連関表のいくつかの特性を確認しましょう。まず，すぐに分かることですが，各列の合計値（各産業の産出額）と該当する行の合計値（該当産業の製品産出額）が一致するように書かれています。例えば「産業 α」の列の合計値と「製品 α」の行の合計値はともに100万で，「産業 β」の列の合計値と「製品 β」の行の合計値はともに130万です。

　問題は付加価値と最終財の関係です。「産業 α」の列の付加価値には30万が，「製品 α」の行における最終財は10万が入っています。同様に「産業 β」の付加価値は40万，「製品 β」に関する最終財は60万です。両産業とも付加価値と最終財の値は異なっています。

　つまり産業や企業ベースで見ると，付加価値および最終財の値が単純に一致する訳ではありません。そもそも付加価値は産業や企業の生産活動に焦点を合わせたときに出てくる概念で，最終財はその産業および企業の製品に関する用途（販売先や購入目的とも言えます）に注目することで現れる概念だからです。

● GDPと最終財の総額の関係

　産業連関表で最も重要な点は，経済全体における付加価値の "総額" が，最終財の "総額" と一致することです。表2.3において産業 α と産業 β の付加価値の合計は70万（＝付加価値 α ［30万］＋付加価値 β ［40万］）で，両産業の最終財の合計70万（＝最終財 α ［10万］＋最終財 β ［60万］）と確かに等しくなっています。つまり，「付加価値の総額 ≡ 最終財の総額」

---

[7] 産業連関表の行は製品の需要の構造（中間投入として需要されたか，最終財として需要されたか）を表現しています。そのため，中間投入を**中間需要**，最終財を**最終需要**とも呼びます。

という基本的な関係が成立します。

　この総額ベースにおける付加価値と最終財の値の一致は，表2.3で偶然生じたものではなく，付加価値，中間投入，最終財という概念の定義から導かれるものです。なお，現実のマクロ経済を見る際には，国内でのモノの取引に，多くの輸入品（これは外国の生産活動で生まれたモノで，国内で成された付加価値とは無関係です）が混在している事実にも，注意を払わなくてはなりません。つまり，最終財総額のうち国内で形成された分を集計する際は，この輸入品分を調整する必要があります。そのことを踏まえ，改めて

GDP≡（国内で成された）付加価値総額≡最終財総額（国内で形成された分）

とまとめます。右辺の「最終財総額（国内で形成された分）」については，国内で売買された最終財の総額から，輸入財の分を控除することで求まります。表2.4の実際のデータに基づいた産業連関表で確認してみましょう。

●実際の産業連関表

　表2.4は，内閣府経済社会総合研究所が編纂する**国民経済計算**（System of National Account, SNA）の報告書に記載されている産業連関表をもとに作成したものです。[8]　経済全体の付加価値の総額は，表2.4の【A】で見ることができます。一方，輸入分を控除した最終財の総額に関しては【C】で確認できます。【A】および【C】の値はいずれも536,220（単位10億円）で，輸入分が調整された後の状況として，確かに「付加価値の総額≡最終財の総額」が成立します。つまり，実際のマクロ経済でも「GDP≡最終財の総額」が基本となっています。

---

[8]　2020年のものです。なお日本では，総務省が関係省庁と協力して，5年ごとに詳細な産業連関表を編纂し発表しています。また内閣府経済社会総合研究所では，国民経済計算と整合性が取れるように，総務省の産業連関表を再編集して，独自の産業連関表を毎年報告しています。各都道府県も，総務省の産業連関表を参考にして，独自の産業連関表を計算し公表しています。

表 2.4　産業連関表の例（SNA 産業連関表，2020 年，名目値）

（単位：10 億円）

	農林水産業	鉱業	製造業	電気・ガス・水道・廃棄物処理業	建設業	卸売・小売業	運輸・郵便業および情報通信業	金融・保険業	不動産業	サービス業（公務，教育，社会事業なども含む）	中間投入計（内生部門計）	民間最終消費	固定資本形成（民間）	在庫純増	政府支出計	輸出	輸入	最終需要計	産出額
農林水産業	1630	0	7752	3	67	411	11	8	1	1213	11096	3337	239	-15	0	98	-2308	1351	12447
鉱業	0	2	9420	4866	383	10	6	0	0	-1	14687	-6	-6	-79	0	29	-13841	-13903	784
製造業	2958	101	114931	1757	18818	8974	5061	1151	245	29765	183760	55120	34144	147	2667	56848	-60936	87991	271751
電気・ガス・水道・廃棄物処理業	134	32	5128	3938	421	2134	1581	379	316	9226	23287	9054	0	0	3029	0	0	12083	35370
建設業	57	7	655	494	61	336	492	110	791	1099	4102	0	39239	0	23680	0	0	62920	67022
卸売・小売業	919	30	12449	595	3677	2792	1184	328	140	10016	32129	47846	6599	237	469	6684	-39	61796	93925
運輸・郵便業および情報通信業	449	34	8305	1650	2639	5585	14968	3241	373	15390	52634	26448	11588	12	1706	5679	-5406	40027	92661
金融・保険業	159	48	1846	659	714	1589	1051	1838	7482	3169	18555	17859	0	0	1974	0	-2462	17372	35927
不動産業	11	9	824	175	377	2713	2256	702	2553	3378	12997	63605	2856	0	4	0	0	66465	79463
サービス業（公務，教育，社会事業なども含む）	535	132	12401	3076	8274	10129	15247	5303	2462	31709	89268	66744	18673	0	112548	13619	-11467	200118	289386
中間投入計（内生部門計）	6852	395	173710	17214	35431	34673	41857	13060	14363	104963	442516	290008	113333	303	144104	84931	-96458	536220	978737
固定資本減耗	1863	173	31037	8068	3105	7920	15008	2657	28701	37100	135633								
生産・輸入品に課される税	-173	58	13102	1695	2751	6484	4831	419	5723	8129	43020								
雇用者報酬	2407	200	51821	3456	22989	33669	32434	11025	4516	120729	283245								
営業余剰・混合所得	1499	-41	2080	4938	2746	11180	-1469	8766	26160	18466	74323								
付加価値計	5596	390	98040	18157	31591	59253	50804	22867	65100	184424	536220								
産出額	12447	784	271751	35370	67022	93925	92661	35927	79463	289386	978737								

製造業の製品に対する支出計

【C】≡GDP［支出側］

【B】（合計値）≡GDP［所得側］

【A】≡GDP［生産側］

製造業の総所得　製造業の付加価値計

（出所）内閣府経済社会総合研究所『2008SNA による 2020 年（令和 2 年）SNA 産業連関表（2015 年（平成 27 年）基準）（令和 4 年 3 月 31 日）』の「内生 24 部門（名目）・取引表」を基礎として，独自に再編集を施している。

（注）総務省がまとめている "通常の" 産業連関表と上記の SNA 産業連関表は，カテゴリーや用語の使い方が異なる。

Technical 編の確認問題

[1] 図 2.2 のケース（パンのケース）に対応した産業連関表を作りなさい。

（解説）

[1] 産業連関表の見方を再確認するためにも，図 2.2 のケースと産業連関表の関係を改めて見ておきましょう。図 2.2 のケースを産業連関表の形で書き直したのが表 2.5 です。一見して分かるように，多くの部分にゼロが入っています。このようにゼロが多くなる点が，図 2.2 で見た階段型のイメージの特徴と言えます。

表 2.5 「図 2.1」のパンの生産・流通過程に関する産業連関表

	農家	製粉所	パン工場	コンビニ	最終財	産出額
農家の小麦	0	50	0	0	0	50
製粉所の小麦粉	0	0	90	0	0	90
パン工場のパン	0	0	0	150	0	150
コンビニのパン	0	0	0	0	160	160
付加価値	50	40	60	10		
産出額	50	90	150	160		

第3章　三面等価の原則

Outline

　前章で確認したように，「付加価値の総額」は「最終財の総額」と基本的に等しくなります。一方，最終財を販売して得られた企業の収入は，労働者への賃金や株主への配当，政府に支払う租税など，生産に関係した経済主体に分けられます。つまり付加価値は，家計，企業，政府へ何らかの形で分配され，それら経済主体の所得に組み込まれていく訳です。このことから，

付加価値の総額 ≡ 所得総額≡最終財に対する支出総額

という関係が予想できます。ここで≡は，「常に等しい」，「同値である」ということを表す記号です。実は，この関係が三面等価というもので，本章の中心的なテーマです。

3.1　生産面からのアプローチ：GDP［生産側］

◆ Story 編　付加価値の総額としての GDP

　内閣府の国民経済計算によると，2020 年の GDP（国内総生産）の値は約538.2 兆円でした。[1]　この数値は，まさしく 2020 年に日本国内で発生した付加価値の総額を意味しています。つまり企業等の生産活動を積み上げていき，

---

[1] 各目値ベースです（以下本章中同様）。実質値と名目値の違いについては次章で改めて説明します。

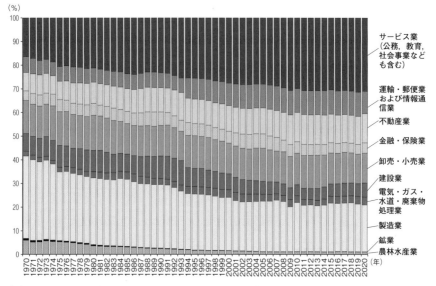

（注）1970 年から 1979 年までは 1998 年度国民経済計算確報（68SNA ベース）のデータを，1980 年以降は 2020 年度国民経済計算（2015 年基準 ・2008SNA）のデータを用いた。

図 3.1　産業別の GDP：産業比率の時間的変化

その積み上げの行き着いた値が 538.2 兆円となる訳です。このように，各企業の生産活動に注目した経済規模の指標が GDP に他なりません。また，生産活動に注目していることを強調する際は，特に GDP［生産側］と表記します。[2]

　国民経済計算では，GDP［生産側］を産業別に見ることも可能です。例えば GDP［生産側］における各産業のシェアについて，1970 年から 2020 年までの国民経済計算のデータを利用して棒グラフに描いてみましょう。図 3.1 を見てください。このように GDP［生産側］のデータを用いることで，日本経済における産業構造の変化の傾向などが分析できます。

---

[2]　OECD の統計などで用いられている「Gross Domestic Product：output approach」が GDP［生産側］です。

さて日本では，農林水産業（第1次産業）の割合が一貫して低下している一方，サービス業（第3次産業）の割合が高まっています。このように，経済の発展につれて，中心的な産業が第1次産業から第2次産業そして第3次産業へ移行する経験法則を，ペティ=クラーク（Petty-Clark）の法則と呼びます。なお，この法則はあくまでも傾向を述べているだけで，近年，新興国などでは成立しないケースも増えています。

3.2 分配面からのアプローチ
: GDP［所得側］（GDI）

◆ Story 編 | **付加価値の分配方法**

　売上（産出総額）から原材料などの中間投入財の費用を引いたものが付加価値になりますが，この付加価値の全てが生産した企業の内部に留まる訳ではありません。雇用者への賃金の支払いに使われたり，生産設備のメインテナンスにもあてられたりします。また，消費税などの間接税もこの付加価値から納める必要があります。[3]

　したがって，このような分配面に注目してGDPを分析することも可能です。ここでは，分配という側面から表されたGDPを，

GDP［所得側］　あるいは　GDI（国内総所得）

と表記します。なお，GDP［所得側］もGDIも同じものを指しますが，GDIという言い方は，第4章で説明するGNIという指標との比較で主に使われます。[4]

---

[3] 租税には「**間接税**」と「**直接税**」があります。「間接税」とは税を負担する人（消費税であれば消費者）と納税する人が異なる税のことを指します。間接税の代表的なものは消費税や関税です。他方，税負担者と納税者が同じ税が直接税で，代表的なものとして所得税や法人税があります。

[4] GDI は Gross Domestic Income の略です。GDP［所得側］は，OECD の統計などで用いられている「Gross Domestic Product：income approach」に対応させた用語です。

●付加価値の当初の配分

国民経済計算では，付加価値の総額を「雇用者報酬」，「生産・輸入品に課せられる税・補助金（控除）」，「固定資本減耗」，「営業余剰・混合所得」の4つに分けて整理します。

以下，各カテゴリーについて順番に確認していきましょう。

1. 雇用者報酬

まず付加価値から支払わなくてはならないものは，雇用者に対する賃金・俸給やボーナスなどです。このように雇用者に分配される部分を「**雇用者報酬**」と呼びます。[5]

雇用者報酬には一般的な賃金・俸給などだけでなく，社会保険の内で雇い主が負担しなくてはならない部分も含まれています。つまり付加価値の中で，企業に雇用された人たちが実質的に受け取る分と考えられます（自営業の場合をどう扱うかについては「営業余剰・混合所得」のところで述べます）。2020年の雇用者報酬の金額は283.2兆円でGDP［所得側］（GDI）の約52.6%でした。

2. 固定資本減耗

「固定資本」とは生産に使用する建物や設備，機械などのこと

で，第1章で触れた三大生産要素の一つである "資本" と同じです。これらは生産活動や時間の経過によって摩耗したり，偶発的に損傷したり，時には陳腐化したりします。各企業は生産活動を継続するためにも，このような建物や設備，機械などの減耗に対して，何らかの "手当" をしなくてはなりません。その手当の分を**固定資本減耗**と呼び，[6] 付加価値の一部がそれに充当

---

[5] マクロ経済学で雇用者といった場合，雇われている人，つまり被雇用者を指します。雇用主の方ではない点に留意してください。

[6] 会計学の知識がある読者は，「減価償却費」をイメージしていただいても結構です。ただし，企業会計において記録される実際の減価償却費とは基本的な発想が少し異なる点にも注意が必要です。

されます。2020年の固定資本減耗の金額は，135.6兆円，GDP［所得側］
（GDI）の約25.2%でした。

3. 生産・輸入品に課せられる税・補助金（控除）

　次に「生産・輸入品に課せられる税・補助金（控除）」とは消費税や関税
のような間接税のことで，製品を販売するときに製品価格に上乗せされてい
る部分（専門用語では転嫁といいます）を指します。

　この上乗せされた税金分は，生産販売した企業が消費者などの製品購入者
から"預かっている"ものでしかなく，当該企業が一括して税務署に納めな
くてはなりません。なお，生産活動に関して補助金を得ている企業も存在し
ます。そのため補助金の分はマイナスの税として控除されます。2020年に
は44.8兆円，GDP［所得側］（GDI）の約8.3%でした。

4. 営業余剰・混合所得

　付加価値から「雇用者報酬」と「固定資本減耗」を除き，さらに「生産・
輸入品に課せられる税・補助金（控除）」分を差し引いたものが企業に留ま
る付加価値の部分（企業に分配される付加価値の部分）であり，これを「**営
業余剰・混合所得**」と呼びます。

　なお混合所得とは，いわゆる自営業のような個人企業に関するものです。
個人企業の場合，雇用者と雇用主が不可分なため，結果，雇用者報酬と営業
余剰を統計上分けることができません。そのため混合所得という用語を用い
ています。2020年では営業余剰64.3兆円，混合所得9.4兆円，それぞれ
GDP［所得側］（GDI）の約11.9%と約1.7%でした。

●各経済主体の所得および様々な所得移転

　全ての付加価値は以上4つのカテゴリーに分かれますが，これらは最終的
に，家計，企業および政府の所得に組み込まれていきます。その点について
確認しましょう。

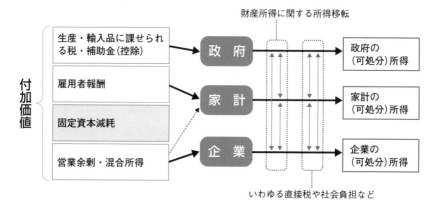

財産所得に関する所得移転

付加価値

- 生産・輸入品に課せられる税・補助金(控除) → 政 府 → 政府の(可処分)所得
- 雇用者報酬 → 家 計 → 家計の(可処分)所得
- 固定資本減耗
- 営業余剰・混合所得 → 企 業 → 企業の(可処分)所得

いわゆる直接税や社会負担など

図 3.2　付加価値と各経済主体の所得

　まず「生産・輸入品に課せられる税・補助金（控除）」が政府の取り分として，「雇用者報酬」が家計の取り分として各々分配されます。また「営業余剰・混合所得」ですが，営業余剰については原則企業の取り分となり，混合所得は（個人企業の「家計」的側面を踏まえ）家計の取り分の一部としてカウントされます。なお「固定資本減耗」は，建物や設備，機械などの減耗に対する費用にあてられる（もしくはあてられた）ため，一般に別扱いとなります。図 3.2 も参照してください。

◆ Technical 編　各経済主体の所得と GDI（GDP［所得側］）の定義

● GDP［所得側］（GDI）について

　上で述べた 4 つのカテゴリーですが，そもそも付加価値自体を分けて得られたものです。つまり 4 つのカテゴリーの合計は，必然的に付加価値の総額（GDP）と等しくなります。この点を逆から見てみましょう。

　まず，各経済主体の個別の所得に注目します。そして，そこから「雇用者報酬」，「固定資本減耗」，「営業余剰・混合所得」（以上 3 項目は生産要素に

支払う費用（**要素費用**）とみなすこともできます），さらに「生産・輸入品に課せられる税・補助金（控除）」の4つのカテゴリーの値を割り出して，それらの値を積み上げます。原理的には，このような手法によっても GDP の値が計算できるということです。[7]

　このような発想に基づいてアプローチされた GDP とのことを強調するため，改めて次のように明示しておきます。すなわち，

GDP［所得側］（GDI）≡ 雇用者報酬＋営業余剰・混合所得＋固定資本減耗
　　　　　　　　　＋生産・輸入品に課せられる税・補助金（控除）

です。生産側からか所得側からか，アプローチは異なりますが，そもそも同じ GDP なのでこの値もマクロ経済全体で見ると付加価値の総額と一致します。つまり，

国内の付加価値総額 ≡ GDP［所得側］（GDI）

とまとめられます。[8]

　　　　Technical 編の確認問題
[1] 各企業のいわゆる"利潤"は，GDI の4つの項目のうち，主にどの項目に含まれているか。説明しなさい。
[2] 「生産・輸入品に課せられる税・補助金（控除）」には消費税などが含まれていると述べた。それでは企業が払う法人税や，企業に勤めている人の払う所得税は，主に GDI のどの項目に含まれているか。説明しなさい。

（解説）
[1] 企業の利潤は，主に「営業余剰・混合所得」に含まれています。
[2] 図 3.2 を参照してください。「営業余剰・混合所得」をベースにして，そこから利子や

---

[7] あくまでも"原理的"に可能ということで，実際の統計から GDP を逆算するのは，統計数値の定義などの問題もあって難しい面があります。

[8] なお第4章で「名目値」と「実質値」という概念を説明しますが，統計的に GDI ≡ GDP が成立するのは名目値に関してです。

地代などの諸々の所得移転を考慮した後，それぞれの企業の利潤が確定します。各企業は，その利潤から法人税などを支払うことになります。なお企業に勤めている人の払う所得税は，基本的に「雇用者報酬」の一部があてられます。ただし利子や地代などの収入がある場合は（つまり財産所得に関する所得移転がある場合です），そこからも所得税を納めなくてはなりません。

3.3 支出面からのアプローチ
：GDP［支出側］（GDE）

◆ Story 編　最終財の販売先：自動車の例

　第2章で述べたように，産出された財・サービスは中間投入財か最終財に分けられます。中間投入財として購入された財・サービスが原材料などになる点は，もはや繰り返すまでもないでしょう。一方，最終財はどうでしょうか。本節では，最終財がいかなる目的で購入されるのかという点に注目して，国内で生産された最終財全体を分類していきます。

　第2章の産業連関表で確認したように，国内で形成された付加価値の総額（すなわちGDP）は，基本的に国内で形成された最終財の総額と一致しました。つまり，ここで行う分類はGDPに関する分類に他なりません。以下，最終財の購入目的に分けて整理したGDPのことを，

GDP［支出側］　あるいは　GDE（国内総支出）

と呼びます。なお，GDEという表記は，現在，ほとんど用いられません。しかし，これまでの慣例にしたがって，「GDE」という言い方も併記します。[9]

---

[9] GDEはGross Domestic Expenditureの略です。GDP［支出側］は，OECDの統計で用いられている「Gross Domestic Product：expenditure approach」に対応させたもので，内閣府のGDP統計（国民経済計算）でも，GDEではなくGDP［支出側］という用語が使用されています。そもそもGDE（国内総支出）は，国内で形成された最終財（国産最終財）に対する支出総額として説明するのが自然なのですが，Technical編の確認問題でも触れるように，正確に考える際，輸入された中間投入財の扱いに注意が必要となります。

●自動車の販売を例にした GDE の説明

　最終財の一般的な構成をイメージするため，ここでは最終財の典型である自動車の販売を例にして考えていきたいと思います。図3.3を見てください。国内で新規生産された自動車は誰によって購入されるのか。このような視点から最終財の流れを概観しましょう。

1. 民間最終消費支出・民間企業設備投資

　新しく生産された自動車の一部は，家計によって購入されることがまず考えられます。家計の購入した自動車はあくまでもプライベート用と捉えるのが妥当でしょう。つまり生産された自動車の一部は，消費目的で購入されます。この部分を**民間最終消費支出**として計上します（図3.3の①）。

　また別の自動車は，物品運搬のため企業が購入するかもしれません。この場合，自動車はその企業の設備の一部とみなされるので，自動車の購入は設備投資と考えます。したがって，企業の購入した部分を**民間企業設備投資**にカウントします（図3.3の②）。

2. 政府支出・輸出

　次に，家計や企業以外で自動車を購入する主体を想像してみましょう。例えば，村や町が住民サービスのために公用車を購入することもあります。このように一般政府によって購入される部分は，**政府支出**として計上されることになります（図3.3の③）。

　さらに海外の人が国内で生産された自動車を購入するケースも多々あります。海外の住民が購入した分は，通常，**輸出**として扱われます（図3.3の④）。

3. 在庫投資：いわゆる "売れ残り"

　以上，最終財の行き先はおよそ4つの方向に分かれる訳です。ただ，現実の経済を想定する場合，もう一つ重要な部分を見落としてはなりません。いわゆる**在庫**です。

①家計[消費財として支出]：民間最終消費支出	⑤売れ残りなど[在庫に計上]：民間在庫投資
②企業[設備投資として支出]：民間企業設備投資	⑥上図で表せない部分(1)：民間住宅投資(注1)
③政府[公的投資として支出]：政府支出	⑦上図で表せない部分(2)：[控除]輸入(注2)
④海外[輸出に計上]：輸出	

(注1) 家計および企業の「住宅」購入は，民間最終消費にも民間企業設備投資にも含めず，別の項目を立てる。
(注2) 以上で説明した「支出」には，外国財（外国製品，外車）に対する支出も，統計上含まれてしまう。したがって，その国の製品（その国の総生産）への支出に限定するため，「外国財への支出」を一括して控除する必要がある。

図3.3　最終財の構成：生産された自動車の "行き先（≡購入先）"

　生産されたものが全て販売・購入される訳ではなく，ある程度売れ残る可能性もあります。また生産期間を集中させて大量生産を行った方が効率的な場合や，購入を希望する人がいつ来るのか不確実な場合など，企業は一定の在庫を計画的に持つこともあるでしょう。

　意図的なものか（計画的なものか），意図せざるものか（計画外のものか）の区別は後述するように重要な意味を持ってきますが，いずれにせよ最終財の中には新規の在庫に回される部分も含まれることになります。前の章では敢えて深く触れなかった部分ですが，このような在庫は**民間在庫投資**として計上されます（図3.3の⑤）。

　なお，基本的に在庫はいつか販売され，将来の企業収入を増加させる点に留意してください。この点に注目すると新規の在庫も一種の投資とみなせる訳です。そのため，在庫ストック（既に在庫となっているもの）の増加を**在庫投資**と呼んでいます。ちなみに在庫ストックが減少した場合は，「マイナスの在庫投資」です。

4. 住宅投資

　実は，図3.3の自動車のイメージの中で表現しにくい項目があります。それは家計や企業などが購入する新築住宅です。住宅はあくまでも居住スペースをもたらすもので，もちろん中間投入財ではありません。つまり新しく生産された住宅も最終財となる訳です。

　一方，住宅は生産活動に用いることを前提にしたものではなく，「設備投資」と分けて考える必要があります。さらに住宅という財の耐久性や，居住スペースを長い期間に渡って提供し続けるという特性から，「消費」とも区別するのが妥当でしょう。このような事情から，通常，新しく生産された住宅は**民間住宅投資**として個別に扱います（図3.3の⑥）。

5. 輸入：一括控除する部分

　最後に，忘れてはならない重要項目として**輸入**があります（図3.3の⑦）。これまでの説明では，国内で生産されたモノを暗黙の内にイメージしてきました。しかしながら，家計や企業，時には政府でさえ外国製品を購入することもあるでしょう。トヨタやホンダのような国産車の代わりに，ベンツやテスラといった外車を購入する主体もいる訳です。

　上で述べた「民間最終消費支出」や「民間企業設備投資」等々には，統計上，輸入外国製品に対して支出された分も含まれています。ここではGDP，すなわち国内で成された付加価値の総額を対象にしているので，第2章の説明と同様，最終財についても外国で作られたモノ，すなわち輸入品に対する支出を調整しなくてはなりません。したがって外国製品に関する支払を一括的に控除するような項目，つまり「輸入」という控除項目を立てる必要があります。

　以上が最終財の行き先に注目した項目分類になります。自動車をイメージの中心に据えて説明しましたが，どのような財・サービスであっても，国内で生産された最終財は，例外なくいずれかの項目に振り分けられます。つまり，図3.3の①から⑦の項目を一国レベルで集計することによっても最終財

の総額から見た GDP（すなわち GDP［支出側］または GDE）が求まることになります。

● GDP［支出側］（GDE）について

　改めて GDP［支出側］（GDE）を定義しましょう。いま仮に図 3.3 に記した全ての項目の統計数値が分かっているとします。輸入が控除項目である点に注意して，それらの数値を全て足し合わせる作業を想像してみてください。

　このように，初めに図 3.3 の項目の数値を一国レベルで捉え，それらを足し合わせる。この発想から求めた経済指標を GDP［支出側］（もしくは GDE）といいます。したがって GDP［支出側］は，

$$GDP［支出側］（GDE）\equiv 民間最終消費支出＋民間企業設備投資＋民間住宅投資＋民間在庫投資＋政府支出＋輸出－輸入$$

と定義されます。この GDP［支出側］こそ，第 2 章で説明した「最終財総額（国内で形成された分）」と一致します。

　特に混乱しない場合は，民間最終消費支出を「消費」と省略し，「民間企業設備投資＋民間住宅投資＋民間在庫投資」の部分もまとめて「投資」と表すことにします。すなわち，

$$GDP［支出側］\equiv 消費（C）＋投資（I）＋政府支出（G）＋輸出（EX）－輸入（IM）$$

となります。この式の（　）内のアルファベットは，消費，投資，政府支出，輸出，輸入を表す際の記号で，以降，適宜この表記を用います。

　また，最終財の総額と付加価値の総額の関係を思い出せば，

$$国内の付加価値総額 \equiv GDP［支出側］（GDE）$$

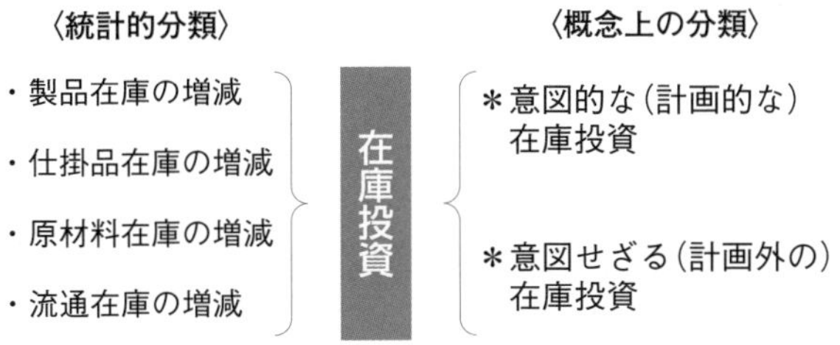

〈統計的分類〉	在庫投資	〈概念上の分類〉
・製品在庫の増減 ・仕掛品在庫の増減 ・原材料在庫の増減 ・流通在庫の増減		＊意図的な（計画的な） 　在庫投資 ＊意図せざる（計画外の） 　在庫投資

図 3.4　在庫投資（在庫の増減）の分類

という関係が成立することも理解できます。

　なお，日常生活で"投資"と言うと，得てして株式投資とか外貨投資といった金融的投資がイメージされます。しかしマクロ経済学で「投資」と言ったとき，特に断りが無い場合，ほとんどが上で述べた実物的な投資（設備投資，住宅投資，在庫投資）を意味します。十分に注意してください。

● GDP［支出側］における在庫投資の意義と内訳

　これまでの説明の通り，国内で生産された最終財は例外なく GDP［支出側］のいずれかの項目に分類されます。この"例外なく"分類される理由として，在庫投資の存在が重要な役割を果たしています。

　実際の経済では，使いきれなかった材料（結果的に中間投入されなかったもの）や製作途中の商品など，一見すると GDP［支出側］のどの項目にも含まれそうにないものが存在します。実はこれら全て，中間投入財ではないという観点で最終財に分けられ，GDP［支出側］の中の「在庫投資」として扱われます。在庫投資（在庫品増加）の具体的（統計的）な内訳を図 3.4の左側でまとめました。

　なお統計的に捉えることは不可能ですが，それぞれの在庫投資は，概念上，2つに分割することもできます。「意図的な（計画的な）在庫投資」と「**意図せざる（計画外の）在庫投資**」で，図の右側に記しています。いわゆる"売れ残り"が意図せざる在庫投資の代表例ですが，この「意図せざる在庫投

資」は，後の章で説明する GDP の決定理論において重要な役割を果たします。

Technical 編の確認問題

[1] 2020 年の GDP［支出側］の内訳が図 3.5 で確認できる。この図から日本の GDP［支出側］の特徴を述べなさい。

[2] 日本の輸入には原油などの中間投入財が多く含まれている。他方，GDP［支出側］の説明では最終財をイメージした。では，輸入（*IM*）に輸入中間投入財が入ると矛盾しないか。

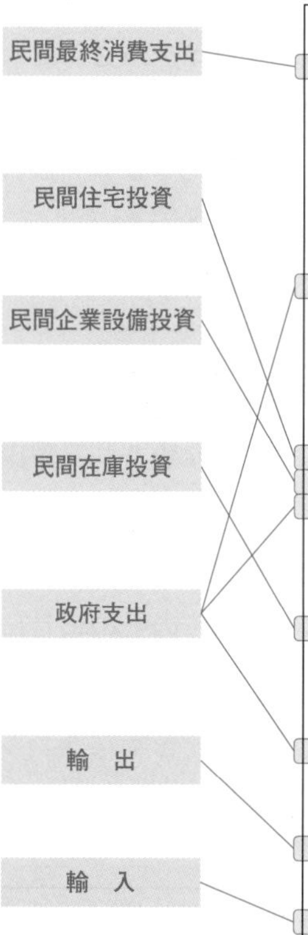

1. 国内総生産（支出側，名目）

（単位：10 億円）

項　目	令和 2 暦年 2020
1. 民間最終消費支出	289,498.7
（1）家計最終消費支出	280,843.1
a. 国内家計最終消費支出	281,352.5
b. 居住者家計の海外での直接購入	529.9
c.（控除）非居住者家計の国内での直接購入	1,039.4
（再掲）	
家計最終消費支出（除く持ち家の帰属家賃）	232,288.1
持ち家の帰属家賃	48,555.0
（2）対家計民間非営利団体最終消費支出	8,655.6
2. 政府最終消費支出	113,185.2
（再掲）	
家計現実最終消費	358,510.9
政府現実最終消費	44,173.0
3. 総資本形成	136,771.7
（1）総固定資本形成	136,497.7
a. 民間	106,048.5
（a）住宅	20,021.3
（b）企業設備	86,027.1
b. 公的	30,449.2
（a）住宅	564.2
（b）企業設備	6,841.7
（c）一般政府	23,043.3
（2）在庫変動	274.0
a. 民間企業	288.7
（a）原材料	592.2
（b）仕掛品	176.9
（c）製品	−194.7
（d）流通品	−285.8
b. 公的	−14.7
（a）公的企業	17.5
（b）一般政府	−32.2
4. 財貨・サービスの純輸出	−1,300.2
（1）財貨・サービスの輸出	83,729.2
a. 財貨の輸出	67,370.1
b. サービスの輸出（含む非居住者家計の国内での直接購入）	16,359.2
（2）（控除）財貨・サービスの輸入	85,029.4
a. 財貨の輸入	64,359.5
b. サービスの輸入（含む居住者家計の海外での直接購入）	20,669.9
5. 国内総生産（支出側）（1＋2＋3＋4）	538,155.4

左側のラベル（図の引き出し線）：
民間最終消費支出／民間住宅投資／民間企業設備投資／民間在庫投資／政府支出／輸　出／輸　入

図 3.5　GDP［支出側］（GDE）：国民経済計算との対応

[1] 日本も含めた先進国の場合，GDP［支出側］の中で最大のシェアを占めているのは「消費（*C*）」です。

[2] 矛盾しません。それが中間投入財であっても，輸入したモノは全て「輸入（IM）」に含める必要があります。例えば，中間投入財を全て輸入している国を想像します。その国では輸入中間投入財の上に付加価値が足されて国産の最終財が生産されます。つまり「国産の最終財総額＝付加価値（GDP）＋輸入中間投入財」であり，

GDP＝国産の最終財総額－輸入中間投入財

となります。つまり国産製品を産出する際に輸入中間投入財が使用されているため，国産の最終財の金額には輸入中間投入財の金額分が上乗せされています。したがってGDP を求めるために，どこかで輸入中間財の金額分を控除しなくてはなりません。GDP［支出側］の式では，控除項目の *IM* の中に輸入した最終財だけでなく，あえて輸入中間投入財を含め，以上のバランスを取ります。

3.4 三面等価の原則

◆ Story 編　マクロ経済の金銭の流れで見た三面等価

これまでの議論によって，改めて次のような関係が確認されました。

GDP について：［生産側］≡［所得側］≡［支出側］

この関係は，マクロ経済において原則的に成立します。それが**三面等価の原則**です。なお本章の冒頭で見た三面等価の式と比較すると，GDP［生産側］が「付加価値の総額」と定義される一方，GDP［所得側］は「所得総額」として GDP を捉えていることが分かります。また，GDP［支出側］は「最終財に対する支出総額」として GDP を測っている訳です。

●実物市場の金銭の流れ

図を利用して実際の経済における「三面等価」のイメージをつかみましょう。ここでは財・サービスの売買や生産要素の提供などによって生じる金銭の流れ，つまり実物市場におけるマクロの"おカネ"の流れに注目します。

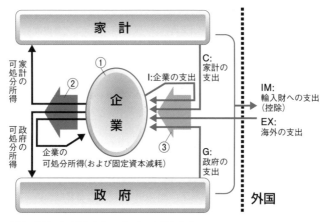

（注）政府による「政府サービス」の生産を省略。

図 3.6　実物市場における金銭の流れ

この "おカネ" に関する見取り図を図 3.6 に載せました。この図によって三面
等価の意味を再度確認します。

　まず GDP［生産側］ですが，これはある年に日本国内で生産した付加価
値の総額でした。したがって，図 3.6 の①の部分において発生した付加価値
を合計した分のおカネがそれに相当します。

　次に，そのおカネは雇用者や生産設備に対して分配されます（政府には税
金が支払われます）。それが GDP［所得側］で，図 3.6 の②の矢印に相当し
ます。そして生産された最終財は，家計，企業，政府および海外の人によっ
て購入されます。こうした最終財に対する支出を測定したものが GDP［支
出側］です。それは図 3.6 の③の矢印に相当します。

　図 3.6 から，企業は財・サービスの販売活動によっておカネを集め，生産
活動によって再度おカネを流していることが分かるでしょう。ここでは一国
の経済を人の身体に例え，おカネを血液とみなしてみます。すると，まさし
く企業が心臓の役割を果たしていることに気が付きます。

　好況で企業の生産活動が活発なときは，ちょうどスポーツで心臓の鼓動が

早まっているときと同じです。多くのおカネ（血液）が企業（心臓）にどんどん集まり，そこから再度，様々な経済主体に向けて押し出されていきます。逆に不況の場合は身体が弱っているときで，このとき企業（心臓）の動きも不活発となり，その結果，おカネ（血液）の流れも停滞する訳です。[10]

　以上の例えを用いて，改めて「三面等価の原則」の意味することを言い直すと，次のようになります。ある期間の身体の活動状況（つまり経済活動の状況）を見るのに，その期間における心臓の鼓動の数で測るのも（GDP［生産側］で測るのも），その期間に心臓から押し出される"動脈の血流量"で測るのも（GDP［所得側］で測るのも），また心臓に流れ込んで来る"静脈の血流量"で測るのも（GDP［支出側］で測るのも），全く同じ結果が得られる。これが三面等価です。

◆Technical 編　産業連関表と三面等価

●産業連関表での確認

　第2章で見た産業連関表によっても，「三面等価の原則」が確認できます。表2.4の産業連関表に戻り，具体的な例で確認しましょう。この産業連関表の【A】の部分が GDP［生産側］を表しています。また【B】の部分は GDP［所得側］を意味し，【C】で示した部分が GDP［支出側］に対応しています。これらの数値から，確かに三面等価の成立していることが分かります。

　なお，この産業連関表で再度確認しておきたいことは次の点です。「三面等価の原則」が成立するのは，あくまでもマクロ経済全体を対象にした場合に限られており，産業ごとに考えると，同じようなことは必ずしも成立しません。確かに産業に注目する場合でも，GDP［生産側］と GDP［所得側］に相当する部分は必ず等しくなります。例えば製造業の総所得（GDP［所得側］に相当する部分）の合計を計算すれば 98,040 であり，製造業の付加

---

[10] ちなみに身体の例えを用いると，物価水準は"体温"に相当すると言えるでしょう。身体を活発に動かすと体温が上昇するように，経済活動が活発化すると（景気が過熱すると）物価水準も上昇してきます。

価値計（GDP［生産側］に相当する部分）の 98,040 と同じ値になっています。しかし GDP［支出側］に相当する部分は，産業別に見ると生産側や支出側と一致しません。製造業の例では，製品に対する支出計（GDP［支出側］に相当します）が 87,991 で，先の生産側および支出側に相当する部分の 98,040 と異なります。以上の点は，「三面等価の原則」を用いて経済を分析する際，留意しておきたいポイントです。

 Technical 編の確認問題

［1］産業単位で計算したとき，なぜ GDP の生産側と支出側が一致しないのか，理由を述べなさい。

（解説）

［1］GDP［生産側］は付加価値に注目した指標で，GDP［支出側］は最終財に注目した指標です。つまり GDP は生産活動（生産者の活動）に関連している一方，GDP［支出側］は作られた製品の使用目的（購入者の目的）に関連しています。既に第 2 章で説明したように，一般に産業や製品のレベルにおいて，付加価値（GDP［生産側］）と最終財（GDP［支出側］）の一致する保証はありません。

Outline

　マクロ経済学の理論的な説明に入る前に，この節では，いままで触れることのできなかったいくつかの統計指標を紹介します。ここで見る統計指標には，マクロ経済を見る上であらかじめ確認しておくべき概念が多く含まれています。

4.1　GDI（GDP［所得側］）とGNI

◆ Story編　地域か居住者か

　国民総所得（Gross National Income；GNI）という概念を考えます。GNIとは，その国の居住者（その国に住んでいる人々や日本で法人登録している企業などを「**居住者**」と呼びます）が稼いだ総所得として定義されます。なお，国民総所得における「**国民（National）**」は，単純にその国の居住者を意味しています。その人の国籍と無関係な点にも注意してください。

　さて「日本の総所得」を想像しましょう。このとき2つの視点から考えることができます。まず日本という"地域"をイメージし，その中での生産活動によって発生した"もうけ"（つまり所得です）の総額を想定する場合があります。他方，「日本の総所得」という言葉から，日本に住んでいる人々（日本の居住者）をイメージした上で，その居住者が獲得した所得の総額を

思い浮かべる人もいます。これまでに見てきた GDP［所得側］，つまり GDI（Gross Domestic Income；国内総所得）は前者のケースで，ここで説明する GNI は後者の居住者をベースにした総所得です。

GDI と GNI の違いは，国単位で考えるよりも，都道府県単位で見た方がイメージが付くかもしれません。例えば東京都について考えてみましょう。東京都内で生産活動を行っている人の全てが，東京都民（つまり東京都の居住者）という訳ではありません。他県に居住しながら都内で働く人も多くいます。反対に東京都の居住者でも他県で生産活動を行うことがあります。東京都内という "地域" で発生した所得の合計が GDI であり，東京都の "居住者" の所得を集計したものが GNI になります。

◆ Technical 編　GNI と GDI の違い

GNI と GDI との関係を図 4.1 に示しました。この図で描かれているように，「海外からの雇用者報酬（純）」および「海外からの財産所得（純）」の分が両者の違いです。海外からの雇用者報酬とは，当該国に居住地を置いている人が外国で働いて（生産活動を行って）稼いだ所得を指します。[1] また海外からの財産所得は，当該国の居住者（個人だけでなく企業も含みます）の保有する海外資産（例えば海外企業の株式や債券，また海外の不動産などです）から得られる配当，利子，地代といった所得のことです。

なお「純」という言葉ですが，これはプラスの部分からマイナスの部分を控除することを表しており，ネット（net）という言葉に対応したものです。つまり「海外からの雇用者報酬（純）」の場合，「海外から受け取った雇用者報酬－海外へ渡した雇用者報酬」ということで，「海外からの財産所得（純）」は「海外からの財産所得の受取り－海外への財産所得の受渡し」です。

---

[1] 日本一国を対象にした場合，居住地を日本に置いたまま海外で生産活動を行うことのイメージが付き難いかも知れません。典型的なケースとしては，例えば日本のアーティストが海外公演を行って，チケット収入を得る場合が挙げられるでしょう。

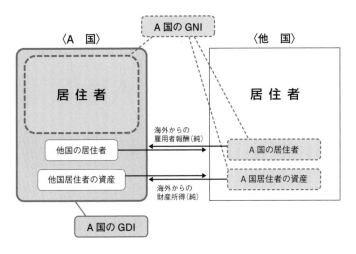

図 4.1　GDI と GNI

「海外からの雇用者報酬（純）」と「海外からの財産所得（純）」をまとめて「**海外からの所得の受取（純）**」と呼びます。[2]　GNI はこの「海外からの所得の受取（純）」を用いて，

GNI ≡ GDI（GDP［所得側］）＋ 海外からの所得の受取（純）

と表されます。

●最近の日本の GDI と GNI について

　日本の GDI と GNI の動向を図 4.2 で確認しましょう。この図から 1982 年以降は一貫して GNI が GDI を上回り，1996 年に GNI と GDI の乖離が GDP 比で 1％を超えていることが分かります（左目盛）。その後も乖離率は上昇傾向を保ち，世界的な金融危機の影響で 2009 年前後は落ち込むものの，2013 年以降，およそ 3.5％から 4％の間を推移しています。

---

[2]　ここでの（純）も「海外からの所得の受取り－海外への所得の受渡し」を意味しています。

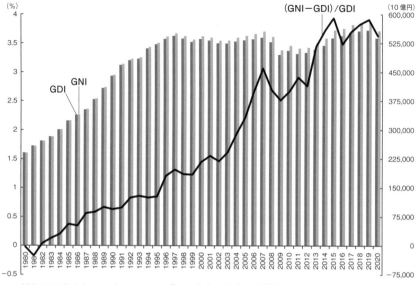

(注) 1980年から1993年については『2003年度　国民経済計算確報』を，1994年から2020年
については『2020年度　国民経済計算確報』を使用。GDI，GNIともに暦年の名目値。

図4.2　GDIとGNIの時間的推移

　　Technical 編の確認問題

[1] 図4.2のように，近年，GNI が GDI を上回っているのはなぜか。理由を考
えなさい。

[2] 日本のように GNI が GDI よりも大きい国，また逆に GNI が GDI よりも大
きい国を例示しなさい。

(解説)

[1] 日本で GDI と GNI の乖離が広がってきたのは，「海外からの所得の受取（純）」の中の
「海外からの財産所得（純）」が大きく膨らんできたためです。企業を含めた日本の居
住者は，これまでに多くの海外資産を購入してきています。その結果，海外の資産か
ら受け取る配当や利子が年々増加している訳です。

[2] 国連の 2020 年のデータによると，GNI が GDI よりも大きい国は，例えばアメリカ，ド
イツ，フランス，フィリピンなどです。また GDI が GNI を上回る国は，ルクセンブル
グ，カナダ，ロシア，中国，インドネシアなどになります。

4.2 GDP, NDP（国内純生産），NI（国民所得）および国民可処分所得

　地域に重きを置くか居住者に重きを置くかの違いは有りますが，GDI（GDP［所得側］）も GNI も日本の総所得を意味します。ただ，ここでの総所得は，日常生活で使われる"所得"とニュアンスが多少異なります。[3] そのニュアンスの違いを埋めるために，以下ではまず国内純生産（NDP）という概念を説明します。この NDP から国民所得（NI）という概念を導き，その後に「国民可処分所得」を説明します。

◆ Story 編　**統計で捉える所得：NDP，NI，国民可処分所得**

●国内純生産（NDP）

　最初に**国内純生産**（Net Domestic Product：NDP）を考えます。これは国内総生産（GDP）から「固定資本減耗」を控除したものとして定義されます。つまり，

$$\text{NDP} \equiv \text{GDP} - \text{固定資本減耗}$$

です。第 3 章で述べたように，「固定資本減耗」とは生産活動期間を通して摩耗したり壊れたり，また陳腐化したりした機械や設備などの価値です。

　例えば，ある地域の自動車の台数を考えましょう。この地域では年間2000 台の自動車が新しく作られ，同時に年間 100 台が廃車になるものとします。すると自動車総台数は年間で 1900 台（= 2000 台 - 100 台）の増加となります。新しく作られた自動車 2000 台が GDP に相当し，廃車 100 台が固定資本減耗です。純粋に増加した 1900 台が NDP にあたります。

　"生産活動"というプラス部分に焦点を合わせるのならば，NDP を用いな

---

[3] 例えば，仮に「所得は消費とか貯蓄とか自由に用いることができるもの」というイメージを持っているのならば，そこでの所得は，むしろ以下で説明する「可処分所得」という概念に近いものとなります。

くとも GDP を中心に議論して問題ありません。ただ「固定資本減耗」は資本の減耗に対する補填分とみなせます。したがって国内で発生した"所得"を考える際には，その補填分を除いたもの，つまり GDP（もしくは GDI）から固定資本減耗を取り除いた NDP を基礎にした方がより適切です。

●国民所得（NI）の２つ定義

　国内純生産（NDP）は，"地域"ベースの指標である GDP もしくは GDI を基本にしたものです。それでは，"居住者"ベースの所得は，どのように定義できるでしょうか。幸い GDP 統計（国民経済計算）には，**国民所得**（National Income；NI）という居住者ベースの所得概念があります。ただ国民所得には「**市場価格表示の国民所得**」と「**要素費用表示の国民所得**」という２種類の捉え方があり注意が必要です。

　前節で見たように，GDI に「海外からの所得の受取（純）」を加えれば，居住者ベースの総所得である国民総所得（GNI）が求まりました。同様に国内純生産（NDP）に「海外からの所得の受取（純）」を加えることで，居住者ベースの"所得"が得られます。これが「市場価格表示の国民所得」という概念です。次のように定義されます。[4]

市場価格表示の国民所得 ≡ NDP ＋ 海外からの所得の受取（純）

　なお，もう一つの国民所得である「要素費用表示の国民所得」は，上記の「市場価格表示の国民所得」から，さらに消費税のような間接税（より正確には「生産・輸入品に課せられる税・補助金（控除）」です）を調整することで計算されます。次の通りです。

要素費用表示の国民所得 ≡ 市場価格表示の国民所得
　　　　　　　　　　　 － 生産・輸入品に課せられる税・補助金（控除）

---

[4] 2000 年以前（93SNA 以前）には，「市場価格表示の国民所得」と等価なものとして，国民純生産（NNP）という用語も使用していました。

2つの国民所得の違いについて，「生産・輸入品に課せられる税・補助金（控除）」の代表である消費税を例に考えてみましょう。

　ある画家が絵を描き，その絵が55万円で売れたとします。このとき経済に発生した所得を55万円と考えるのが"市場価格表示"の所得です。一方，絵が55万円で売れても，画家はその中から消費税を政府に納めなくてはなりません。仮に消費税率が10%ならば55万円の内の5万円が税金分なので，画家の立場では「本当の所得は50万円だ」と考えるでしょう。これが"要素費用表示"の所得の考え方です。

　簡単にまとめると，消費税等の税込み価格を集計したのが「市場価格表示の国民所得」，税別の価格を集計したのが「要素費用表示の国民所得」です。

●国民可処分所得

　続いて「可処分所得（Disposable Income）」を見ましょう。可処分所得とは，その名の通り経済主体が自由に処分可能な所得，つまり，"自由に使える所得"を意味しています。モノを買ったり銀行に預けたり，その使用目的を自由に設定できる所得のことです。

　実は，政府部門も含めた居住者全体を対象にした場合，上述の「市場価格表示の国民所得」が既に可処分所得に近いものとなっています。ただ，より正確に可処分所得を考えるためには，「海外からのその他の経常移転（純）」というものも考慮しなくてはなりません。この「海外からのその他の経常移転（純）」とは，他国への無償援助のように，金利支払い・返却などを求めない海外との金銭的やりとりで，いわば，"あげたおカネ"もしくは"もらったおカネ"のことです。[5]

　以上から国民可処分所得（National Disposable Income）は，

---

[5] GDIとGNIを区別する「海外からの所得の受取（純）」とは本質的に異なる点に留意してください。なお日本のように海外に無償援助をしているような国は，通常，"受取り"よりも"受渡し"が大きく，「海外からのその他の経常移転（純）」はマイナスです。

国民可処分所得 ≡ 市場価格表示の国民所得 ＋ 海外からの経常移転（純）

と定義されます。政府も含めた国民全体（つまり居住者全体です）を単位としたとき，この国民可処分所得こそが自由に使用できる "所得" と言えます。

●民間可処分所得について

さて最後に，国民可処分所得の中で特に民間の居住者に行きつく所得の分，すなわち「**民間可処分所得**」を考えます。この民間可処分所得はマクロ経済を分析する際に使用する中心的な所得概念ですが，ただ GDP 統計（国民経済計算）には直接掲載されていないので注意してください。

ここで "民間" とは，当該国の居住者全体から一般政府を除いた部分です。したがって，国民可処分所得から租税等の「一般政府の可処分所得」を控除することで民間可処分所得が求まります。以下の通り定義されます。

民間可処分所得（y）≡ 国民可処分所得 － 租税等（T）

"租税等" には「要素費用表示の国民所得」のところで問題にした消費税などの間接税だけでなく，所得税や法人税などの直接税，さらには年金のように義務的に徴収される社会保険料なども含めます。なお上式の左辺のカッコ内に記した「y」や租税等の「T」は，それぞれ民間可処分所得や租税等に関して簡潔に表したいときに用いる記号で，以下で適宜使用します。

●これまでの概念の整理

最初の GDI から民間可処分所得（y）に至るまで，やや話が込み入りました。改めて図 4.3 で整理・確認をします。なおポイントは次の 3 つです。

（ⅰ）固定資本減耗分は可処分所得に含まれない（①の部分）。

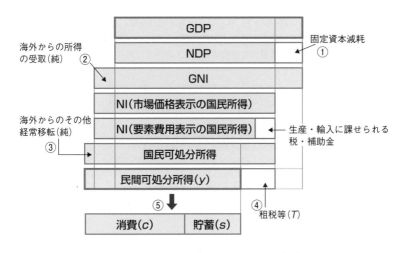

図 4.3　GDP に関連したいくつかの概念

（ⅱ）海外との所得のやりとりを考慮する（②，③の部分）。

（ⅲ）民間に焦点を絞る場合は "政府の取り分" を除く（④の部分）。

この（ⅰ）から（ⅲ）の手続きによって民間可処分所得が計算され，これが民間最終消費や民間貯蓄に結び付くことになります（⑤の部分です）。

　Technical 編の確認問題

［1］消費税増税が行われると，通常，増税分が商品価格に上乗せされる。このような価格への上乗せを「転嫁」と呼ぶが，商品の売れ行きの低下を恐れる企業の中には，あえて増税分を転嫁しない（増税分をサービスし税込み価格を据え置く）ところもある。もしも全ての企業が増税分を転嫁しないとすると，消費税増税で直接減少するのは，GNI，市場価格表示の国民所得，要素費用表示の国民所得，国民可処分所得，民間可処分所得のうちどれか。

［2］NDP，GNI，市場価格表示の国民所得，要素費用表示の国民所得および国民可処分所得について，それぞれの数値を調べなさい。

（解説）

［1］消費税は「生産・輸入品に課せられる税」に含まれるので，転嫁がなされないケース

では「要素費用表示の国民所得」および「民間可処分所得」が直接的に減ります。

[2] 2020 年では「NDP ＝ 401.7 兆円」,「GNI ＝ 557.7 兆円」,「市場価格表示の国民所得＝ 421.2 兆円」,「要素費用表示の国民所得＝ 376.4 兆円」,「国民可処分所得＝ 418.9 兆円」となります。

4.3 GDP の集計範囲と問題点

これまで GDP に関連した概念を見てきました。ここでは GDP を考える際に留意しておきたい問題点を改めて確認します。

◆ Story 編　GDP と市場を通さない経済活動

GDP は経済規模を測るための代表的指標ですが, この GDP も完璧な指標という訳ではありません。そもそも GDP は, 原則, **市場で売買された財・サービスのみ**を集計対象とします。そのため, GDP の数値では捉えきれない重要な生産活動も数多く存在します。

GDP の集計計算に含まれないが, 重要な生産活動とみなせるものの典型として, 主婦もしくは主夫の家事労働が挙げられます。料理, 掃除, 洗濯等々の家事について, 例えば "家事代行サービス" にお願いすると, そこで発生した代金が家事サービスの価値とみなされて GDP にカウントされます。しかし, 全く同じ家事を主婦もしくは主夫が行うと, 市場取引を通していないので賃金や給与は発生せず, GDP にカウントされることはありません。

その他, いわゆるボランティア活動も「重要だけど GDP に含まれない」活動の典型と言えます。ある町では, これまで業者に依頼して公園の清掃を行っていたとします（つまり, 業者におカネが支払われているとします）。このとき町が方針を変え, ボランティアを集って, それらの人達に公園の清掃をお願いするとどうなるでしょうか。この場合, 統計上 GDP は減少します。業者は市場を通して雇っているので GDP にカウントされますが, ボラ

ンティアの活動は GDP にカウントされないからです。

●帰属計算について

　以上のように「市場取引される財・サービスのみが GDP の計算対象にな
る」ということが原則です。ただ実際の GDP の計算には，一部例外的に扱
うものがあります。つまり，売買取引が何ら発生していないのに，あたかも
売買取引が発生したかのようにみなして GDP に加えるケースです。このよ
うな"みなし計算"（擬制的計算とも言います）のことを，「**帰属計算（impu-
tation）**」と呼びます。

　実際に帰属計算がなされるケースはそれ程多くないのですが，分かりやす
い例として「農家の自家消費」が挙げられます。一般に，生産した製品を生
産者自身が直接消費することを自家消費と呼びます。この自家消費は，ちゃ
んとした売買が行われていないので，原則論的には GDP の計算対象となり
ません。ただ，GDP 統計（国民経済計算）では，「農家の自家消費」につい
て例外的に帰属計算を行います。「農家の自家消費」分の金額も，生産した
本人があたかも自分自身から購入したものとみなし，GDP に加算すること
になっています。

●帰属家賃

　帰属計算の中でも無視できないものは，「**帰属家賃**」と呼ばれるものです。[6]
国民経済計算では，持ち家に住んでいる全ての家計が「自分達の持ち家を自
分達に貸している」ものと想定します。つまり持ち家に住んでいる人は，自
分自身に対して家賃を支払っているものとみなし，その分を GDP に加えま
す。この"みなし家賃"が帰属家賃です。

---

[6]　その他の帰属計算的なものとしては，銀行業の生産したサービスを測るための「FISIM（間接的に計
　　測される金融仲介サービス）」（以前の「帰属利子」）が挙げられます。

一見奇妙な帰属家賃にも一定の合理性があります。そもそも賃貸住宅に関する家賃は，統計上，家計の消費として GDP［支出側］に含まれています。したがって，もしも賃貸住宅に住んでいる人が，その住宅を買い上げて自分の持ち家にすると，これまで支出していた家賃が統計の数値から消えてしまいます。そのため帰属家賃を考慮しない限り，統計上，消費が減って GDP は低下してしまいます。

　この GDP の低下の可能性は，"持ち家政策"（公営住宅の払い下げなどで多くの人が持ち家に住めるようにする政策のことを持家政策と言います）などを大々的に行う際に無視できなくなるでしょう。持ち家政策によって多くの人が賃貸から持ち家に変わる一方で，帰属家賃という概念を導入しないと GDP に大きな低下傾向が生じます。それを避ける目的もあり，一般に，帰属家賃を加わえることになっています。

　実際の帰属家賃の規模も決して小さいものではありません。2020 年の帰属家賃の総額は 48.6 兆円（名目値です）であり，民間最終消費の 16.7％以上を占めています。

●資産や中古品などの市場取引と GDP

　GDP の原則は市場で売買された財・サービスですが，市場取引されたモノならば全てが GDP にカウントされる訳でもありません。例えば，土地や株式などの資産，また中古車やアンティーク家具などの"中古品"の売買は，仲介手数料などの分を除くと GDP の数値にカウントされません。[7]

　土地などの資産や中古品は，その期における生産活動の産物ではないからです。いくら高額であっても，土地等の資産や中古品の売買取引は，その所有権が売り手から買い手に移動するだけです。つまり，新たにモノが生産されておらず，GDP には反映されません。

---

[7] 「仲介手数料等の分を除くと」という部分に注意してください。土地や資産を売買するにあたり，ブローカーや不動産会社は，情報提供や手続きの代行というサービスを生産しています。したがって，彼らに支払う仲介手数料などはそのサービスの対価であり，この部分については GDP に含まれることになります。

4.4 名目値と実質値

◆ Story 編 異なった時点の数値を比較する際の注意

戦後の日本の GDP は，1955 年から 2020 年の 65 年間で 64.3 倍になりました。やや驚きを与える数値ですが，これは名目値で評価した結果です。[8] 一般に経済データには「名目値」という概念と，「実質値」という概念が存在します。同じ 1955 年から 2020 年の日本の GDP に関しても，実質値で評価し直すと，65 年間で約 11.5 倍となります。[9]

名目値とは，その時々の価格（"時価"ということです）で見たもので，日

---

[8] 2020 年の名目 GDP は 538.15 兆円，他方 1955 年の名目 GDP はわずか 8.37 兆円しかありません。

[9] 1955 年の実質 GDP は 46.09 兆円で 2020 年の実質 GDP が 528.2 兆円となります。これは後述のように，2015 年を「基準年」として各年の数値を計算しなおしたものです。なお，1955 年の実質 GDP については，1990 年基準のデータしか利用できません。そのため，若干の修正を加え，2015 年基準のデータと比較できるようにしています。

常の生活で見聞きする数値です。実質値とは，様々な価格が時間とともに変化することを考慮し，その価格変化の影響を取り除いた数値です。名目値は，普通，生産量などの数量の変化と価格の変化が同時に反映されます。一方，実質値は基本的に価格変化の影響が除かれているので，数量の変化が強く反映されます。

例えば，1台200万円の自動車が1000台生産されたとします。このときの1000台は，実際に完成した車の台数なので，ここで考える実質値に相当します。また，生産金額は200万×1000 = 20億（円）となりますが，これが名目値に相当します。

経済全体で物価水準が上昇しているとき，名目値の変化は物価上昇分だけ実質値の変化を上回ります。逆に物価下落が発生していると，実質値の変化の方が名目値の変化よりも大きくなります。いま，自動車の生産が1200台に増加し，価格も1台300万円に上昇したとしましょう。すると，実質値に相当する生産台数は20％アップ（1.2倍）と計算されます。他方，名目値に相当する生産金額は36億円（= 300万×1200）となり，当初の20億から80％アップ（1.8倍）と，名目値の変化が実質値の変化を上回ります。なお，価格が低下するケースは反対になります。1200台の生産に対して価格が1台180万円に低下したとします。このときの名目値は21.6億円（= 180万×1200）と，20億からの8％アップ（1.08倍）にとどまり，確かに名目値の変化の方が小さくなります。

◆ Technical 編　名目値と実質値（固定価格表示による実質値）の計算

経済には様々なモノが存在しています。そのことを踏まえて，生産に関する名目値および実質値の別の数値例を見てみましょう。まず名目値について考えます。経済で売買されるモノの価格と生産数量は，個々の市場で定まります。そのため，各市場の価格と数量を直接使用すれば，名目値は容易に計算されます。表4.1のケースで確認しましょう。この表ではリンゴとミカンの

表 4.1　実質値と名目値：リンゴとミカンのケース

		リンゴ	ミカン
第 0 年	価格	$p_0 = 100$（円/個）	$q_0 = 40$（円/個）
	数量	$x_0 = 10$（個）	$y_0 = 40$（個）
第 T 年	価格	$p_T = 120$（円/個）	$q_T = 60$（円/個）
	数量	$x_T = 12$（個）	$y_T = 30$（個）

2 つの財を取り上げています。これに基づいて，第 0 年および第 T 年における名目値を求めるのですが，計算は生産総額を求める方法と同じです。

第 0 年の名目値：$p_0 x_0 + q_0 y_0$

$$= 100（円 / 個）\times 10 個 + 40（円 / 個）\times 40 個 = 2600 円$$

第 T 年の名目値：$p_T x_T + q_T y_\mathrm{T}$

$$= 120（円 / 個）\times 12 個 + 60（円 / 個）\times 30 個 = 3240 円$$

次に実質値です。この場合，第 0 年から第 T 年の "数量" の変化だけに焦点を絞るため，価格を第 0 年の値（リンゴ $p_0 = 100$ 円 / 個，ミカン $q_0 = 40$ 円 / 個）に固定して，第 T 年の生産量を再評価してみます。このような考え方によって「固定価格表示の実質値」が求まります。[10]

それぞれの固定価格表示の実質値は，

（第 0 年価格表示の）第 0 年の実質値：$p_0 x_0 + q_0 y_0$

$$= \underline{100（円 / 個）}\times 10 個 + \underline{40（円 / 個）}\times 40 個 = 2600 円$$

（第 0 年価格表示の）第 T 年の実質値：$p_0 x_T + q_0 y_T$

$$= \underline{100（円 / 個）}\times 12 個 + \underline{40（円 / 個）}\times 30 個 = 2400 円$$

となります。第 0 年価格を利用して計算しているので，第 0 年の実質値は名

---

[10] なお，経済には多種多様なモノが存在しているので，自動車のケースのように 1 台 2 台といった単位でカウントするのではなく，実質値についても円ベースで計算することになります。

目値と一致することに注意してください。なお，モノの種類の増える一般的
ケースでも，以上のように名目値や実質値が求められます。

●名目値と実質値の注意

　改めて名目値に注目します。第 0 年の値は 2600 円，第 T 年が 3240 円と
なっており，名目値はこの期間に 640 円も大きくなっています。ここでリン
ゴの価格が 100（円／個）から 120（円／個）へ，またミカンの価格は 40
（円／個）から 60（円／個）へ，それぞれ上昇している点に注意してくださ
い。つまり，第 T 年の名目値が 3240 円と大きく増加した原因の一つとして，
このような価格上昇が挙げられます。

　もう一方の実質値ですが，第 T 年は 2400 円で第 0 年の 2600 円と比べる
と 200 円低下しています。第 0 年から第 T 年にかけての数量に注目すると，
リンゴの数量が 10 個から 12 個に 2 個増加しているものの，ミカンの数量に
関しては 40 個から 30 個と 10 個も減少していることが分かります。第 0 年
から第 T 年の間で実質値が 200 円低下してしまったのは，ミカンの数量が
大幅に減少したためです。[11]

 Technical 編の確認問題
［1］ GDP などマクロ経済に関わる数値の場合，実質と名目のいずれを重視すべ
　　 きか。議論しなさい。

（解説）
［1］ 一般に生産や消費などを分析する場合，どれだけの “量” を生産したのか，もしくはど
　　 れだけの “量” を消費したのかということが重要です。その意味で，実質値の方を重視
　　 するのが普通です。しかしながら，人々は「どれだけの量の消費ができるか」という
　　 ことよりも，得てして「所得の金額はいくらか」ということで一喜一憂したりもします。
　　 そのため，実質 GDP よりも名目 GDP の数値の方が，時として人々の実感に即してい
　　 るという意見もあります。

---

[11] なお 2000 年以前の GDP 統計では，この固定価格表示による方法で実質 GDP を計算していました。
　　 ただし 2000 年以降は，連鎖指数方式という方法で実質 GDP が計算されています。

4.5 物価指数と数量指数

マクロ経済における価格や数量の変化は，しばしば「指数」によって表されます。指数とは，「**基準値**」（データを比較する際に基準とする数値のことです）を 1（もしくは 100 とすることもあります）に置きなおして，データ全体の数値の大きさを調整したものです。つまり基準値とする数値と実際のデータの数値との比率が指数になります。なお経済統計では，しばしば「**基準年**」と呼ばれる年を定め，その年の数値を基準値とします。

前節の Story 編で見た自動車のケースで確認しましょう。生産台数が1000 台，価格が 200 万円のときを基準年に設定し，これらの数値をそれぞれの基準値とします。もしも，ある年に生産台数が 1200 台となったのならば，この年の生産数量に関する指数は 1.2（= 1200/1000）です。また，その年の価格が 300 万になっていたのならば，価格に関する指数は 1.5（= 300 万 /200 万）となります。ちなみに，価格が 180 万であったのなら，このときの価格に関する指数は 0.9（= 180 万 /200 万）です。

マクロ経済における指数には，ラスパイレス型指数，パーシェ型指数，フィッシャー型指数，連鎖指数など様々なタイプがあります。その中でも，ラスパイレス型指数とパーシェ型指数の 2 つがより基本的な指数と言えるでしょう。以下，表 4.1 のケースを例にしながら，ラスパイレス型とパーシェ型の物価指数および数量指数を見ていきます。

◆ Story 編　**物価指数：ラスパイレス型価格指数とパーシェ型価格指数**

表 4.1 を用いて，第 0 年から第 T 年の物価水準の総合的な変化を考えましょう。この例では，リンゴもミカンも価格が上昇しているので，全体的な物価水準も上昇したことが分かります。ただ問題は，"どの程度"上昇したのか数値で表すことです。リンゴの価格が 100 円から 120 円と 20%上昇してい

る一方で，ミカンは 40 円から 60 円と 50％上昇，単純に数値化できません。

このように複数の財・サービスの価格変化を総合的に評価する場合，**物価指数**を計算すると便利です。以下，第 0 年を「基準年」に定めて，第 T 年の物価指数を計算します。なお，第 T 年のように比較対象となる年のことを「**比較年**」とも呼びます。

さて，物価指数の考え方は，名目値の変化に注目することから始まります。名目値の変化には物価の変化と数量の変化が同時に含まれているからです。この点を逆に捉えると，名目値の変化から "数量の変化の影響" を除けば，必然的に全体的な物価の変化が抽出できます。

ラスパイレス型物価指数やパーシェ型物価指数では，この名目値に含まれる数量変化の影響を抑えるため，"共通の数量" を用いて基準年や比較年の名目値を再計算します。そのことで，名目値の変化における物価の変化がクローズアップされます。

◆ Technical 編 | **指数の具体的な計算**

最初に**ラスパイレス型物価指数**を計算してみます。ラスパイレス型物価指数の特徴は，共通の数量として "基準年の数量" を利用することです。つまり基準年の数量を用いて比較年の名目値を再計算します。その上で，もともとの基準年の名目値と比較する訳です。

ラスパイレス型物価指数（第 T 年）： $\dfrac{\text{基準年の数量で再計算した比較年（第 }T\text{ 年）の値}}{\text{基準年（第 0 年）の名目値}}$

$$\frac{p_T x_0 + q_T y_0}{p_0 x_0 + q_0 y_0} = \frac{120\,\text{円} \times 10\,\text{個} + 60\,\text{円} \times 40\,\text{個}}{100\,\text{円} \times 10\,\text{個} + 40\,\text{円} \times 40\,\text{個}} = 1.385$$

一方，**パーシェ型物価指数**では，"比較年の数量" を共通のものとして基準年の名目値を見直します。その見直した値と比較年の名目値を比べるとパーシェ型物価指数が得られます。

$$\frac{p_T x_T + q_T y_T}{p_0 x_T + q_0 y_T} = \frac{120 \, \text{円} \times 12 \, \text{個} + 60 \, \text{円} \times 30 \, \text{個}}{100 \, \text{円} \times 12 \, \text{個} + 40 \, \text{円} \times 30 \, \text{個}} = 1.350$$

以上のように，どの時点の数量を "共通の数量" として扱うかで物価指数のタイプが分かれます。基準年の数量を共通の数量にして再評価するものがラスパイレス型物価指数の発想であり，逆に比較年の数量を共通の数量にして見直すのがパーシェ型物価指数の考え方です。なお，いずれのタイプであっても，基準年の指数値（$T = 0$ の場合です）は，上の式から分かるように原理的に 1 となる点にも注意してください。

さて，上記の結果から第 T 年の物価指数は，ラスパイレス型物価指数で 1.385，パーシェ型物価指数で 1.350 となります。つまり前者の指数を用いた場合は第 0 年から第 T 年にかけて 38.5 ％の物価上昇が生じたと評価でき，また後者では物価上昇率は 35.0 ％です。どちらにしても 35 ％以上の物価上昇が生じたと判断できますが，ラスパイレス型とパーシェ型では一般に数値が異なる点にも気を付けます。

なお，消費財を対象にした物価指数に，**消費者物価指数**というものがあります。また企業間の財の取引を対象とした物価指数に，**企業物価指数**があります。いずれも経済の物価水準を見る際に注目される指数ですが，これらはラスパイレス型物価指数の計算方法で求められます。さらに，経済全体の物価を網羅するものとして GDP デフレータというものも存在します。GDP に関する物価指数で，この GDP デフレータはパーシェ型に属します。[12]

●数量指数：ラスパイレス型数量指数とパーシェ型数量指数

数量に関しては実質値でも確認できますが，数量の変化を見るために「**数**

---

[12] 正確にはパーシェ型連鎖指数というものです。

量指数」を計算することも一般的です。数量指数は物価指数と同じような方針から求められます。

　数量指数の計算では，物価指数のときとは反対に，名目値の変化に含まれる物価の変化の影響を抑えることがカギです。したがって，"共通の価格" を用いて基準年や比較年の名目値を再計算します。そのことで名目値の変化に含まれる数量の変化が抽出されます。考え方のポイントは上述した物価指数のケースとほぼ同じですが，物価指数の説明における "物価" もしくは "価格" という言葉が "数量" という言葉に変わる点に注意してください。

　先のラスパイレス型物価指数とパーシェ型物価指数と同じ方針で，ラスパイレス型数量指数およびパーシェ型数量指数を計算してみます。

ラスパイレス型数量指数（第 T 年）：$\dfrac{\text{基準年の価格で再計算した比較年（第 }T\text{ 年）の値}}{\text{基準年（第 0 年）の名目値}}$

$$\frac{p_0 x_T + q_0 y_T}{p_0 x_0 + q_0 y_0} = \frac{100\,\text{円} \times 12\,\text{個} + 40\,\text{円} \times 30\,\text{個}}{100\,\text{円} \times 10\,\text{個} + 40\,\text{円} \times 40\,\text{個}} = 0.923$$

パーシェ型数量指数（第 T 年）：$\dfrac{\text{比較年（第 }T\text{ 年）の名目値}}{\text{比較年の価格で再計算した基準年（第 0 年）の値}}$

$$\frac{p_T x_T + q_T y_T}{p_T x_0 + q_T y_0} = \frac{120\,\text{円} \times 12\,\text{個} + 60\,\text{円} \times 30\,\text{個}}{120\,\text{円} \times 10\,\text{個} + 60\,\text{円} \times 40\,\text{個}} = 0.900$$

　いずれの数量指数も 1 より小さな値になっています。このことから「基準年である第 0 年に比べて，比較年の第 T 年の数量が総合的に減少した」と結論付けることが可能です。

 Technical 編の確認問題

［1］上で説明したラスパイレス型の指数やパーシェ型の指数の欠点を見つけなさい。

[2] ラスパイレス型の指数とパーシェ型の指数の欠点を補う方法を考えなさい。

（解説）

[1] ラスパイレス型やパーシェ型の指数の場合，物価指数ならば "共通の数量" を，数量指数ならば "共通の価格" を用いて，比較年もしくは基準年の名目値を再計算します。このように，実際の値に換えて "共通の値" を使用する部分があるため，これらの指数は必然的に誤差を伴います。また比較年が基準年から離れれば離れるほど，実際の値と "共通の値" の違いも大きくなり，この誤差は広がることになります。

[2] 通常の（基準年を固定した場合の）ラスパイレス型およびパーシェ型指数で発生する誤差を最小に留めるため，基準年を頻繁に変更し，比較年と基準年が大きく離れないようにする方法が考えられます。最近の GDP 統計では，基準年を毎年ずらし，当該年（比較年）の前年が常に基準年となるようにする方法，すなわち「**連鎖指数**」が採用されています。なお，連鎖指数もラスパイレス型連鎖指数やパーシェ型連鎖指数などに分かれ，日本の GDP 統計の場合，デフレータ（価格指数）についてはパーシェ型連鎖指数が，数量についてはラスパイレス型連鎖指数が採用されています。

4.6 実質値の一般的な定義

◆ Story 編　**実質値と物価指数**

先に述べた「固定価格表示の実質値」以外でも，「実質値」を考えることができます。実質値をより広く捉える場合は，「生産数量＝生産金額／価格」という一般的な関係をベースにして，通常，

$$実質値 \equiv \frac{名目値}{物価指数}$$

と定義されます。

物価指数には，上で述べたラスパイレス型物価指数やパーシェ型物価指数を始め，複数のタイプのものが存在します。どの物価指数を採用するかによって実質値も少しずつ異なってきますが，いずれの物価指数を用いた実質値がより適切なのかは，一概に結論付けられません。どの物価指数にも一長一

短があるからです。

　ここで 4.4 節で説明した「固定価格表示の実質値」と，4.5 節で見た「パーシェ型物価指数」に注目します。この 2 つから，実質値と物価指数および名目値との関係が具体的に見えてきます。比較年である第 T 年の名目値を，パーシェ型物価指数で割ってみましょう。

$$\frac{\text{比較年（第 } T \text{ 年）の名目値}}{\text{第 } T \text{ 年のパーシェ型物価指数}} = \frac{p_T x_T + q_T y_T}{(p_T x_T + q_T y_T) / (p_0 x_T + q_0 y_T)}$$

$$= p_0 x_T + q_0 y_T = \text{（第 0 年価格表示の）第 } T \text{ 年の実質値}$$

となります。つまり，

$$\text{固定価格表示の実質値} \equiv \frac{\text{名目値}}{\text{パーシェ型物価指数}}$$

という関係が導かれます。したがって「固定価格表示の実質値」は，物価指数にパーシェ型物価指数を採用したときの実質値と解釈できます。

　　　　Technical 編の確認問題
[1] 名目値をラスパイレス型物価指数で割るとどうなるか計算しなさい。

（解説）
[1] $\dfrac{\text{比較年（第 } T \text{ 年）の名目値}}{\text{第 } T \text{ 年のラスパイレス型物価指数}} = \dfrac{p_T x_T + q_T y_T}{(p_T x_0 + q_T y_0) / (p_0 x_0 + q_0 y_0)}$

　　　$= \dfrac{p_T x_T + q_T y_T}{p_T x_0 + q_T y_0} \ (p_0 x_0 + q_0 y_0)$

　　　$= \text{（第 } T \text{ 年のパーシェ型数量指数）} \times \text{（基準年の名目値）}$

第5章 GDPの決定と乗数効果

Outline

　一国の経済規模すなわちGDPの大きさは，どのようなメカニズムで決まってくるのでしょうか。この問題意識のもと「有効需要の原理」を見ていきます。また，そのための"道具"として45°線分析を説明します。有効需要の原理とはケインズ理論の中心をなすもので，その基礎には「総需要がGDP水準を規定する」という考え方があります。なお総需要は最終財に対する需要総額のことです。つまり有効需要の原理では，財・サービスの需要が重要な役割を担います。

　また，この章の後半では，マクロ経済政策の効果を有効需要の原理に基づいて考えます。そこでは，公共事業などによる政府支出の増加が，GDPの増加に大きく貢献し得ることを示します。

5.1 総需要とGDPの規模

◆Story 編 **需要サイドの重視と数量調整**

●需要サイドか供給サイドか

　第3章の三面等価の説明で，一国の経済を人の身体に例えました。企業部門を"心臓"とした場合，その周りの"血流量"がGDP［所得側］やGDP［支出側］で，この血流量によって景気の状態が計れます。それでは，どうすれ

ば血流量が増加する（景気が良くなる）でしょうか。

まず，多くの血液を流すために，心臓自体の機能を高めるということが考えられます。経済の心臓である企業の"力"を強め，多くのモノを生産させるという発想です。また別の方法としては，身体全体に血が巡るように何か運動することがイメージされます。例えば身体を動かせば，それぞれの器官が酸素や栄養を欲し心臓の鼓動も高まるでしょう。結果，自然と血流量が増えます。それと同じように何か経済に刺激を与えれば，それぞれの部門におカネが回るようになります。

以上の例えは，GDP の規模の決定に関する伝統的な 2 つの考え方を示唆しています。第 1 は，財・サービスの**供給サイド**を重視したものです。各企業の生産力が高まれば，経済における財・サービスの供給量も増加し，GDP も必然的に拡大すると想定します。

第 2 は**需要サイド**を重視したもので，ケインズ経済学の流れを汲む発想です。[1] GDP を拡大させるためには，各経済主体の需要（モノを購入しようという気持ち）を刺激する必要があると考えます。仮に企業がモノを多く生産しても，それに見合った需要がなければ売れ残ってしまうでしょう。したがって需要が不足するような場合，企業を強くしても（生産力を高めても）実際の販売および生産の拡大には結び付きません。

マクロ経済を考察する際，供給サイドを重視するべきか需要サイドを重視すべきか，現在でも様々な見解があります。ただその中でも，次のようなスタンスについては一定のコンセンサスが得られています。

＊長期的な視点で GDP を分析するなら供給サイドの要因を相対的に重視
＊短期的な視点で GDP を分析するなら需要サイドの要因を相対的に重視

本章では短期的な視点から分析を行います。つまり，GDP に影響を与えるのは財・サービスに関する需要，すなわち"最終財に関する需要"と捉え

---

[1] ケインズとは，イギリスの経済学者ケインズ（John Maynard Keynes；1883-1946）のことです。マクロ経済学は，ケインズの公刊した『雇用・利子および貨幣の一般理論』（1936 年）から出発しました。

ます。

●数量調整の前提

　需要サイドを重視する立場は，「**数量調整**」という発想によって支えられています。経済学では需要と供給が一致していない状態を「**不均衡**」と呼びますが，不均衡が発生しているとき，一般に何らかの調整が生じます。数量調整とはその調整パターンの一つです。

　例えば，ある財の供給量が需要量を上回っている（つまり企業の生産量が消費者の購入希望量を上回っている状態）とします。このとき，売れ残りが発生して，その財の在庫は計画外で増えるでしょう。図3.4の用語を使用すると，"**意図せざる在庫投資**" が生じます。[2] この "意図せざる在庫投資" を受けて当該企業がどのように対応するのか，次の2つの可能性があります。

> 価格調整：その財の価格を下げて在庫を売り切ろうとする
> 数量調整：生産を絞り需要量にマッチするまで追加的供給量を減らす

　価格調整の例としてはスーパーの惣菜が典型です。売れ残りが出そうになるとすぐに値引きを始め，その惣菜を全て売ってしまおうとします。一方，数量調整の例は，コンビニで販売している雑貨です。コンビニの雑貨の価格は滅多に変化せず，もっぱら仕入れ量を調整し，在庫の過不足に対応します。

　コンビニの雑貨の場合，需要が増えれば商品の仕入れを増やし，需要が減れば仕入れも減らすでしょう。つまり，それぞれの商品の供給量は，その時々の需要量によって定まります（需要が販売量を決めます）。一般に，

> 　　　数量調整がなされるとき，需要水準が供給量を規定する

点に注意してください。

---

[2] 一方，需要が高まり過ぎてモノが不足しそうな場合，これまでの在庫ストックを取り崩すことで対応すると思われます。つまり，当該企業が "意図せざるマイナスの在庫投資" を行います。多くのケースにおいて，需給の不均衡に対する直接的な影響は，当該企業の "意図せざる在庫投資" に現れます。

現実の経済には様々なタイプの財・サービスがあり，価格調整と数量調整が混在していると言えます。ただ，もしも数量調整が経済全体で主流ならば，総需要の変化はそれぞれの財・サービスの供給量，すなわち生産量を変化させ，結果，GDP の水準に強く影響を与えるでしょう。ここでは，不均衡に直面した企業の多くが短期的には価格調整を行わず，結果，経済では数量調整が主流になると考えます。[3] つまり総需要が GDP の水準を規定すると捉えます。

◆ Technical 編　総需要と総供給

●総需要：最終財に関する需要

マクロ経済学の分析対象は一国の GDP，すなわち最終財の総額です。[4] ここでは最終財に対する需要と供給を考えます。以下では，最終財に関する需要総額および供給総額のことを「総需要」および「総供給」と呼びます。

初めに結論的なことを述べると，マクロ経済における総需要は次のようになります。

$$
\text{総需要 } (Y^D) \equiv C + I^D + G + EX - IM
$$
$$
\text{ただし，} I^D \equiv I - \tilde{I}
$$
(5.1)

なお，$\tilde{I}$ は経済で発生した "意図せざる在庫投資" の総量とします。したがって，I^D は投資支出（I）から "意図せざる在庫投資" の分を除いたもので，"計画的になされた投資支出" です。I^D のことを「投資需要」と呼びます。

●総需要と GDP［支出側］の違い

（5.1）式で表した総需要は，第 3 章の GDP［支出側］とほとんど一致し

---

[3] 多くの財・サービスの価格は，一度設定されると，余程のことがない限り一定の期間，その価格が維持される（日々刻々と価格が変化する財・サービスは少数）と言う側面に注目します。

[4] 正確には，第 2 章で説明したように，輸入財の分を控除した「最終財総額（国内で形成された分）」が GDP と等しくなります。厳密に議論すると，輸入中間投入財の分だけずれが生じるのですが，以

ている点に注意してください。そもそも GDP［支出側］は，

$$
\begin{aligned}
\text{GDP［支出側］} &\equiv 消費(C) + 投資(I) + 政府支出(G) + 輸出(EX) \\
&\quad - 輸入(IM)
\end{aligned} \tag{5.2}
$$

でした。すなわち，国内で生産された最終財がどのような目的で購入されたのかを表すものが GDP［支出側］で，(5.2) 式の右辺によって最終財に対する支出，つまり最終財の需要の基本的な方向が示されています。

ただ GDP［支出側］の「投資 (I)」に含まれる在庫投資が，特にその中の "意図せざる在庫投資（計画外の在庫投資）" が問題です。[5] GDP［支出側］そのものには "意図せざる" 部分が含まれており，単純に "需要総額" と言う訳にはいきません。元来，"需要量" とは経済主体が欲する財・サービスの量，もしくは購入や支出に関する計画量です。そのため総需要を理論的に定義する際は，GDP［支出側］の値から「経済全体の意図せざる在庫投資 $(\tilde{I})$」を差し引く必要があります。

改めて総需要 (Y^D) を，

$$
\text{総需要}(Y^D) \equiv \text{GDP［支出側］} - 経済全体の意図せざる在庫投資(\tilde{I})
$$

と定義します。また，この式の GDP［支出側］に (5.2) 式を代入することで，

$$
\begin{aligned}
\text{総需要}(Y^D) &\equiv C + I + G + EX - IM - \tilde{I} \\
&= C + (I - \tilde{I}) + G + EX - IM
\end{aligned}
$$

と，上で述べた (5.1) 式が得られます。なお，(5.1) 式では $(I - \tilde{I})$ の部分の表記をコンパクトにするため I^D という記号で置き換えている点にも注意してください。[6]

総需要を (5.1) 式のように捉える際，右辺の各項目を "需要" という言葉

下では，この「最終財総額（国内で形成された分）」と「国内で生産された最終財総額」は同じものとします。

[5] 第3章の図 3.4 も参照してください。

[6] 意図せざる在庫投資 $(\tilde{I})$ を直接計測することは一般に困難です。そのため I^D および総需要 (Y^D) も，

で積極的に読み替えることもできます。すなわち，C は消費需要，I^D は投資需要，G が公的（政府）需要，$EX - IM$ は合わせて外国の需要（純）（もしくは外需）です。[7]

●総供給：最終財の供給

続いて「総供給」を考えます。先に触れたように，総供給は国内で生産された最終財の供給総額で定義されます。ここで，

> 国内で生産された最終財は全て市場に供給される

という点にも留意しましょう。GDP が基本的に最終財の生産総額なので，総供給と GDP は一致することになります。[8] 次の式で表しましょう。

総供給（Y^S）≡ GDP　　　　　　　　　　　　　　　　　　　　(5.3)

●三面等価と総需要および総供給

これまでにも，GDP［生産側］，GDP［支出側］，GDP［所得側］をはじめ，NDP や可処分所得等々，様々な概念が登場してきています。その上，総需要（Y^D）と総供給（Y^S）が加わるので，これら主要な概念を改めて図 5.1 でまとめておきます。全ての概念が，GDP から波及したものである点がポイントです。

なお図 5.2 には，総需要と総供給が一致していないときの調整のイメージを描きました。$Y^S > Y^D$ のケースでは，多くの企業で意図せざる在庫増が発生しているため経済全体で数量調整が働き（生産量が絞られ），総供給

その正確な数値を統計で見ることは普通できません。これらの概念はあくまでも理論的なものですが，以下で考える均衡 GDP を分析するためにも，ここで整理しておく必要があります。

[7] なお，内閣府の国民経済計算（GDP 統計）では，$C + I$ を民間需要，$C + I + G$ を国内需要（つまり内需）としています。投資に関する需要は，統計的に計測できない I^D でなく，統計的に捉えることのできる I（投資支出）で代替しています。

[8] なお「生産された最終財が全て市場に供給される」という考えですが，そもそも GDP は市場で取引されたものを対象にカウントしているので，至極，自然な想定と言えます。

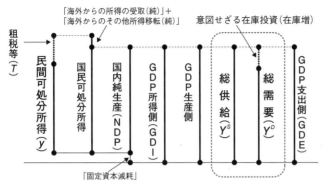

(注)「海外からの所得の受取（純）」，「海外からのその他所得移転（純）」および「意図せざる在庫投資」はプラス，マイナスいずれの値も取り得る。

図 5.1　総需要，総供給および GDP に関連した諸概念

総供給(Y^S) > 総需要(Y^D)：意図せざる在庫投資がプラス（在庫増）

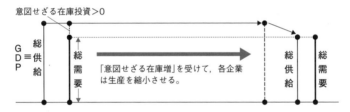

総供給(Y^S) < 総需要(Y^D)：意図せざる在庫投資がマイナス（在庫減）

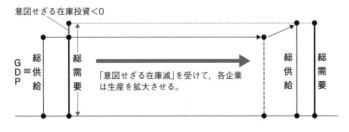

図 5.2　総需要に規定される GDP：数量調整のイメージ

(Y^S) も Y^D の水準に向けて減少します。逆に $Y^S < Y^D$ のケースでは，意図せざる在庫減に多くの企業が直面するので経済全体で数量調整が働き（生産

量が拡大し），総供給（Y^S）が Y^D の水準に向けて増加します。

　このように，総需要（Y^D）の水準が総供給（Y^S）および総生産（GDP）の水準を規定します。さらに図 5.1 に戻ると，GDP［生産側］の変化は GDI を通して，NDP や国民可処分所得，民間可処分所得等々の変化につながることが確認できます。つまり，総需要（Y^D）が変化すると，総生産水準のみならず様々なレベルの所得水準に影響が及びます。

 Technical 編の確認問題

[1] 経済全体で数量調整が中心的なとき，総需要の水準が GDP の水準に強く影響を与える。それでは，仮に価格調整が中心的な場合は，どのようなことが言えるのか。考えなさい。

（解説）

[1] もしも価格調整が中心的ならば，全体的な財・サービスの需要の変化は，多くの財・サービスの価格調整によって吸収されることになります。結果，$Y^S > Y^D$ のときには物価が下落し，$Y^S < Y^D$ のときには物価が上昇することになります。いずれにせよ総需要が経済全体の生産量に与えるインパクトは，極めて限定的になるでしょう。短期的に数量調整が主流の経済において，どのタイミングで物価が上昇したり下落したりするのか。このことは第 11 章で改めて説明されます。

5.2　消費関数

　ここで，人々の消費行動について考えます。人々はどのようなときに**消費を増やす**のでしょうか。以下，総需要の構成要素である消費（C）に焦点をあてます。

◆ Story 編　**消費に関する基本的な想定**

　人々の消費活動は様々なものから影響を受けます。その中でも民間可処分所得との関係は，マクロの消費パターンを考える第一歩として特に注目され

ます。「人々の可処分所得が増えれば消費も増える」と考え，次のように書きます。

想定1：民間可処分所得（y）↑［↓］⇒ 消費（C）↑［↓］

なお，上の矢印を用いた表記は「yはCに影響を与える（"⇒"の意味です）。またその影響は，yが増加［減少］したときCも増加［減少］する（yおよびCの"↑［↓］"の意味です）」と読んでください。[9]

いま，残業代が追加的に1万円増えたとします。このとき多くの人は，外食を少し増やしたり，自分の趣味への支出を増やしたり，消費を増やすでしょう。「想定1」はこのような傾向を捉えています。

さて，追加的に増えた1万円ですが，中には全額をすぐに消費に回してしまう人もいるかもしれません。ただ経済全体で見たとき，全員が全員，追加的に増えた可処分所得を全て消費してしまうと考えるのも不自然です。増えた可処分所得の一部は消費に使われますが，残りは使わずに残される（消費に回らずに**貯蓄**に回る）と考えます。すなわち，

想定2：可処分所得が増加した場合，消費に使われるのは，
その増加した分の一部である

です。言い換えると，「民間可処分所得（y）の追加的な増加に対する消費（C）の反応は，100％よりも小さい」と言えます。

さらにもう一つの想定を置きます。「想定1」では可処分所得が増えれば消費も増やすと考えましたが，反対に可処分所得が大きく低下したとき，人々の消費はどうなるのかイメージします。

例えば，運悪く，ある月の収入（可処分所得）がゼロになってしまったとします。その場合，この月の消費はどうなるでしょう。もちろん消費額をできるだけ減らす努力はすると思われます。ただ，その月の収入がゼロになっ

---

[9] 本章および次章以降で，このような矢印の記号を用いた表現をしばしば使用します。それらの矢印の読み方は基本的に同じです。

たからと言って，1カ月間断食をして消費水準をゼロにする訳には行きません。それまでに蓄えた貯蓄を取り崩すとか，時にはおカネを借りるなどの方法で，生活上，"必要最小限の消費"を確保するはずです。

　このように可処分所得がゼロのときでも行う必要最小限の消費のことを，「**基礎的消費**」と呼びます。ここで考えるもう一つの想定は，人々は可処分所得がゼロでも基礎的消費は行うというものです。[10]

> 想定3：基礎的消費がゼロではなくプラスの値である

　以上の想定1から想定3が，次に説明するケインズ型消費関数の基本になります。なお，特に想定1と想定2は次節以降でなされる「均衡GDP」や「乗数効果」の説明に欠かすことができないものです。

◆ Technical 編　**消費関数**

●ケインズ型消費関数

　「想定1」から「想定3」を満たすようなマクロ経済の消費パターンを，グラフで表してみます。図5.3を見てください。横軸には民間可処分所得（y）を取り，縦軸は消費（C）を取っています。図の中の CC 線は切片 b（> 0），傾き c（< 1）の直線で，「**ケインズ型消費関数**」と呼ばれる消費関数のグラフです。「想定1」から「想定3」を満たす y と C の関係の中で，一番簡単なケースになります。

　「想定1」から「想定3」との対応を確認してみましょう。民間可処分所得が $y = y_1$ のときに対応する消費は $C = C_1$ で，民間可処分所得が $y = y_2$ に増加すると消費も $C = C_2$ に増加することになります。確かに「想定1」と同じような状況が表現されています。

---

[10] 基礎的消費は必要最小限なものなので，人々の可処分所得がどの水準になったとしても，常に行われている消費の部分と言えます。可処分所得の水準とは無関係に（可処分所得から独立して）行われる必要最小限の消費という側面を強調して，基礎的消費のことを「**独立的消費**」と呼ぶこともあります。

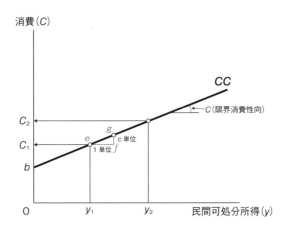

図5.3　ケインズ型消費関数のグラフ

また CC 線の傾きを c（＜1）と仮定しています。したがって，グラフ中の三角形 efg を参照すれば，1単位の民間可処分所得（y）の追加的な増加に対して，消費（C）は1（100％）未満の c 単位しか増加しないことが理解できます。「想定2」で述べている状況です。

最後に「想定3」に関しては，$y = 0$ のときに C が CC 線の切片 b となること（$C = b$）から確かめられます。ここで，b の値を「マクロ経済全体でみた基礎的消費」と考える訳です。

CC 線を数式で表しておきます。切片が b で傾きが c の直線なので，CC 線の数式は，

$$C = b + cy, \quad ただし \quad 0 < c < 1, \; b > 0, \tag{5.4}$$

となります。これが数式で表したケインズ型消費関数です。

●限界消費性向と平均消費性向

続いて「限界消費性向」と「平均消費性向」という2つの概念を確認しましょう。限界消費性向とは「民間可処分所得（y）の追加的変化に対する消

費（C）の反応の程度」と定義します。[11]　また平均消費性向とは「民間可処分所得（y）に占める消費（C）の割合」のことです。[12]

　いま追加的な民間可処分所得の変化を Δy として，それに対する C の反応を ΔC とします（Δ：デルタ）。すると限界消費性向は，消費の反応量と民間可処分所得の追加的な増加量の比率，すなわち $\Delta C/\Delta y$ で表され，（5.4）式および図 5.3 の三角形の efg を参考にすれば，$\Delta C/\Delta y = c$（< 1）ということが分かります。つまり，消費関数の傾きが限界消費性向に相当します。

　平均消費性向は消費量と民間可処分所得量の比率，すなわち C/y であり，これも（5.4）式を利用すると，$C/y =$（b/y）$+ c$ と表されます。なお，この式の右辺にある b/y は，分母にある y が大きくなると小さくなるので，結局，y の増加で左辺の C/y も減少することになります。つまり，民間可処分所得（y）が大きくなると平均消費性向は低下します。

　ケインズは，「人々の消費は所得に依存して，限界消費性向は 1 より小さく，かつ所得の増加に伴って平均消費性向が低下する（所得に占める貯蓄の割合が高まる）」といった点を指摘しています。図 5.3 および（5.4）式の消費関数は，間違いなくケインズの指摘した特性を満たしています。

　Technical 編の確認問題

［1］　消費関数を「$C = 20 + 0.8\,y$」とする。縦軸に C，横軸に y を取り，この関数をグラフに描きなさい。また「$C = 20 + 0.9\,y$」と，限界消費性向の値が高くなると，グラフはどうなるか。説明しなさい。

［2］　可処分所得以外で消費に影響を与える要因を，いくつか考えなさい。

（解説）

［1］　グラフは省略。限界消費性向の値が高くなると，消費関数のグラフはより急になります。

［2］　様々な要因が考えられます。その中でしばしば強調されるものの一つに，「（その期，

---

[11] この「限界消費性向」は marginal propensity to consume の訳語になります。つまり，ここでの "限界" はあくまでも marginal という意味で，limit や bound ではありません。なお marginal とは，"縁" や "末端" もしくは "ごく小さい" とか "わずかな" という意味です。

[12] 「平均消費性向」は average propensity to consume の訳語です。

その期の所得ではなく）期待される生涯所得（一生涯で獲得できる所得総額）の水準」というものがあります。将来，景気が後退して自分の生涯所得も大きく下がると人々が予想しているとき，今期の所得が少しぐらい増えても財布の紐は緩まないでしょう。

　その他，「人々の保有資産量」の増加による消費の増加（**資産効果**と呼びます）も指摘されています。例えば株価が上昇すれば，株式を保有する家計の資産額が増え，それらの家計は積極的に消費を行うようになるでしょう。また，それ以外では「金利」の影響を考えることもあります。

5.3　45°線の分析：均衡 GDP の決定メカニズム

　5.1 節では，総需要が GDP 水準を規定する点を強調しました。また，5.2節では総需要の構成要素である消費（C）を考えました。この節では，最終的に総需要がどの水準に落ち着くのか，つまりは実際の GDP がどの水準に向かうのか分析します。

◆ Story 編　均衡 GDP の決定（その 1）：分析の準備

　図 5.1 で見たように，GDP の水準は民間可処分所得（y）の水準に影響を与えます。また，民間可処分所得（y）は人々の消費（C）の水準を決めます。さらに，そもそも消費（C）は総需要（Y^D）の構成要素です。加えて，図 5.2 で示したように，総需要（Y^D）が総供給（Y^S）を規定しました。総供給（Y^S）を GDP で定義したことも思い出してください。以上のように，これまでの話の多くが，1 つのチェーンのようにつながってきます。少し複雑なので，改めてまとめると，

① GDP［生産側］≡ GDP［所得側］⇒ 民間可処分所得（y）［図 5.1 参照］

② 民間可処分所得（y）⇒ 消費（C）　　　　　［図 5.3，(5.4) 式参照］

③ 消費（C）⇒ 総需要（Y^D）　　　　　　　　　［(5.1) 式参照］

④ 総需要（Y^D）⇒ 総供給（Y^S）≡ GDP［生産側］［図 5.2，(5.3) 式参照］

と書けます。なお「$\alpha \Rightarrow \beta$」と書いた場合は，「α が β を規定する，もしくは影響を与える」と読んでください。④の最後が GDP となっているため，①から④は循環することが分かるでしょう。また実際の GDP も，この循環的流れの "落ち着き先" を分析することで求まります。

◆ Technical 編 均衡 GDP の決定（その 2）：45°線分析のフレームワーク

いま，この循環の "落ち着き先" となる GDP の水準を，「均衡 GDP」と呼びます。[13] その上で，「実際の GDP は必ず均衡 GDP に収束する」ことが示されます。以下，順を追って均衡 GDP を求めましょう。

● ①について

まず，①に示された「GDP と民間可処分所得（y）の関係」を改めて確認します。ただし，ポイントを明瞭にするため，以下では「海外からの所得の受取（純）」と「海外からのその他所得移転（純）」および「固定資本減耗」を捨象し，それらの値をゼロとします。つまり「国民可処分所得 ≡ GDP」とみなします。また，実際の GDP に対して特に「Y」という記号をあてはめます。

民間可処分所得（y）は国民可処分所得から租税等（T）を控除したものでした。いま「国民可処分所得 ≡ GDP」なので，次の式が導出されます。

$$y \equiv 国民可処分所得 - 租税等 （T） \equiv GDP （Y） - T \tag{5.5}$$

● (5.5) 式と②について

②の関係は (5.4) 式，つまり「$C = b + c\,y$」で示されています。いま (5.4) 式の中の y に (5.5) 式を代入し，ケインズ型消費関数を書き直します。

---

[13] 均衡 GDP のより正確な定義は，改めて説明します。

$$C = b + c\,(Y - T), \quad ただし \quad 0 < c < 1, \; b > 0 \tag{5.6}$$

●（5.6）式と③の関係

さらに総需要を規定する③の部分（つまり（5.1）式です）に，この（5.6）式を代入します（総需要の式に消費（C）を代入するということです）。すると，

$$Y^D = b + c\,(Y - T) + I^D + G + EX - IM$$

となります。ここで表記を簡潔にするため「$b - cT + I^D + G + EX - IM$」の部分をまとめて，「$A$」という記号に置き換えます。[14] すると総需要（Y^D）は，

$$Y^D = A + cY, \quad ただし \quad A \equiv b - cT + I^D + G + EX - IM \tag{5.7}$$

と整理できます。

この（5.7）式は，「右辺にある Y（GDP）の水準が高まると，左辺の Y^D（総需要）も増加する」ことを示しています。つまり，「GDP（Y）の増加が民間可処分所得（y）を増加させ，その増加が民間消費（C）を増やす。そのことで，結果的に総需要（Y^D）も増加する」という意味が，この（5.7）式でコンパクトにまとめられています。したがって，④で意味する「総需要（Y^D）が総供給，つまり GDP（Y）を規定する」とは因果関係（ストーリーの順番のことです）が異なるので注意してください。

● ④と均衡 GDP

続いて，④の「総需要（Y^D）⇒ 総供給（Y^S）」という部分，すなわち「数量調整のメカニズムによって総需要が総供給を規定する」という部分を次の式で表現します。

---

[14] この「A」という記号は，記述を簡単にするための置き換えなので，別の記号を用いても問題ありません。

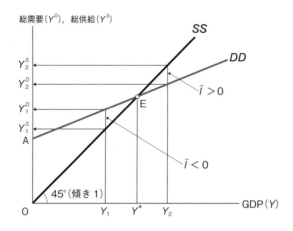

図 5.4 「45°線のグラフ」における均衡 GDP

$$Y^D = Y^S \tag{5.8}$$

最後に，④の中に含まれる（5.3）式の部分，つまり総供給（Y^S）と GDP（Y）の関係を改めて示します。

$$Y^S \equiv Y \tag{5.9}$$

これは，総供給と GDP は基本的に一致するという関係を意味していました。

総需要は（5.7）式で決まり，総供給は最後の（5.9）式で決まります。また（5.8）式は総需要が総供給と等しくなるという条件，つまり財・サービス市場（もしくは最終財市場）における需給の均衡条件です。結局（5.7）式，（5.8）式および（5.9）式を連立させれば，①から④のループが解け，実際の GDP（Y）の行き着き先，すなわち均衡 GDP が求まります。

ここで改めて，均衡 GDP の正確な定義を記しておきます。

均衡 GDP：総需要と総供給が一致したときの GDP

● 45° 線分析

　総需要（5.7）式と総供給（5.9）式を，横軸に Y，縦軸に Y^D と Y^S を取ったグラフの中に描いてみます。図 5.4 を見てください。この図中の DD 線が総需要（5.7）式を表しており，それぞれの GDP（Y）の水準に対応した総需要（Y^D）の水準が DD 線から読み取れます（例えば，横軸の Y_1 に対応して縦軸の Y_1^D，横軸の Y_2 に対応して Y_2^D です）。なお，DD 線の傾きは消費関数の傾きである限界消費性向（c）となっており，その大きさは 1 よりも小さい点に留意してください。

　同じく，図 5.4 の SS 線が総供給（5.9）式のグラフです。それぞれの GDP 水準に対応する総供給水準がこの線から見てとれます（例えば，横軸の Y_1 に対応して縦軸の Y_1^S，横軸の Y_2 に対応して縦軸の Y_2^S です）。ちなみに総供給（Y^S）は GDP（Y）と常に等しいので（$Y_1^S = Y_1$ および $Y_2^S = Y_2$ が成立します），SS 線の傾きは 1（角度 45°）となります。

●均衡 GDP（グラフによる表現）

　図 5.4 の DD 線および SS 線の高さが，それぞれ総需要（Y^D）と総供給（Y^S）の水準を意味しています。また DD 線と SS 線は，必ず 1 つの交点 E を持ちます。この交点 E において，DD 線の高さと SS 線の高さが一致しており，総需要と総供給が等しくなることが分かります。すなわち，$Y^D = Y^S$ が成立します。この Y の水準（$Y = Y^*$）こそが均衡 GDP です。

　均衡 GDP は，マクロ経済を見るうえで極めて重要な意味を持ちます。いま，実際の GDP（Y）が $Y = Y_1$ で，均衡 GDP（$Y = Y^*$）よりも小さいとします（$Y_1 < Y^*$）。このときの総需要（Y^D）と総供給（Y^S）を縦軸で見ると，総需要 Y_1^D が総供給 Y_1^S よりも高いことが分かります（$Y_1^D > Y_1^S$）。

　結局 Y_1^D と Y_1^S との差の分だけ，意図せざるマイナスの在庫投資（$\tilde{I} < 0$，在庫ストックの意図せざる取り崩しです）が発生するでしょう。この状況を受けて，それぞれの企業は生産量を増加させます。結果，GDP も上昇を始め，横軸の Y の位置は Y_1 から均衡 GDP（$Y = Y^*$）の方向へ移動していきます。

逆に，現在の GDP 水準が Y^* よりも高くなったとします。このケースでは，変化の方向が上述のケースと逆になります。GDP (Y) が Y_2 にあるとしましょう $(Y_2 > Y^*)$。このとき総供給 $(Y^S = Y_2^S)$ が総需要 $(Y^D = Y_2^D)$ を上回るので $(Y_2^D < Y_2^S)$，意図せざる在庫投資はプラスになります。この意図せざる在庫の増加に直面し，各企業は生産量を絞り始め，GDP は減少していきます。つまり，横軸の Y も左に移動していき，やはり GDP (Y) が Y^* に近づきます。

●均衡 GDP の水準を決める要因

以上，実際の GDP が一時的に Y^* から外れてしまったとしても，上記のような調整によって，GDP 水準は Y^* に近づいていくことが分かります。逆にこのことは，「均衡 GDP の水準が高まらない限り，実際の GDP も高められない」ことを意味しています。

では，そもそも均衡 GDP の水準はいかなる要因から影響を受けているのでしょうか。図 5.4 から明らかなように，DD 線と SS 線の交点 E の位置は，DD 線の切片 A（および傾き c（限界消費性向））によって規定されています。つまり，均衡 GDP を上昇させるためには，結局，(5.7) 式で見た「A」の諸要素である投資需要 (I^D)，政府支出（公的需要 (G)），純輸出（外需 $(EX - IM)$）などを高める政策が必要になります。[15]

●均衡 GDP（数式による表現）

均衡 GDP は数式によっても求めることができます。総需要を表す (5.7) 式と総供給を表す (5.9) 式を，均衡条件式である (5.8) 式に代入します。

$$Y = A + cY$$

という式が求まり，移項などを行うことで，この式の左辺を Y だけの形にします。

---

[15] もちろん A が変化しなくても，人々の限界消費性向 (c) が大きくなると，均衡 GDP の水準は高まります。

$$Y = \frac{A}{1-c}, \quad \text{ただし } A \equiv b - cT + I^D + G + EX - IM \qquad (5.10)$$

と計算され，この（5.10）式が均衡GDPの公式となります。

●有効需要の原理と均衡GDP

「有効需要」を「総需要（DD線）と総供給（SS線）の交点によって定まる総需要の規模」と定義します。[16]　つまり，均衡点を与える総需要（Y^D）のこと，もしくは，均衡GDPの水準そのものが有効需要の水準です。

　有効需要という言葉を使うと，上で述べてきたメカニズムから，実際のGDPが有効需要の水準に収束すると言い換えられます。「**有効需要の原理**」とは，このように

> 有効需要の水準がGDPを決定する

とする考え方で，まさしく45°線の分析が「有効需要の原理」の説明になります。

 Technical編の確認問題

[1] 図5.4において，SS線が45度となっていることを，再度，確認しなさい。

[2] 総需要が有効需要の水準より低いとき，マクロ経済でいかなる状態が生じているのか考察しなさい。

[3] 消費関数を「$C = 20 + 0.8y$」とする。また$T = 50$，$I^D = 30$，$G = 80$，$EX = 100$，$IM = 110$と置いたとき，均衡GDPを計算しなさい。また，消費関数が「$C = 20 + 0.9y$」の場合についても，均衡GDPは計算しなさい。

（解説）

[1] 図5.5のように直角二等辺三角形の定規をあてることで容易に確認できます。$Y_1^S = Y_1$なので，この定規がぴったり重なり，SS線の傾きは定規の角度である45°になることが分かります。

---

[16]「有効需要」に関するケインズの定義自体がやや曖昧なため，通常の総需要をもって「有効需要」と考える場合もあります。しかしながら，"有効"な総需要という意味に立ち返ると，ここでの定義がベターといえるでしょう。確認問題の解説を参照してください。

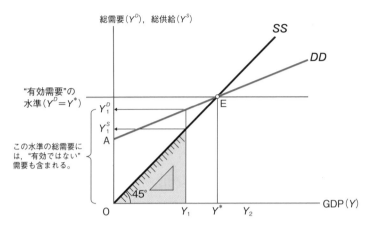

図5.5　総需要と総供給の確認

[2] 総需要の水準が図5.5の縦軸 Y_1^D とします。この水準は有効需要の水準（均衡 GDP の水準）Y^* より低く，同時に総供給の水準 Y_1^S より高くなっています。つまり，総需要が有効需要の水準に届いていないとき，市場で超過需要が発生していることになります。この超過需要を受け，通常，多くの企業で意図せざるマイナスの在庫投資（在庫ストックの取崩し）が生じると考える訳ですが，ここで仮に，それぞれの企業の在庫のストックが枯渇していたらどうなるでしょうか。その場合，需要しても購入できないケースが出現します。つまり，経済には「実現しない需要」が存在することになります。

　一方，三面等価から総生産と総所得は一致するので，上記のケースでは「総所得＜総需要」となります。そのことを踏まえ改めて考えると，「実現しない需要」が存在する理由は，総需要が総所得を超過しているから，つまり需要の中に所得の裏付けを持たない部分があるからとも解釈できるでしょう。需要の全てが所得の裏付けを持ち，総需要が実現性を伴うという意味で "有効" となるためには，経済がまさしく有効需要の水準に達している必要がある。その点を，再度，確認しておきます。

[3] (5.10) 式に代入すると，$Y = A/(1 - c) = (b - cT + I^D + G + EX - IM) / (1 - c) = (20 - 0.8 \times 50 + 30 + 80 + 100 - 110) / (1 - 0.8) = 400$ と計算されます。同じように計算すると，「$C = 20 + 0.9\,y$」の場合 $Y = 750$ が求まります。限界消費性向 (c) の上昇でも均衡 GDP は増加します。

5.4 乗数理論：財政政策の効果

　前節の分析から，一国の GDP を押し上げるには，均衡 GDP の水準を高める必要があることが分かりました。また均衡 GDP の水準は，民間の設備投資などの投資需要（I^D），外需とも呼ばれる純輸出（$EX - IM$），また公共事業に代表される政府支出（G）から影響を受けます。この節では，政府支出（G）を増加させる「**財政政策**」の効果を見ていきます。

　財政政策とは，政府の収入や支出（つまり「財政」です）を変化させて経済に影響を与える政策で，具体的には政府の公共事業（公共投資）の実行や増税・減税などです。公共事業（公共投資）はその経費などが「政府支出（G）」に反映されます。増税や減税に関しては「租税等（T）」の変化に表われます。

　結論をあらかじめ述べると，財政政策の効果は副次的な効果を生み，GDP を大幅に増加させる可能性が示されます。経済政策を実行するなどの変化が生じたとき，その変化の規模と GDP の増加の規模との比率を一般に「**乗数**」と呼びます。この言葉を使うと，財政政策の乗数（「**政府支出乗数**」と言います）は 1 よりも大きくなるということです。なお財政政策に限らず投資需要の増加なども，副次的な効果を伴いながら GDP に影響を与えます。GDP に与えるこのような効果のことを「**乗数効果**」と言います。

◆ Story 編　財政政策の効果のスパイラル

●政府支出の増加がもたらす効果

　以下，図 5.6 のフローチャートを参照しながら考えます。いま政府が景気対策として 1000 億円の公共事業，例えば橋梁工事を行うものとします。この 1000 億円の公共事業は，政府支出（G）の 1000 億円分の増加として現れます。具体的には，総額 1000 億円の公共事業が建設会社などに発注された

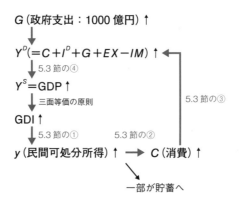

図5.6　財政政策による景気のスパイラル

ことになり，経済で総需要（Y^D）が1000億円分上昇します。

　さて，総需要（Y^D）の1000億円の増加は，総供給したがって総生産の増加を呼び込むことになります。総額1000億円の事業を受注した企業が実際に生産を開始し，1000億円に達するモノが作られることになるでしょう（5.3節の④）。つまり，公共事業が完成した時点でGDPも1000億円のプラスになります。このように政府支出を増加させると生産活動が誘発され，GDPは直接的に増加します。

　ただ経済に与える効果は，この直接的な効果に留まりません。「三面等価の原則」によって，GDPは常にGDI（GDP［所得側］）と一致します。つまり，上記の公共事業で総所得も1000億円増加し，民間可処分所得（y）の増加につながります（5.3節の①）。公共事業を受注した企業や，そこに原材料などを供給している企業の関係者を中心に，賃金，ボーナス，株式配当などが増えるということです。

　民間可処分所得（y）の増加は消費（C）の水準を高めます（5.3節の②）。この公共事業に関連して収入を増やした人達が，例えば，外食を増やすとか，洋服を購入するとか，消費量を追加的に増やすことを想像しましょう。この2次的効果とも言うべき消費（C）の増加は，追加的な総需要（Y^D）の増加

に他なりません（5.3節の③）。そのため生産量も一層増えるでしょう。外食産業とかアパレル産業とかの生産量及び売上が上昇するイメージです。

　図5.6のフローチャートの矢印で示しているように，この後もプロセスは繰り返されます。消費（C）すなわち総需要（Y^D）の増加によって引き起こされた生産の増加が，廻りめぐって民間可処分所得をさらに増やします（外食産業やアパレル産業の関係者の所得が増えるということです）。この民間可処分所得の増加によって，さらなる消費の増加が生み出されます。このようなメカニズムを通して，結果的にGDPの規模は，当初の規模（1000億円）を超えて拡大することになります。

　なお図5.6で表した波及効果は，最終的に収束することも指摘しておきます。民間可処分所得が増加しても，その全てが消費に回るのではなく，一部が貯蓄に回されるからです。図5.6の「$y\uparrow\Rightarrow C\uparrow$」の部分を通る度に，所得の流れの一部が貯蓄に回り，波及効果の勢いが失われていきます。

◆ Technical 編 ｜ **財政政策の効果の規模**

　前節の45°線分析から得られる重要な結論は，DD線の切片Aの構成要素を増やせば均衡GDP水準が上昇し，実際のGDPも増加するというものでした。以下，グラフと数式によって政府支出（G）の増加の影響を再度追ってみます。

●変化の前後で比較：図を用いた分析

　政府支出（G）がG_0からG_1に増加したとします（$G_1 > G_0$）。つまりDD線の切片Aの値も，$A_0 (= b - cT + I^D + G_0 + EX - IM)$から$A_1 (= b - cT + I^D + G_1 + EX - IM)$に増加します。このときの切片の増加幅は，

$$A_1 - A_0 = G_1 - G_0 \tag{5.11}$$

となり，政府支出（G）の増加幅と等しくなる点に気を付けてください。す

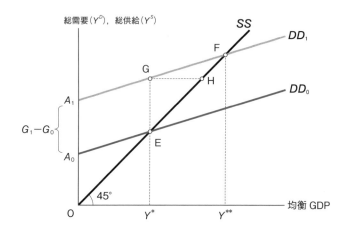

図5.7　「45°線のグラフ」における乗数効果

なわち，DD 線が全体として政府支出の増加分（$G_1 - G_0$）だけ上方に移動します（図5.7で DD_0 線から DD_1 線にシフトします）。

　このシフトによって，DD 線と SS 線の交点は図5.7の E 点から F 点へ移ります。つまり均衡 GDP も，Y^* から Y^{**} に増加します。なお EGH が直角二等辺三角形となるように点 H を描くと，（$G_1 - G_0$）が EG もしくは GH の幅と等しくなり，均衡 GDP の増加分（$Y^{**} - Y^*$）は政府支出の増加分（$G_1 - G_0$）より大きくなることが分かります。以上から，

政府支出の増加は，その増分以上に GDP を増加させる

と言う結論を得ます。

●政府支出乗数の計算

　先に触れたように，「政府支出乗数」とは政府支出（G）の増加規模とその結果生じる GDP の増加規模との比率のことです。この政府支出乗数の公式は，次のように比較的容易に求まります。

　（5.10）式と（5.11）式を利用して（$Y^{**} - Y^*$）を書き直してみます。

$$Y^{**} - Y^* = \frac{A_1}{1 - c} - \frac{A_0}{1 - c} = \frac{1}{1 - c} \ (G_1 - G_0)$$

となります。「政府支出乗数」は，G の増分（$G_1 - G_0$）に対する GDP の増分（$Y^{**} - Y^*$）なので，$(Y^{**} - Y^*) / (G_1 - G_0)$ で求まります。以下の通りです。

政府支出乗数：$\dfrac{Y^{**} - Y^*}{G_1 - G_0} = \dfrac{1}{1 - c}$

なお，c は 1 より小さい値でした。そのため，右辺の分母にある（$1 - c$）も 1 より小さいプラスの値となるので，結局，右辺の $1/(1 - c)$ は 1 よりも大きな値となります。このように，政府支出乗数が 1 倍以上になることが数式からも確認できます。また，c が 0 に向かって小さくなると，$1/(1 - c)$ の値も小さくなります。つまり，限界消費性向（c のことです）が小さくなればなるほど乗数の値は小さくなります。

そもそも限界消費性向が小さいということは，人々が消費活動に慎重になっていることを意味します。つまり，追加的な所得を獲得してもあまり消費に回さず，多くの部分を貯蓄に回すということです。図 5.6 の「$y \uparrow \Rightarrow C \uparrow$」の部分で所得の流れが大きく貯蓄に向かうことになり，波及効果の勢いも必然的に早く弱まってしまう訳です。結果的に政府支出乗数の数値も小さくなります。

 Technical 編の確認問題

[1] 消費関数が「$C = 20 + 0.8\,y$」のときの政府支出乗数を計算しなさい。

[2] 減税をした場合（T の低下）の乗数の公式を求めなさい。

（解説）

[1] $c = 0.8$ なので，公式 $1/(1 - c)$ に代入し $1/(1 - 0.8) = 5$ と計算されます。

[2] 租税等が T_0 から $T_1 (< T_0)$ に低下したとします。このとき $A_0 (= b - cT_0 + I^D + G + EX - IM)$ は $A_1 (= b - cT_1 + I^D + G + EX - IM)$ に変化し，その変化の大きさは $A_1 - A_0 = -c(T_1 - T_0)$ となります。つまり，

$$Y^{**} - Y^* = \frac{A_1}{1-c} - \frac{A_0}{1-c} = -\frac{c}{1-c}(T_1 - T_0)$$

となるので，このときの乗数（「**租税乗数**」とも呼びます）は，$-c/(1-c)$ と求まります。これは増税に対する公式なので，乗数自体はマイナス値で表される点に注意してください。また政府支出乗数 $1/(1-c)$ と比べると，租税乗数の規模（絶対値）が小さいことも分かります。

　なぜ租税乗数の絶対値が小さくなるのか，その理由は1兆円の公共投資の効果と1兆円の減税の効果を比較することで，次のように理解できます。公共投資にしても減税にしても，政府から民間に1兆円分のおカネが流れることに変わりはありません。ただ減税のときは，そのまま民間に1兆円が流されます。それに対して公共投資の場合は，1兆円の仕事を発注する形で（つまり橋ならば橋を1兆円分作らせてから）その1兆円が民間に行きます。最初に生産活動が伴うので，その分，政府支出の方が GDP に与える影響は大きく（政府支出乗数の方が大きく）なります。

第6章 IS 曲線

Outline

　これまでの話から分かる重要なポイントは，均衡 GDP の水準が政府支出（公的需要），投資需要，外需という総需要を構成する要素によって決まることです。実際の GDP も均衡 GDP（均衡 GDP の水準と有効需要の水準は同じものでした）に収束するので，結局，これらの要素が実際の GDP の規模も規定することになります。この章では，総需要の構成要素である投資需要（I^D）と均衡 GDP（Y^*）および実際の GDP の関係に焦点をあてます。

　投資需要は金利（利子率と同じ意味です），中でも「長期金利」と呼ばれるものから強く影響を受けます。そのことに注目すれば，次のような三段論法が見えてきます。

　　長期金利の変化　⇒　投資需要の変化　⇒　均衡 GDP の変化

　本章のテーマである IS 曲線は，この三段論法の真ん中の部分を省略して，長期金利と均衡 GDP の関係を描写したものです。なお，IS 曲線は金融市場が実物市場（実体経済）に及ぼす影響を表したものとも言えます。

　以下では，長期金利および短期金利の意味について簡単に触れます。[1]　その後，「長期金利の変化 ⇒ 投資需要の変化」の部分から順に説明します。

---

[1] 短期金利と長期金利に関しては，第 8 章でさらに詳しく説明します。

6.1 長期金利と投資需要の関係：投資関数

●金利についての若干の注意：長期金利と短期金利

この節では金利と投資需要の関係に焦点をあてますが，その際にイメージする金利は「**長期金利**」です。そこで，初めに長期金利について簡単な確認をします。[2]

現実の金融市場（資金の貸借や金融資産の売買を行っている市場です）には，普通預金や定期預金の金利，自動車ローン金利や住宅ローン金利，企業に対する貸出金利，また国債の金利や様々な社債の金利等々，実に多彩な金利が存在しています。このように多種多様な金利ですが，それらをバラバラに扱うのではなく，各々の特徴に応じてグループ分けすることもできます。

その分け方の一つが，"満期"に注目するものです。そもそも，金利はおカネの"貸し借り"に伴って発生します。また，貸し借りの契約のときには満期も設定されます。「長期金利」とは，満期までの期間が長いときの金利，例えば返済期限が数年後とか数十年後といった長いときに決められる金利です（なお実務上，満期1年以上を長期金利とみなします）。

また「**短期金利**」は満期までが短いときの金利，例えば返済期限が数カ月後とか数週間後とか，時には数日後といった短い場合の金利を意味します。

以下で投資需要と金利の関係を見ていきますが，投資需要との関係を考える際の金利は，全て長期金利をイメージします。企業が実際に設備投資を行う際，その企業は数年単位の長期的な視点に立つのが普通で，資金を借り入れる場合も長期的な契約となりがちだからです。[3]

---

[2] 「第5章では短期的視点から分析しているのに，なぜここで長期金利を考えるのだろう」と疑問に思うかもしれません。ただ，第5章の"短期的"分析とは「GDPや様々な需要が短期的にどうなるのか分析する」という意味です。一方，金利に関する短期や長期は，以下で触れるように，おカネの貸借契約の期間に関するもので，異なった観点から使われています。例えば「短期金利が長期的に安定している」とか，「長期金利が短期的に変動する」ということも普通にあります。35年の住宅ローン金利（長期金利です）でさえ，頻繁に変更されることもあります（短期的にも変動します）。

[3] 設備投資として新しい工場を建設する場合などでは，建設を始めてから完成まで一定の期間が必要で

　以下，**投資需要**（I^D）について「民間企業の設備投資」をイメージの中心に据えます。すなわち工場や設備の追加的な増強といった，生産能力の向上や新しいプロジェクトのためになされる実物的な投資です。

　なお，民間企業の設備投資のほかにも，新築住宅の発注および購入という「民間住宅投資」と，将来の売り上げ増加などを見越してなされる在庫投資（すなわち「計画的になされた（意図的な）在庫投資」です）が，投資需要（I^D）に含まれます。ただ，マクロ経済の動向を考察するためには，民間企業の設備投資をイメージするのが適切でしょう。

●設備投資における金利の重要性

　さて，企業はどのようなときに設備投資を増やそうとするでしょうか。金融市場の中で決定される長期金利が，各企業の設備投資の計画に大きな影響を与えます。例えば，金融市場で長期金利が低下すると，企業は設備投資に対して，より積極的な姿勢を取ろうとします。また，長期金利が上昇すると逆に消極的な姿勢を取ります。このことを示すため，簡単な例を見てみましょう。

　1つのプロジェクトがあり（製品の増産キャンペーンなどをイメージします），企業がそれを行うべきか否か迷っている状況を想像します。このプロジェクトの概要は次の通りです。まず，当該年にプロジェクト用の設備投資を行います。すると翌年の1年間，プロジェクトの成果として決まった収入が得られます。ただし，プロジェクト自体はその1年間で完結してしまい，プロジェクト終了後に残った設備などは全て売却されます。[4]

　それぞれの段階の具体的な金額は以下の通りとします。

す。さらに完成してからも工場は長い期間に渡って使われ続けます。
[4]　プロジェクトの期間が1年間だけというのは，あくまでも説明を簡単にするための"方便"です。先に触れたように，プロジェクトや設備投資などは長期的な視点に立つのが一般的です。

設備投資の総費用：5000万

翌年に発生するプロジェクトの収入：5100万

プロジェクト終了時に売却する設備の値段：300万

この例では当該年に5000万の投資を行い，1年後（翌年）に得られる収入総額は，プロジェクト収入の5100万と設備売却収入の300万の合計で5400万となります。つまり，プロジェクトの純粋な収益は400万，収益率（設備投資費用に対する収益の割合のことです）で見ると8%（＝400万/5000万）です。

　果たして，このプロジェクトを実際に行うべきでしょうか。プロジェクトの収益率自体は年間8%とプラスです。ただ，そもそもプロジェクトを実行するためにまとまった資金が必要な点も忘れてはなりません。つまり，その資金を調達する手間や費用なども含めて，より総合的な判断が必要になります。

　最終的には，金融市場で成立する長期金利とプロジェクトの収益率の兼ね合いが，そのプロジェクトを実行するか否かを決めるカギになります。その点について，2つの典型的ケースで確認しましょう。

●プロジェクト資金を借り入れる場合

　まず一つの典型的ケースとして，企業は手元に余分な資金が無く，設備投資の資金（つまりプロジェクトの資金）を全て金融機関から借り入れるケースを考えてみましょう。この場合に考慮しなくてはならないものは，資金を借りた際に生じる金利です。銀行などの金融機関が企業などに資金を貸し出すことを「融資」と言いますが，この企業が銀行から5000万の融資を受けるケースを想像します。

　いま長期金利が全般的に高く，銀行から融資を受けるときの金利も年率10%だったとしましょう。[5]　この金利（年率10%）のとき，企業はわざわざ

---

[5]　融資の期間は1年なので，この企業に対する金利も長期金利の一つと考えます。

融資を受けてプロジェクトを行おうとは考えません。プロジェクトの収益率が8％（収益が400万）に対して，5000万の融資に関する支払金利は10％（利子支払が500万），結局，プロジェクトを実行に移すと赤字が発生します。

それでは長期金利が全般的に低下し，この企業に対する金利も5％に低下したらどうでしょうか。このプロジェクトの収益率が8％（400万の収益）で，借り入れた資金について支払う金利が5％（250万の利子支払）なので，プロジェクトによって黒字が出ます。企業は銀行から融資を受けて，このプロジェクトを実行しようと考え始めるでしょう。

長期金利の全般的な低下によって，各企業向け融資の金利も下がるのがポイントです。この点を踏まえると，少なくとも企業が融資を受けるケースでは，長期金利の低下で設備投資が活発化することが理解できます。なお，逆に長期金利が上昇すると，実行される設備投資の計画は減るでしょう。いずれにせよ長期金利の変化によって各企業の設備投資に対する姿勢は変わり，経済全体の投資需要も変化します。

●自己資金（手元資金）で行う場合

次に，もう一つの典型例である自己資金を用いるケースを考えます。実際，金融機関からの融資に頼らず，自ら貯めた資金（自己資金もしくは手元資金と呼びます）で設備投資を行っている企業も多く存在します。上述の例に合わせると，企業があらかじめ5000万を手元に持っているケースです。

自己資金を前提にする場合，一見すると金利と無関係になりそうです。しかしこのような場合でも，金利（長期金利）の変化は企業の設備投資に対する姿勢に強く影響を与えます。

いま長期金利が全般的に高く，金融市場で資産運用したときの金利も十分高いものとします。この状況では，一般に設備投資計画を実行に移そうという企業は減ります。例えば，手元の資金を金融市場で1年間運用したときの金利が10％まで上がっている場合を見ます。このとき，上の例のプロジェクト（つまり5000万の設備投資）を実行して得られる収益は400万ですが，

5000万を金融市場で資産運用すれば500万（＝5000万×10％）の利子を獲得できます。結局，自己資金の5000万を設備投資に使わず，金融市場で資産運用した方が有利です。

　反対に長期金利が全般的に低下してしまい，おカネを資産運用に回しても5％の金利しか得られないとします。この状況では，企業は躊躇せずに自己資金の5000万を設備投資に向けて，収益率8％のプロジェクトを行うでしょう。5000万を金融市場で資産運用しても利子が250万（＝5000万×5％）にとどまるからです。このように自己資金で設備投資を行うことを前提にした場合でも，長期金利の低下は企業の設備投資を誘発します。

　まとめると次のようになります。融資を受けることを前提にした場合も自己資金を前提にした場合も，金融市場で決まってくる長期金利は，実行される設備投資の量に影響を与えます。また投資需要（I^D）の中心的なものとして設備投資を考えているので，次のことが言えます。

　　　長期金利の低下［上昇］が投資需要を増加［減少］させる

◆ Technical 編　資本の限界効率表と投資関数

　「資本の限界効率」という概念を用いて，長期金利の水準が投資需要の規模を決めることを改めて説明します。なお「資本の限界効率」とは「新しく追加される工場や機械・生産設備等の生み出す収益率」のことです。[6]　より簡潔に述べると，追加的な設備投資に関する収益率（**内部収益率**です）に他なりません。

　以下の説明は，ポイントが2つに分かれます。第1のポイントは「経済全体の投資需要が拡大すると資本の限界効率は低下する」というものです。ま

---

[6] 「資本の限界効率」について次の点に留意してください。まずマクロ経済学で考える "資本" は，第3章の固定資本減耗のところで触れたように，工場や機械といった生産設備一般を指している点，また "限界効率" を "（資本を）追加したとき得られる収益の増分" と読む点です。

た第2のポイントは「資本の限界効率は長期金利と等しい水準に落ち着く」です。これらをつなげることで，Story編で述べた長期金利と投資需要の関係が確かめられます。

●資本の限界効率表

一般に，経済には多様な設備投資の計画があり，それぞれが固有の収益率を持っています。いま，経済に存在している各設備投資計画を棒グラフで表し，それらを収益率の高い順に並べていきます。図6.1 (a) を見てください。

図中の棒の1つ1つは，それぞれの設備投資計画に対応していて，棒の高さは各設備投資の収益率（年率に換算しています）を意味します。また棒の幅によって各設備投資の規模を表現します。例えば「設備投資 a」の場合，年間の収益率が R_a で，その規模が a の幅です。このように収益率の高い順に経済全体の設備投資計画を並べたグラフを「**資本の限界効率表**」と呼びます。

いま，「設備投資 a」から「設備投資 c」までの設備投資が実行されているとしましょう。つまり経済全体での設備投資総額は「$a + b + c$」で，横軸 α の状態です。このとき，仮に追加的な設備投資が実行されるのならば，それは「設備投資 d」になるでしょう。したがって，「資本の限界効率」は「設備投資 d」の収益率，すなわち縦軸 R_α のグラフの高さとなります。

また「設備投資 f」までが実行されて，経済全体の設備投資総額も「$a + b + \cdots + f$」に増えたとします。図6.1 (a) の横軸 β のケースで，このとき資本の限界効率は「設備投資 g」の収益率，グラフでは横軸 β に対応した高さ（縦軸 R_β）で表されます。α のときに比べて資本の限界効率は低下します。設備投資の増加は投資需要（I^D）の増加を意味するので，結局，「経済全体の投資需要の増加によって，資本の限界効率は低下していく」という法則が確認できます。[7]

---

[7] 通常，収益率の高い投資計画から実際に実行されていくので，経済全体の投資需要（I^D）が拡大すればするほど，残された投資計画に関する収益率はどうしても低くなります。投資需要の増加に伴って

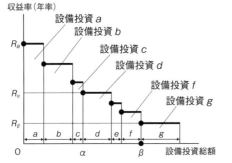
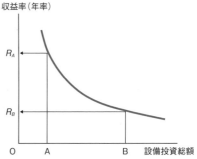

図6.1 資本の限界効率表

●曲線で表す資本の限界効率表

図6.1 (a) に描いた資本の限界効率表は，説明のため，あえて個々の棒の幅を広めに描きました。そのため，グラフの形が階段状になっています。ただ実際のところ，個々の設備投資の規模はマクロ経済全体の規模に比べると相対的に小さく，本来は資本の限界効率表における棒の幅も細かく描く必要があります。また，経済規模全体に比べて個々の投資規模が極めて小さな場合は，資本の限界効率表は階段状ではなく，むしろ滑らかな"曲線"にした方が適当でしょう。このことを考慮して，図6.1 (b) では資本の限界効率表を滑らかな曲線で表しています。

以下では「資本の限界効率表」として，滑らかな曲線で描いた図6.1 (b) をイメージすることにします。なお図6.1 (b) の見方も，基本的に図6.1 (a) と同じです。経済全体の設備投資の規模が横軸のA点のとき，資本の限界効率は縦軸の R_A になります。また，設備投資の規模が横軸のBまで拡大すると，資本の限界効率も R_B の水準に低下します。図6.1 (b) からも，投資需要の増加による資本の限界効率の低下が見て取れます。

追加的な設備投資の収益率が低下することは，直感的にも理解できます。図6.1 では，「資本の限界効率表」というグラフによって，この直観を説明している訳です。

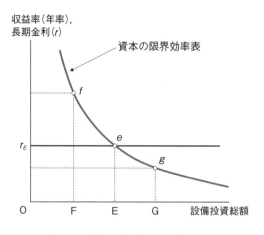

図6.2　長期金利と資本の限界効率

●長期金利と資本の限界効率の関係

　いま長期金利の水準を r_E としましょう。図6.2に再度「資本の限界効率表」を描き，その図の縦軸に金利の水準を加えています。長期金利が r_E のとき，経済全体の設備投資の量は，結果的に r_E を通る水平線と資本の限界効率表の交点 e で決まります。つまり，横軸の E 点までの設備投資が実行されます。そのことについて確認してみましょう。

　仮に経済全体で見た設備投資の規模が E 点よりも小さい F 点だったとします。このとき資本の限界効率は f 点の高さであり，長期金利 r_E よりも高水準となっています。したがって，追加的な設備投資の収益率は金利よりも高く，設備投資を追加的に実行することでプラスの利益を得るチャンスがあります。結局，長期金利の水準（上の例では r_E です）より資本の限界効率表が上になる部分の設備投資は，実際に実行されます。結果，経済全体の設備投資総額の水準も E 点に達します。

　反対に，経済全体の投資水準が E 点を超えてしまうとどうでしょうか。例えば G 点に注目しましょう。E 点から G 点に含まれる設備投資計画の収益率は長期金利 r_E を下回っています。したがって，これらの設備投資を実

行することは，企業にとって得策と言えません。E点からG点に含まれる設備投資は実際に実行されることなく，経済の設備投資の規模もE点に留まります。

このように，長期金利の水準を表す線が資本の限界効率表とぶつかるところ，すなわち長期金利が資本の限界効率と等しくなるところで，経済全体の設備投資の規模が決定されます。結果的に，「資本の限界効率は長期金利と等しい水準に落ち着く」ということもできます。

●投資関数

長期金利と投資需要の関係（つまり長期金利の変化と設備投資の関係です）を図6.2で再確認できます。いま長期金利がr_Eから上昇すれば，経済全体の設備投資はE点の規模から縮小するでしょう。逆にr_Eから低下すれば，全体的な規模はE点から拡大します。民間企業の設備投資は投資需要の中心的な要素なので，結局，

$$\text{長期金利 } (r) \downarrow [\uparrow] \Rightarrow \text{投資需要 } (I^D) \uparrow [\downarrow] \qquad (6.1)$$

とまとめられます。[8] (6.1) は「I^Dはrから影響を受ける」，また「その影響はrが低下［上昇］したときI^Dは増加［減少］する」と読んでください。

(6.1) の関係を数式によって表記してみましょう。すると，

$$I^D = \phi(r), \text{ ただし } \phi(r) \text{ は減少関数} \qquad (6.2)$$

と書けます（ϕ：ファイ）。ここで「$I^D = \phi(r)$」は「I^Dはrから影響を受ける」ということの数式よる表現です。また「ただし$\phi(r)$は減少関数」の部分が，「その影響はrが低下［上昇］したときI^Dは増加［減少］する」ということを意味しています。つまり (6.2) 式は単に (6.1) の関係の書き換えで本質的に同じものですが，マクロ経済学では (6.2) 式を「**投資関数**」と呼びます。

---

[8] 長期金利をrと表します。

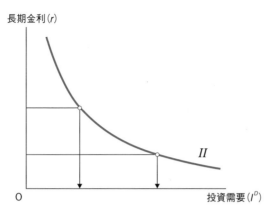

図 6.3　投資関数

また（6.2）式をグラフで表すこともできます。図 6.3 の縦軸に長期金利（r）を，横軸に投資需要（I^D）を取りました。この図の中の II 線が投資関数（6.2）式のイメージです。図 6.1（b）や図 6.2 と類似していますが，横軸が投資需要（I^D）となっていることと，グラフの読み方（矢印の方向）について注意してください。なお，II 線を右下がりに描くことがポイントで，「$\phi(r)$ は減少関数」という部分を反映させています。

　Technical 編の確認問題

投資関数を具体的に「$I^D = 100 - 500r$」とする。ただし I^D は投資需要，r は長期金利である。

[1] 縦軸が長期金利（r），横軸が投資需要（I^D）となるグラフに上述の投資関数を図示しなさい。

[2] $r = 0.10$（10%）のときと $r = 0.02$（2%）のときの投資需要の値をそれぞれ計算し，長期金利の低下で I^D がどのように変化するのか確認しなさい。

（解説）

[1]（省略）

[2] $r = 0.10$ のとき $I^D = 50$ で，$r = 0.02$ のときは $I^D = 90$ となります。金利（r）の数値が下がることで，投資需要（I^D）は確かに増加します。

6.2 長期金利と均衡 GDP の関係：IS 曲線

この節では，長期金利が低下すると均衡 GDP の水準が拡大し，反対に長期金利が上昇すると均衡 GDP が縮小することを説明します。第 5 章で見たように，均衡 GDP 水準の拡大や縮小は，実際の GDP の増加や減少をもたらします。

◆ Story 編　長期金利の変化がもたらす GDP の変動

●長期金利の低下による設備投資の増加

ある企業が工場の増設を思案しているとしましょう。既に述べた通り，設備投資を実行するのかどうかは，その設備投資の収益率とその時々の長期金利との兼ね合いで決まります。ここで長期金利が十分に低下した状況を想像してみましょう。このとき企業はより低い金利で融資を受けられるので，工場増設に積極的になるに違いありません。これまで躊躇していた設備投資を実行に移し始めます。

●設備投資の増加による乗数効果

上の話は前節の繰り返しですが，ここで改めて注目したいのは，設備投資の実行によって最終財の需要が高まる点です。例えば工場を増設するケースでは，当該企業はまず建設会社に建物の増築を発注します。また，増設に合わせて新しい機械や装備も各メーカに注文するでしょう。そのため建物，機械，装備といった最終財の購入が増えます。つまり，最終財の販売・供給元である建設会社や機械メーカなど，工場増設に関連する諸々の企業の売上が上昇します。

最終財の需要の増加（つまり総需要の増加）は，第 5 章で見た政府支出の増加と同じように，2 次的，3 次的な効果をマクロ経済にもたらします。建

設会社や機械メーカなどの売上の上昇は，それらの企業で働く労働者の賃金や株主の配当などに還元され，家計の所得を増加させます。この所得の増加が人々の消費を高め，その結果，消費財を生産した別の企業の収入も増加します。ここでも「乗数効果」が発生し GDP が拡大します。

逆に長期金利が上昇したらどうでしょうか。上と反対のロジックからGDP を縮小させる（景気を鎮める）効果が働きます。つまり，長期金利の上昇が企業の設備投資に対する姿勢を消極的にし，結果，景気全体を減速させるキッカケを造り出します。以上から，

> 長期金利の低下［上昇］は GDP を増加［減少］させる

ということが分かります。

長期金利は金融市場の状況を反映して日々決定されます。また，GDP は実物市場（実体経済）の重要な指標です。以上のストーリーは，金融市場の状況が，長期金利を通して実物市場に影響を与えることも意味しています。

◆ Technical 編　IS 曲線の導出と IS 曲線のシフト

上で述べたストーリーは，第 5 章で説明した 45°線のグラフ（図 5.4）と前節の投資需要関数のグラフ（図 6.3）を組み合わせることでも説明できます。図 6.4 に，この 2 つのグラフをまとめてみました。以下，この図 6.4 を用いて長期金利（r）の変化の効果を順番に追ってみましょう。

●投資関数上の変化

まず長期金利の水準が r_1 から r_2 に低下したとします（$r_2 < r_1$ です）。この変化は図 6.4 の左のグラフにおける①の矢印で表現され，これを受けて投資需要（I^D）は II 線に沿って増加します（②の矢印の変化です）。つまり I_1^D から I_2^D に増えます（$I_2^D > I_1^D$ です）。

さて投資需要の増加は，第 5 章の政府支出（G）の増加のケースと同じよ

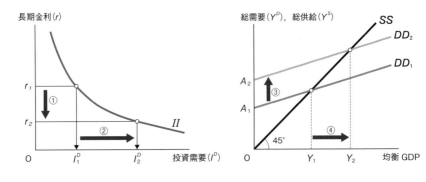

図 6.4　IS 曲線の導出

うに，総需要（Y^D）を高めます。いま総需要が，

$$Y^D = A + cY, \quad \text{ただし} \quad A \equiv b - cT + I^D + G + EX - IM$$

なので，I_1^D から I_2^D への増加の影響は，上式の A の増加に反映されます。こ
こで A の増加を，A_1 から A_2 の変化として捉えることにします（$A_2 > A_1$ で
す）。

● 45°線における変化

A は図 6.4 の右のグラフにおける DD 線の切片でした。したがって，②の
変化が図 6.4 の右のグラフにある DD 線の切片を A_1 から A_2 に増加させ，
DD 線は DD_1 から DD_2 にシフトします。③の矢印の変化です。

最後に総供給を表現した SS 線（45°線です）と DD 線の交点を確認します。
DD 線がシフトしたため DD 線と SS 線の交点が右上に移動します。そのた
め，均衡 GDP も Y_1 から Y_2 に増加することになります。④の矢印の変化です。

なお，実際の GDP と均衡 GDP が常に一致している訳ではなく，両者は
様々な要因で乖離する可能性があります。ただ，少なくとも一定の時間が経
過すれば，第 5 章の 45°線分析で見たように，実際の GDP は均衡 GDP の水
準に収束します。つまり，④の変化を受けて実際の GDP も増加し始めます。

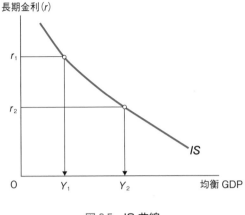

図 6.5　IS 曲線

● IS 曲線

　これまでの話から，長期金利の低下（①の変化）という "原因" が，均衡
GDP 水準の増加（④の変化）という "結果" を生むことが分かります。なお，
長期金利の上昇で均衡 GDP が減少することは，図 6.4 の矢印を反転させる
ことで容易に理解できます。以上から，

$$\text{長期金利 }(r) \downarrow [\uparrow] \;\Rightarrow\; \text{均衡 GDP} \uparrow [\downarrow] \qquad (6.3)$$

という重要な関係が明らかになりました。

　縦軸に長期金利（r），横軸に均衡 GDP の水準を取ったグラフの中に（6.3）
の関係を描いてみましょう。図 6.5 の右下がりの曲線がそれです（IS と記
している曲線です）。この曲線のことを，マクロ経済学では「IS 曲線」と呼
びます。

　IS 曲線を参照すれば，長期金利が r_1 から r_2 に低下したとき（もしくは r_2
から r_1 に上昇したとき），均衡 GDP 水準が Y_1 から Y_2 に拡大する（もしく
は Y_2 から Y_1 に縮小する）という関係も一目瞭然です。

　上でも触れているように，長期金利は金融市場の状況を反映しています。

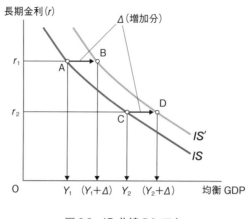

図 6.6　IS 曲線のシフト

また均衡 GDP は実際の GDP を規定する指標，つまり実物市場（実体経済）の状況を示した指標です。したがって金融市場の状況を投影した金利が，IS 曲線というチャネルを通って，実物市場（実体経済）に影響を与えることが分かります。

●政府支出（G）の増加と IS 曲線

　さて，もしも長期金利が変化しないとき，別の要因で均衡 GDP が増加したら IS 曲線はどうなるでしょうか。結論を先に述べるなら，長期金利が変わらないときに均衡 GDP の水準が変化すると，IS 曲線の描かれている位置がシフトします。以下，「IS 曲線のシフト」について図 6.6 を用いて説明します。

　均衡 GDP の変化する典型例として，政府支出（G）の増加するケースが考えられます。いま，長期金利が r_1 で均衡 GDP を Y_1 とします。つまり経済が，図 6.6 の A 点の状態にあると想定します。このとき追加的な公共事業（政府支出（G）の増加です）によって，均衡 GDP が Δ だけ増加したとしましょう。[9]

このとき均衡 GDP の水準は，この公共事業を行ったことで Y_1 から「$Y_1 + \Delta$」に変化します。したがって長期金利が変化せずに r_1 のままならば，長期金利と均衡 GDP の組合せは r_1 と「$Y_1 + \Delta$」に変わります。図 6.6 の A 点が B 点に移ることになります。

　長期金利の水準が r_2 にある状況を前提にしても，本質的に同じことが言えます。公共事業を行う前の長期金利と均衡 GDP の組合せが r_2 と Y_2 で，公共事業を実施すると r_2 と「$Y_2 + \Delta$」の組合せに変化します。図 6.6 の C 点が D 点に移動します。

● IS 曲線のシフト

　図 6.6 には r_1 と r_2 のケース以外は記していませんが，別の金利水準に注目しても同じような結論を得ます。つまり公共事業を追加的に行ったことで，A 点や C 点のような IS 上の点が，Δ だけ右側に移ります。ここで，それら右側に移動した点を結び，その線を IS' とします。IS' は公共事業を実施した後の長期金利と均衡 GDP 水準の関係を表す線で，まさしく新しい IS 曲線に他なりません。公共事業（つまり政府支出です）を増やしたことで，IS 曲線自体が IS から IS' に変化したとみなせます。

　IS' の位置は，明らかに Δ 分だけ IS から右方に平行移動しています。マクロ経済学では，このことを「政府支出（G）の増加によって IS 曲線が IS から IS' へ右方シフトした」と言います。

　IS 曲線がシフトする他のケースとしては，例えば輸出（EX）や輸入（IM）などの変化が考えられます。つまり，総需要 Y^D の式における A を構成している要素が，長期金利の変化を伴わず増減するとき，IS 曲線はシフトします。

● IS 曲線以外の点の意味

　IS 曲線の理解を深めるため，あえて「IS 曲線の線上にない点」についても考えてみます。そのことによって IS 曲線と実際の GDP の関係が一層明確

---

[9] 政府が公共事業を行うと乗数効果が発生しますが，Δ は乗数効果を含んだものとします。

に見えてきます。

図 6.6 に戻り，経済の状態が A 点で表されているケースを再度イメージします。つまり長期金利が r_1 で，実際の GDP および均衡 GDP は Y_1 です。このとき政府支出が増加したとします。

政府支出の増加が均衡 GDP 水準を高め，IS 曲線を右方シフトさせることは上述の説明の通りです。ただし，そもそも均衡 GDP とは「実際の GDP が収束する水準」であり，あくまでも"理論的な値"に他なりません。理論値という意味で，均衡 GDP 水準は政府支出の増加と同時に変化します。つまり IS 曲線も即座にシフトするとみなせます。

一方，実際の GDP についてはそう簡単ではなく，その規模が変化するのに一定の時間を必要とします。第 5 章の乗数効果のところで見たように，政府支出の増加によって，まず，財・サービス市場で超過需要が発生します（「総需要＞総供給＝ GDP」という状態が生じます）。その超過需要を受けて，各企業が生産量の拡大という数量調整を始めるのですが，実際の GDP が増加するのもその調整と同じタイミングです。[10]

要するに IS 曲線が右方シフトした場合，実際の経済は IS 曲線のシフトについていくことができず，しばらくの間，新しい IS 曲線（つまりシフト後の IS 曲線，IS'）の左側に位置することになるでしょう。そしてそこでは財サービス市場で超過需要が発生しており，超過需要に対する数量調整を通して GDP が IS' に向け徐々に増加することになります。

 Technical 編の確認問題

総需要が $Y^D = C + I^D + G + EX - IM$ で与えられる。このとき消費関数および投資関数を，

消費関数：$C = b + c(Y - T)$

投資関数：$I^D = d - er$

---

[10] 実際の GDP が増加を始めると乗数効果を誘発します。この乗数効果にしても瞬時に全体へ波及する訳ではない点に気を付けてください。

とする。なお r は長期金利を表す。

[1] 均衡 GDP を求めなさい。なお均衡 GDP では $Y^D = Y^S = Y$ が成立していることに注意すること。

[2] 金利（r）を縦軸に，均衡 GDP（Y）を横軸に取った図に，[1] で求めた均衡 GDP の式のグラフ（IS 曲線）を描きなさい。また，そのグラフ（IS 曲線）の傾きがマイナスになることを確かめ，どのようなときに傾きが緩やかになるかも説明しなさい。

（解説）

[1] $Y^D = C + I^D + G + EX - IM$ に消費関数と投資関数を代入すると，$Y^D = b + cY - cT + d - er + G + EX - IM$ となり，$Y^D = Y$ に注意して左辺を Y の式に書き換えると，

$$Y = \frac{b - cT + d + G + (EX - IM)}{1 - c} - \frac{e}{1 - c}r$$

となります。これが長期金利（r）の変化も考慮したときの均衡 GDP の公式になります。長期金利の影響を省略して GDP を分析する際は，第 5 章の（5.10）式で十分なのですが，長期金利の変化も含めて分析する場合は，こちらの式を用いることになります。

[2] IS 曲線を描くためには左辺を r にします。

$$r = \frac{b - cT + d + G + (EX - IM)}{e} - \frac{1 - c}{e}Y$$

この式をグラフにしたものが IS 曲線です（図は省略）。グラフの傾きがマイナスになるのは，均衡 GDP（Y）の係数が「$-(1 - c)/e$」と負の値になることから分かります。

投資関数の傾き e および乗数 $1/(1 - c)$ の値が大きいとき，傾きの大きさ $(1 - c)/e$ の値は小さくなります。つまりグラフ（IS 曲線）は緩やかになります。ここで e が大きいということは，金利の低下に対して投資需要が大きく反応することを意味します。また $1/(1 - c)$ が大きいとき，投資需要の増加が均衡 GDP に与える効果も大きくなります。したがって，これらの値が大きければ大きいほど，金利の低下に対する均衡 GDP の反応の度合は高くなる訳です。このとき IS 曲線の傾きも，より緩やかになります。

第7章　金融市場，貨幣と 信用創造

Outline

　第1章で述べたように，マクロ経済を理解するためには，モノ（最終財および原材料や燃料などの中間投入財）の取引だけを見るのではなく，金融取引にも注意を払わなくてはなりません。金融取引とは，おカネの貸し借りや，株式や国債などの金融資産の売買のことで，各経済主体はこの取引によって資金を融通し合います。また金融取引を行っている"場"を「金融市場」と言います。

　この章では，マクロ経済学における金融市場のイメージをつかみます。次いで「貨幣」について整理して，中央銀行の役割を概観します。その後，貨幣の"核"とも言うべき「マネタリー・ベース」と，「信用創造」のメカニズム（マネタリー・ベースの増加が貨幣供給量を増幅させるメカニズムのことです）を見ていきます。

7.1　金融取引と金融資産

　そもそも**金融**とは，資金の過不足を融通することです。したがって金融取引自体は様々な場面で目にします。例えば，個人の間でおカネを貸し借りすることもあるでしょう。この行為も他の人の資金不足を融通するという意味で金融取引の一つです。また，おカネを銀行などの金融機関に預けるという行為も挙げられます。これも預金という形で銀行に資金を貸している訳で，

金融取引に他なりません。金融機関が企業に対して融資することもありますが，これも無視できない金融取引です。

　様々な金融取引がイメージされますが，経済で重要な意味を持ってくるものは，「金融資産の売買」としての金融取引です。一般に，資産を売却することで資金の不足分を調達したり，反対に資産を購入することで余っている資金を運用したりします。マクロ経済学では，代表的な金融資産として「債券」を考えます。以下，債券の取引を例に確認していきましょう。

◆ Story 編　金融資産（債券）の売買としての金融取引

　企業や国は必要な資金を調達するために，しばしば「**債券**」という有価証券を発行します。債券とは"借用証"のようなもので，その期限や支払い金額（返済する金額ということです）などが記された証書です。[1]

　資金を必要とする企業や政府はこの債券を多数発行し，それを広く販売します。つまり企業や政府は，債券の販売収入という形で必要な資金を得ることになります。一方，債券を購入した人は，手元にある資金で債券という金融資産を手に入れる訳です。このように企業や政府の必要資金は，債券という金融資産の売買取引を通して融通されます。[2]

　なお債券の所有者ですが，その債券を最後まで持ち続ける義務は一般にありません。新たに資金を必要とする場合には，「債券市場」を通して自分の所有している債券を売却することができます。[3]

　債券の取引に限らず，金融資産の売買取引はマクロ経済を考察する上で重要な役割を担っています。そのため，マクロ経済学で"金融市場"といった場合には，債券などの金融資産の取引市場をイメージします。

---

[1] 2000 年代後半から有価証券についてのペーパレス化が加速し，現在では，債券についても"紙の証書"の作成が省略されるようになっています。

[2] 一般に債券を発行した人は「債務」を持ち，購入した人は「債権」を持つことになります。

[3] 債券だけでなく，株式などの金融資産の多くは必要に応じて転売可能です。

　細かな差異まで含めると，金融資産には数多くの種類が存在します。ここでは次のような金融資産を念頭に置くことにします。

> 現金，預金（要求払預金，定期性預金），
>
> 債券（社債，公債：長期債券，短期債券），
>
> 株式，外貨建て金融資産，その他

●預　金

　預金は銀行などに預けているおカネのことです。預金の中でも普通預金や当座預金のように好きなときに引き出すことができるものを「**要求払預金**」と呼びます。また，「**定期性預金**」と呼ばれるものもあります。その名前の通り，3カ月とか6カ月とか1年，2年などあらかじめ期間が定まった預金のことです。

●債　券

　債券は上で説明した金融資産ですが，企業が発行する債券を「**社債**」，国が発行する債券を「**国債**」，都道府県など地方公共団体の発行する債券を「**地方債**」などと呼びます。なお国債と地方債を合わせたものが「**公債**」です。また債券は，大きく「**長期債券**」と「**短期債券**」という観点で分けることもできます。

●株　式

　株式は，社債と同様に企業が発行する証券です。債券と同じように転売可能で，既に発行されている株式の多くは「**株式市場**」で売買されます。株式を保有していると，基本的に株主総会の議決に参加する権利を得ます。加えて，その企業の利潤の一部を「**配当**」という形で受け取ることができます。

●外貨建て金融資産

国内に住んでいても，例えば，アメリカ政府の発行した国債やドイツの企業が発行した株式などを保有することができます。このような海外の有価証券の場合，その有価証券が発行された国の通貨で評価されるのが一般的です。つまり，アメリカ国債ならば米ドル単位で，ドイツの企業の株式ならばユーロ単位で計算されます。このように，外国の通貨単位で計られている金融資産のことを「**外貨建て金融資産**」と呼びます。

 Technical 編の確認問題

[1] 投資信託（証券投資信託）とは，どのような金融資産か調べなさい。

（解説）

[1] 広く資金を集めて，専門機関が株式や公社債などでその資金を運用し，資金の提供者に運用収益を還元するというものです。株式投資信託や公社債投資信託以外にも，近年，様々なタイプのものが存在します。

7.2　貨幣の定義

金融資産の中でも特殊な機能を有しているものに「**貨幣**」（おカネのことです）があります。そもそも貨幣は様々な売買取引に使用される "道具" ですが，他方，債券や株式などと同様に典型的な資産とみなされます。

◆Story 編　**貨幣（おカネ）のイメージ**

貨幣の定義を見る前に，まずマクロ経済学で考える "貨幣" のイメージを確認します。例えば，少々高額なものがあり，それを購入しようか迷っているケースを想像してください。このとき，多くの人は最初に「いま，いくらのおカネを持っているのか」ということを確かめるでしょう。その際の "お

カネ" のイメージが，マクロ経済学における "貨幣" を考える上で役に立ちます。なお，以下では基本的なイメージの説明を優先するため，近年，広く普及してきた電子マネーなどの話については省略しています。電子マネー（Electronic Payment System）やデジタル通貨（Digital Currency）に関しては，Technical編の確認問題を参照してください。

さて，もしも欲しいモノが数千円程度ならば，財布の中の現金を確認するだけで購入するか否か決定するかもしれません。しかし数十万のモノになると，多くの人は自分の普通預金口座にどのくらい残金があるのか想像します。また，どうしても欲しいモノならば定期預金の途中解約も頭の隅に置きながら，「いくらのおカネが使えるだろうか」と自問するでしょう。

つまり "おカネ" といった場合，財布の中の現金だけでなく自分の銀行口座にある預金を含めて考えることが日常的にもあります。ここでの "おカネ" のイメージが，まさしくマクロ経済学の「貨幣」のイメージと言えます。

◆ Technical 編　貨幣の機能と定義

改めて貨幣特有の機能を整理します。貨幣の持つ機能として次の3つが挙げられます。

> ＊一般的決済機能
> ＊価値保蔵機能
> ＊計算単位

「**一般的決済機能**」は "売買取引を成立させる機能" で，いわばモノを買うときに "使える" という機能です。この一般的決済機能を有するものが，様々な売買取引の媒介（はし渡し）と成り得ます。[4]「**価値保蔵機能**」とは現在の価値を将来に持ち越せる機能のことで，資産・財産と呼ばれるものは大な

---

[4] ちなみに「決済」とは，対価となるものを受け渡して売買取引などを完了させることです。

り小なりこの機能を持っています。最後の「**計算単位**」ですが，例えば「このパソコンの価値は 20 万円」というように，モノの価値を表したり計算したりする際の単位となる機能です。

●貨幣：現金通貨，預金通貨，準通貨

「貨幣」と言われるものは，通常，以上の機能を十分に備えています。また，これらの機能を有するものは「貨幣」とみなされ，広く受け入れられることになります。なお，モノを売買したときに「広く受け入れられる」という特性のことを「**一般受容性**」と呼びますが，この言葉を用いると，貨幣とは一般受容性を持つものと言い換えることもできます。

典型的な貨幣（通貨）は，前節で見た現金です。硬貨と中央銀行が発行する紙幣を合わせたものが現金ですが，[5] 現金に上の 3 つの機能が備わっているのは明らかです。現金のことを「**現金通貨**」と呼びます。

現金以外の金融資産では，銀行預金が上記の機能を満たしています。普通預金（**要求払預金**です）は ATM などを用いれば，ほとんど手間無く現金と交換でき売買にあてられます。さらに高額の売買取引では，クレジットカードなどで支払を済ますことも珍しくありません。クレジットカードの場合，買い手の口座から購入代金分の預金が引き落とされ，それが売り手の口座に振り込まれます。またクレジットカードを用いなくとも，何か購入したとき売り手の預金口座に直接代金を振り込むことも普通に行われます。このように，普通預金などの要求払預金には優れた一般的決済機能が存在しています。要求払預金を「**預金通貨**」とします。

銀行預金でも**定期性預金**に関しては，それを貨幣とみなすか否か，若干の意見の相違があります。ただ，定期性預金は満期前であっても僅かなペナルティーで途中解約でき，比較的容易に普通預金に変更できます。この点から，定期性預金も要求払預金に準じるものとして扱うのが自然です。定期性預金

---

[5] 日本の紙幣の正式な名称は「日本銀行券」です。また硬貨は「補助貨幣」（造幣局が製造し，日本銀行に納入します）とされます。

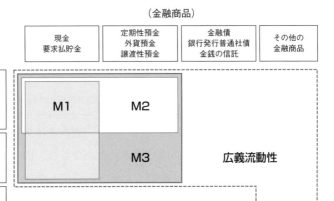

図 7.1　日銀による貨幣（マネーストック）の定義

は一般に「**準通貨**」とされます。

●貨幣の定義

　以下では，現金通貨と預金通貨に加えて準通貨も貨幣の一部とみなします。
預金通貨と準通貨を合わせると銀行の「預金」そのものになるので，貨幣を
次のように定義します。

$$貨幣（M）\equiv 現金通貨（C）+ 預金（D）$$

なお貨幣は M，現金通貨は C，預金は D という記号でも表します。[6]

　日本銀行（日本の中央銀行です）は金融資産の発行主体と種類に注目して，
貨幣に関して3つのカテゴリーを定めています。図 7.1 を参照してください。
日本銀行の考える貨幣の範囲は M1，M2，M3 および**広義流動性**となります
が，上記で定義された貨幣（M）は，M2 もしくは M3 に対応します。ちな

---

[6] 現金通貨の C は「cash」の頭文字の C で，前の章における民間消費の C と記号が重なりますが，こ
　こでは民間消費を意味していないので注意してください。

みに，2022 年 4 月の平均を見ると，M1 が約 1025 兆円，M2 が約 1203 兆円，M3 で約 1557 兆円，広義流動性が約 2037 兆円です。

➤ **Technical 編の確認問題**

[1] 近年，電子マネーが普及しており，加えてデジタル通貨も話題に上がる。これらも"貨幣"とみなすべきか考察しなさい。

[2] 定期預金を途中解約した場合のペナルティーを調べなさい。

(解説)

[1] まず，キャッシュレス決済を目的に普及したいわゆる電子マネー（Electronic Payment System）とデジタル通貨（Digital Currency）では，本質的に異なる点に気を付けてください。現在，日本で使われている多くの電子マネーは，カードやスマホにおカネを事前チャージし（おカネを電子マネー発行会社へ事前に渡し），何か支払いをする際に，それを用いるというものです。電子マネーの支払いを受けたお店などは，その分のおカネを電子マネー発行会社から受け取り，そこで初めて売買取引の一連の流れが終了します。これはちょうど，百貨店などで使用する「商品券」と同じような仕組みと言えるでしょう。

　商品券がそうであるように，電子マネーについても，一度使用された分は基本的におカネに換えなくてはなりません。つまり，現在普及している電子マネー自体が現金のように流通することはなく，この点で「貨幣」と根本的に異なります（いわゆる電子マネーの中には，ここで説明した事前チャージ式ではないタイプもありますが，いずれも本質は同じで，貨幣とはみなされません）。

　ところで，もしも売買取引の度におカネに換える必要がなく，2 度，3 度と何回も使えるような（つまり流通可能な）"電子マネー"があったらどうでしょうか。これがまさしくデジタル通貨の発想です。デジタル通貨にも様々なものがありますが，どれも流通可能という前提（専門的には"転々流通性"といいます）を持ちます。その意味で，デジタル通貨は新しいタイプの通貨（貨幣）と考えられています。なお，中央銀行が円などの法定通貨建てで発行するデジタル通貨のことを，中央銀行デジタル通貨（CBDC：Central Bank Digital Currency）と呼び，各国で実装化を進めています。

[2] 各銀行によって細かな点は異なりますが，多くの場合，「定期預金の契約時に定めた金利が割り引かれる」というペナルティーになります。場合によっては，普通預金の金利未満になることもありますが，そのときでも普通預金との金利差は微小です。

7.3 中央銀行とマネタリー・ベース

　経済に存在する貨幣の量を「**貨幣供給量**」もしくは「**マネー・ストック**」と呼びます。貨幣供給量は中央銀行の行う政策（金融政策）によって強く影響を受けます。ここでは，まず中央銀行の役割および中央銀行内にある「当座預金口座」について説明します。その後，貨幣の要である「マネタリー・ベース」を見ていきます。マネタリー・ベースは，7.4 節で説明する「信用創造」の基礎になるので留意してください。

◆ Story 編　中央銀行と当座預金口座の役割

●中央銀行について

　中央銀行はその国の通貨である紙幣（正式には銀行券）を発行しています。[7]　また「銀行のための銀行」としての役割も担っており，中央銀行が直接取引するのは，原則，**市中銀行**（民間銀行）をはじめとした主要金融機関です。他にも**政府の銀行**という側面もあり，政府の金銭的な取引を担っています。図 7.2 のイメージも参照してください。

　それぞれの市中銀行（正確には銀行以外の主要な金融機関も含まれます）は，中央銀行内に**当座預金口座**を持っています（日本の場合，「**日銀当座預金**」と呼びます）。この当座預金口座は，市中銀行同士の金銭的取引の際に利用されます。また中央銀行と市中銀行との間の資金の受け渡しも，この当座預金を通してなされます。

　なお市中銀行は，急な預金の払い戻しや大口取引などに備えて，預金総額の一定以上の割合を常に確保しておかなくてはなりません。この確保しておく資金のことを「**支払準備金**」もしくは「**準備預金**」と呼びますが，中央銀

---

[7]　紙幣を発行できる銀行のことを「**発券銀行**」と呼びます。日本の発券銀行は「日本銀行」だけです。

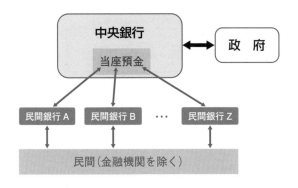

図 7.2　中央銀行と民間銀行の関係

行内にある各銀行の当座預金口座は，この支払準備金を置いておく場所としても利用されます。また支払準備金には，法律によって義務付けられた最低金額があります。**法定準備預金額**というものですが，預金総額に対するこの金額の割合を**法定準備率**と呼びます。[8]

●中央銀行内の当座預金の役割

　一般企業や家計の金銭的な取引で，銀行の預金口座を利用することは珍しくありません。例えば，企業 A は銀行 α に口座を持ち，企業 B は銀行 β に口座を持っているとします。以下，図 7.3 も適宜参照してください。いま企業 A が企業 B から 100 万円のモノを購入するとします。その決済を銀行口座で行う場合，「銀行 α にある企業 A の口座」から 100 万円が引かれ，代わりに「銀行 β にある企業 B の口座」へ 100 万円が振り込まれることになります。

　以上の手続きの際，銀行 α は銀行 β に対して，企業 A の口座にあった 100 万円を渡す必要が出てくるでしょう。このように，ある銀行から別の銀

---

[8]　通常，各銀行は法定準備預金額を超えた資金を中央銀行内の当座預金口座に入れておこうとしません。資金を別のところで運用した方が有利と考えるからです。しかし極端な金融緩和政策がとられると，各銀行で資金が余り，その余った資金が法定準備預金額を超えて中央銀行内当座預金に滞留することになります。金融緩和政策については第 8 章を参照してください。

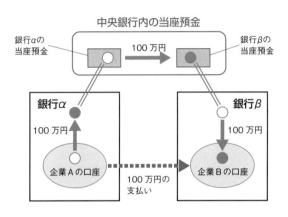

図7.3　中央銀行内当座預金を利用した銀行間の決済

行へおカネを渡すとき，中央銀行内の当座預金が用いられます。中央銀行は銀行 α の当座預金から100万円を引き，銀行 β の当座預金に100万円を加えることで，銀行間のおカネのやり取りを完了させます。まさしく中央銀行は銀行のための銀行です。

　中央銀行内の当座預金口座は，中央銀行と市中銀行との金銭的取引でも使用されます。市中銀行が手持ちの金融資産を中央銀行に売却したとします。このとき，中央銀行が支払う金融資産の代金は，その市中銀行の中央銀行内当座預金へ振り込まれます。このように，市中銀行間の金銭的取引および市中銀行と中央銀行の金銭的な取引は，基本的に中央銀行内にある当座預金口座を通してなされます。

◆ Technical 編　マネタリー・ベース

　「マネタリー・ベース」は，貨幣の"核"と言うべきもので，「ベース・マネー」とか「ハイパワード・マネー」とも呼ばれます。定義は，

マネタリー・ベース(B) ≡ 現金通貨(C) ＋ 中央銀行内の当座預金総額(R)

です。簡略的に表記する場合はマネタリー・ベースを B, 中央銀行内の当座預金総額を R とします。

マネタリー・ベースが貨幣の核とみなせるのは, 貨幣の中でも特に中央銀行が直接的に関与する部分だからです。中央銀行の金融政策は, 多くの場合, マネタリー・ベースに直接的なインパクトを与えます。またマネタリー・ベースの変化の影響は, 次節で説明する「信用創造」のプロセスの中で増幅し, 結果, 経済全体の貨幣供給量（貨幣の中でも預金量）を大きく変化させます。

 Technical 編の確認問題

［1］ マネタリー・ベースは中央銀行にとって資産か負債か。

（解説）

［1］ 中央銀行にとっては負債になります。まず中央銀行内の当座預金は, 民間銀行が中央銀行に預けているもので, 中央銀行にとっては借入（負債）です。また現金（紙幣）ですが, 例えば「日本銀行券」という名前が象徴するように, 中央銀行が発行した一種の借用書と言えます。いずれも中央銀行にとっては負債です。

7.4 銀行の機能と信用創造

中央銀行の政策によって増減するマネタリー・ベースは, 信用創造というメカニズムを通して経済全体の貨幣供給量に強く影響を与えます。信用創造とは, "預金が増殖" していくメカニズムのことで, 「預金を融資などで運用する」という銀行特有の機能によってもたらされます。

先に述べたように預金は貨幣の一部でした。つまり, 信用創造は貨幣供給量を膨張させるメカニズムとも言い換えられます。以下, 銀行特有の機能から考えます。

●銀行の２つの機能と預金の２面性

　経済に存在する様々な企業・金融機関の中でも，銀行は特別な存在です。銀行は何かモノを販売するのではなく，不特定多数の人から「預金」という形でおカネを集め，それを融資・貸付に回したり，自ら金融資産を購入する際の代金にあてたりしています。このように，おカネを広く集め，それを運用することで経済の資金循環を生み出す。この点が銀行の持つ特別な機能の一つです。[9]

　もう一つ強調しておきたいことは，銀行の預金自体が貨幣（おカネ）として機能する点です。人々が何か売買を行う際，それが高額であればあるほど，クレジットカードや小切手などを利用する可能性が高まるでしょう。つまり銀行口座を用いることで売買決済がなされます。このように金銭的取引の決済を手助けするのも銀行の重要な機能です。

　以上の銀行の機能は，同時に，預金の持つ２つの側面を示しています。例えば銀行Ａに300万円の預金をしたとしましょう。銀行Ａはこの300万円を融資など運用のための"資金"とみなします。[10]　一方，預金をした人にとって，この300万円は自分で使うことのできる"おカネ"に変わりありません。銀行にとっては資金でありながら，預金者には自分のおカネであり続けます。預金の持つこの２面性が「信用創造」を理解するカギとなります。

●銀行の融資と預金の増殖

　信用創造の仕組みを見るため，銀行Ａに預金されている300万円の行方

---

[9] 同じ金融機関である証券会社や保険会社なども，多額の資金を独自に運用しています。しかし，証券会社の場合は証券（債券や株式などです）の売買手数料やその他業務の収入によって，また保険会社は様々な保険を販売することによって，運用のための基本資金を得ています。預金という手段で不特定多数の人からおカネを集め，それを独自の運用資金にできるのが銀行の特徴です。

[10] 厳密には預金300万円の全てを運用するのではなく，前節で少し触れたように，預金の一部は必ず準備預金として中央銀行に預ける必要があります。

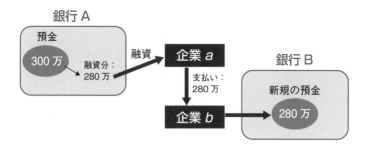

図7.4　銀行の融資と預金の増加

を少し追ってみます。図7.4のイメージも参照してください。いま銀行Aが，この300万円の内の280万円を，新しい機械の購入を希望している企業aに融資したとします。融資を受けた企業aは，予定通り280万円で機械を購入するでしょう（例えば企業bから購入したとします）。つまり280万円は企業aを通って企業bに移ります。具体的には，企業bの契約している銀行（銀行Bとします）の口座に，機械の代金として280万円が振り込まれます。[11]

　以上の流れで経済全体の"おカネ"の量，つまり預金の量がどうなったか確認します。上で述べたように，最初，銀行Aに預金した人にとって，そこの口座の預金300万円は引き続き自分の"おカネ"です。他方，企業bが企業aに機械を販売したため，企業bの口座にも280万円の預金が追加的に生まれました。この280万円は言うまでもなく企業bの"おカネ"です。この段階で経済全体のおカネの量を見ると，300万円だけでなく，それに280万円を加えた580万円に膨らみます。

　銀行Aの融資をきっかけに，経済の預金量（おカネの量）が300万円から580万円となりました。このようなプロセスを繰り返すことで経済全体の預金量，つまりおカネの量が増加していくことを「**信用創造**」と呼びま

---

[11] もちろん一部現金で支払われるかも知れません。ただし企業間の取引で現金を用いるのは，それほど多いとは言えません。

表 7.1　信用創造のプロセスにおける資産と負債の変化

	資産	負債
最初の預金者	300 万：預金（自分のおカネ）	
銀行 A	280 万：融資（貸付）	300 万：預金（預かっているおカネ）
企業 a		280 万：借入
企業 b	280 万：預金（自分のおカネ）	
銀行 B		280 万：預金（預かっているおカネ）

す。[12] なお，ここでの信用はクレジット（credit）のことです。

●信用創造の本質

　図 7.4 のケースにおいて，おカネの量が 300 万円から 580 万円に膨らみましたが，このことで経済全体の "資産" が増加した訳ではない点も注意しておきます。表 7.1 を見てください。おカネを預けた人にとって預金は資産ですが，銀行にとっては借りているおカネ（つまり負債です）でしかないことがポイントの一つです。

　この表から資産総額を計算すると 860 万円（= 300 万円［最初に銀行 A へ預けた人の預金］+ 280 万［銀行 A の企業 a への貸付分］+ 280 万円［企業 b の銀行 B にある預金］）です。他方，経済全体の負債総額も 860 万円（= 300 万円［銀行 A の預金者からの借入］+ 280 万円［企業 a の銀行 A からの借入］+ 280 万円［銀行 B の預金者からの借入］）となります。確かに純資産（全ての資産から全ての負債を差し引いた正味の資産のことです）はゼロで，経済全体で見ると資産は増えていません。

---

[12] 銀行は企業や家計への融資だけでなく，国債などの金融資産の購入によっても自らの資金を運用しています。その場合のおカネの流れについては，一般に様々なパターンが考えられます。ただし少なくとも，銀行が非金融機関から債券などを購入するようなケースでは，融資の場合と同じように，預金の増加が発生します。債券購入のために銀行が支払った代金が，売却した側の口座に振り込まれて新しい預金となるからです。

信用創造の本質は，結局，人々の金銭的な貸借関係が連鎖的に膨らんでいくプロセスと言い換えられます。貸借関係が連鎖する中，"おカネ"の性質を持つ銀行預金の量だけに注目するのが信用創造です。預金の部分（図7.4ならば300万円と280万の部分です）のみを加えていくため，まるでおカネが増殖したかのように見えます。

◆ Technical 編　マネタリー・ベースの変化と信用創造

●マネタリー・ベースと信用創造の概要

　図7.4では，300万円の預金が融資を通して280万円の新規預金を生み出したところまで説明しました。一般には，その続きも考えることができます。銀行Bにある280万円の預金も，早晩，別の融資などにあてられるでしょう。そのため経済全体の預金量がさらに増加します。そして，その預金が……，というように信用創造のプロセスは継続します。

　ここでは，マネタリー・ベースの変化をきっかけにした信用創造のプロセスを改めて確認します。ただし説明を簡潔にするため，図7.4のケースと同様に，預金などで得た銀行の資金は，もっぱら融資・貸付に回されることを前提にします。[13]

　以下，図7.5も参照してください。いま，ある銀行が手持ちの国債の内，Δ 円分を中央銀行に売却したとします。前の節で説明したように，市中銀行と中央銀行との金銭的やり取りは，原則，中央銀行内当座預金が使われます。つまり，この国債の代金 Δ 円は当該銀行の中央銀行内当座預金へ振り込まれ，経済のマネタリー・ベースは増えます。ここでは，Δ 円が銀行の自由に使える資金になる点にも注目します（図の①）。

　普通，銀行は得られた資金を可能な限り融資などの運用に回します。した

---

[13] 先の脚注で述べたように，普通，銀行は融資・貸付以外に，国債などの金融資産を用いて資金を運用したりしています。話の複雑さは増しますが，銀行による金融資産の売買を明示的に扱い，その上で信用創造プロセスを考えることも可能です。その場合でも，結論の本質は変わりません。

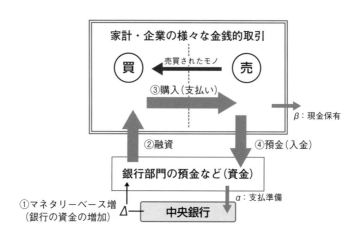

図 7.5　信用創造の循環的プロセス

がって，この銀行も当座預金に振り込まれた Δ 円を融資に回します（図の②）。[14]　一方，融資を受けた企業や家計は，Δ 円を様々なモノや金融資産などの購入にあてます（図の③）。この売買行為が新たな預金を生む訳です。購入したものの代金は，多くの場合，販売した企業などの銀行口座に振り込まれます。どこの銀行の預金が増えるのかはケース・バイ・ケースですが，銀行部門全体で見ると，総額で Δ 円に近い預金が追加的に発生します（図の④）。

　預金の増加を受けた銀行は，それをさらなる融資などの資金にします。したがって再び融資などが増加し（再度，図の②），何らかの売買が行われます（再度，図の③）。その結果，やはり一定の追加的な預金が銀行部門で発生します（再度，図の④）。この追加的に増加した預金が新たな銀行の資金となり，同じように図の②からの流れに乗ります。その後の流れは繰り返しです。

　当初のマネタリー・ベースの増加 Δ 円が以上のような資金の循環を生み出し，結果，銀行部門の預金量（貨幣供給量）を累積させます。このような

---

[14] Δ は日銀への国債の売却で得た資金なので100％を融資などに回せます。

130　　第 7 章　金融市場，貨幣と信用創造

循環プロセスが信用創造です。マネタリー・ベースの変化が信用創造を通して，貨幣供給量（特に経済の預金総額）に大きくインパクトを与えることが分かります。

●支払準備と現金保有

信用創造のプロセスは永続する訳ではなく，2つの要因で収束します。第1は「準備預金制度」です。既に述べたことですが，銀行は預金の一定割合以上を支払準備として中央銀行の当座預金に預けなくてはなりません。法律で求められる最低限の割合を**法定準備率**と呼ぶ訳ですが，この一連の制度を準備預金制度と言います。

この制度によって，預金の中から融資などに回せる量も制限されます。[15]図7.5の α の部分は，預金の一部が中央銀行の当座預金に流されることを表しています。④によって発生した銀行部門の追加的な預金は，一部が α の方に流れます。そのため，次の融資に向かう量（②に流れる分）は少なくなります。

第2の要因は，民間の企業や家計は預金だけでなく一定量の現金も保有するという事実です。仮にある企業で500万円の売上があったとします。そのとき，この企業は細々とした雑費のため，例えば50万円分を現金で保有しようと考えるかもしれません。つまり実際の預金額は450万円になります。

企業や家計がどの程度を現金で保有し，どの程度を預金に置いておくのかは一概に決められませんが，少なくとも全てを預金しておく訳ではないでしょう。このことは図7.5の β で表しています。売買代金である③の流れは，一部，現金保有という β の流れに向かってしまい，預金となる④の流れを細めます。

以上の2つの要因によって，あたかも水流が漏出するかのように，資金の流れが α と β から漏れ出てしまいます。結果，循環的プロセスは徐々に弱

---

[15] 例えば法定準備率が2%のとき，1000万円の新規預金に対して20万円が支払準備として中央銀行の当座預金に入金され，融資などに回るのは980万円までです。

まっていきます。このようにして信用創造は収束します。

●通貨乗数

　信用創造のプロセスが収束すると，貨幣供給量の大きさも一定水準に落ち着きます。それでは，マネタリー・ベースの増加が貨幣供給量へ与えるインパクトは，最終的にどの程度になるのでしょうか。1単位のマネタリー・ベースの増加が何倍の貨幣供給量を生み出すのか，その倍率のことを「**通貨乗数**」と呼びます。この通貨乗数は，貨幣の定義式とマネタリー・ベースの定義式から計算できます。[16]

　改めて貨幣供給量（M）とマネタリー・ベース（B）の定義を確認します。[17]

貨幣供給量（M）≡現金通貨量（C）＋預金量（D）
マネタリー・ベース（B）≡現金通貨量（C）＋中央銀行内の当座預金総額（R）

　いま「貨幣供給量（M）／マネタリー・ベース（B）」を計算します。

$$\frac{M}{B} = \frac{C+D}{C+R} = \frac{(C/D)+(D/D)}{(C/D)+(R/D)}$$

ここでR/Dをρとし，C/Dをδと置きます（ρ：ロー，δ：デルタ）。なお通常ならば「中央銀行内の当座預金総額（R）」は，ほとんどが各銀行の法定準備預金額で占められます。したがって，ρは法定準備預金と預金の比率，つまり法定準備率とほぼ等しくなります。ただし，脚注8で触れたように，極端な金融緩和政策がとられた場合は，各銀行は法定準備預金額以上のおカネを中央銀行内の当座預金口座に置くようになり，ρの値も法定準備率以上になる可能性があります。この節の確認問題も参照してください。

　いずれにせよ，ρの意味することは，図7.5における「αの流れ」の「④

---

[16] 以下の方法ではなく，信用創造のプロセスを無限等比級数で表し，その和の公式で計算することもできます。やや数学的なのでここでは省略します。

[17] 前の節では「貨幣（M）」として定義しましたが，ここでは貨幣の "量" に注目するので「貨幣供給量（M）」として定義式を書いています。「現金通貨量（C）」や「預金量（D）」といった表記も同様です。

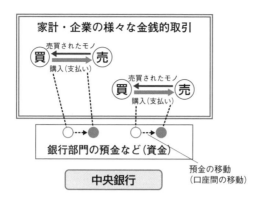

図7.6　信用創造の収束後のイメージ

の流れ」に対する比率です。一方，δ はおカネを現金と預金に振り分ける際の比率で，**現金預金比率**と言います。図7.5の「βの流れ」と「④の流れ」の比率です。δ と ρ を用いて改めて書き直すと，

$$\frac{M}{B} = \frac{\delta + 1}{\delta + \rho}, \quad \text{もしくは} \quad M = \left[\frac{\delta + 1}{\delta + \rho}\right] B$$

となります。つまり，マネタリー・ベース（B）の $[(\delta + 1) / (\delta + \rho)]$ 倍が貨幣供給量（M）です。通貨乗数はこの $[(\delta + 1) / (\delta + \rho)]$ を指します。

●信用創造が収束した後の状況

　信用創造が収束すると貨幣供給量（M）は一定になり，図7.5のイメージは，図7.6のように変わります。ここで気を付けたいのは，貨幣供給量が変化しないときでも（つまり経済全体の預金量が変化しないときでも），売買行為自体は常に行われている点です。ただ信用創造のケースと異なるのは，何らかの売買が生じても，買い手の預金口座から売り手の預金口座におカネが移動するだけということです。当然，買い手の預金残高が減少し，売り手の預金残高は増加しますが，売買取引によって経済全体の預金量つまり貨幣

供給量が影響を受けることはありません。[18]　図 7.6 のイメージを再度確認してください。

　加えて信用創造が収束した後も，銀行は日常的に企業や家計へ融資をしています。このことは「融資が信用創造を生む」という説明と一見矛盾しているように感じるかもしれません。ただし，過去の融資に対する返済が日常的に行われている点を思い出すと，信用創造が収束した後でも，その返済されたおカネを使って新規融資がなされるのは自然なことです。

　銀行が預金を融資のみで運用するという前提では（つまり銀行による国債をはじめとした金融資産などの売買を捨象した場合には），信用創造が生じていないとき，過去の融資の返済分と新規融資分が銀行部門全体でバランスすることになります。過去の融資への“返済”を仮に図 7.5 の中で表すならば，②の“マイナスの流れ”，つまり②と逆向きの矢印になるでしょう。マネタリー・ベース（B）や通貨乗数が変化しない限り，②の流れはプラス・マイナスでゼロとなり，全体的な預金量が変化することはありません。

　単純に「モノの売買規模が膨らんだ」とか「融資が行われた」と言うだけで，経済全体の貨幣供給量が増加する訳ではない点に注意が必要です。貨幣供給量が増加するためには，マネタリー・ベースが増えているか，通貨乗数の値が変化している必要があります。反対にマネタリー・ベースを増加させれば，図 7.5 のような信用創造がスタートして，貨幣供給量に強く影響を与えられます。

　Technical 編の確認問題

［1］現金預金比率（δ）を 0.02（2%），支払準備率（ρ）を 0.1（10%）とする。このときの通貨乗数を求めよ。

［2］現金預金比率（δ）と支払準備率（ρ）がそれぞれ 0.025（2.5%）と 0.125（12.5%）に上昇した場合，通貨乗数はどう変化するのか説明しなさい。

---

[18] 現金での売買の場合なら，現金の保有者が変わるだけなので，現金総量も変わりません。

［3］ 近年，マネタリーベースを増やしても，貨幣供給量（マネーストック）がそれほど増加しないと言われている。その理由を考えなさい。

（解説）

［1］ 通貨乗数は，$[(\delta+1)/(\delta+\rho)]=[(0.02+1)/(0.02+0.10)]=8.5$ となります。つまりマネタリー・ベース（B）を 100 億円増加させると，結果，貨幣供給量（M）が 850 億円増える計算です。

［2］ $[(\delta+1)/(\delta+\rho)]=[(0.025+1)/(0.025+0.125)]=6.833$ と低下します。支払準備率（ρ）の上昇は，新規の預金の内で中央銀行内当座預金に流れる分を増やし，新規融資に回す資金量を減らします。また現金預金比率（δ）が高まると，現金保有が増える分だけ預金の増え方を減速させます。図 7.5 の "流れ" の漏出部分である α と β が広がるので，信用創造のプロセスは早く収束することになる訳です。結果，通貨乗数が低下します。

［3］ マネタリーベースを増やすと，まず銀行の資金が増加します。このとき，融資を希望する企業等が多く存在するとか，そうでなかったとしても，少なくとも国債などの金融資産で適切に運用する機会があるのならば，本文で説明したような信用創造がスタートし，結果，貨幣供給量も大きく増加します。しかし近年，特に日本では，異次元の金融緩和政策がとられたことで，金融部門を中心に運用先の定まらない資金が発生し，それらが中央銀行（日銀）内の当座預金に滞留する傾向にあります。つまり ρ が高まっています。マネタリーベース（B）を増やしても，通貨乗数の公式にある ρ が同時に高まり，結果として貨幣供給量（M）が十分に増加しなくなっています。

第 8 章　LM 曲線

Outline

この章では，マクロ経済における金利の決定メカニズムを説明します。金利の基本は債券利回りです。ここでは，まず初めに「債券の市場価格が上昇すると，債券利回りが低下する」という関係を見ます。次に「短期金利」と「長期金利」の違いを説明します。その上で，標準的な状況では，短期金利は中央銀行の政策によって誘導されていること，また長期金利は流動性選好理論（資金に対する需要と供給の理論）によって決定されることを確認していきます。また，この章の後半において LM 曲線を導出します。

LM 曲線とは「GDP が増加すると均衡の長期金利が上昇する」ということを表現したもので，IS 曲線と対になるものです。実物市場（実体経済）と金融市場を結ぶもう一つの重要なチャネルです。

8.1　債券に関する基本的知識と債券利回り

経済には様々な**金利**（金利と利子率は同じ意味です）が存在しています。それらの金利の動向に強く影響を与えているのが債券利回り，特に国債の利回りです。この節では，まず**債券の利回り**の考え方を確認します。以下，債券の仕組みから見ていきます。

●債券に関する基本的用語

債券が満期日（償還期限とも言います）を迎えると，その所有者は，債券の発行元からあらかじめ決められた一定金額を受け取ります。このときの金額は債券に表記されており，通常，**額面**もしくは**額面価格**と呼ばれます。[1] また，発行元が所有者に額面価格を支払い，その債券を終了させることを**償還**と言います。

なお債券の中には，発行してから償還されるまでの間，定期的に一定金額の利息が支払われるものもあります。そのような債券は**利付債**と呼ばれ，この利息のことを**クーポン**（もしくは利札）と言います。債権は基本的に自由に転売できますが，これら額面価格，満期日（償還期限），クーポンの金額などは，その債券を転売しても変化しないのがポイントです。

債券の収益率（年率）に相当するものを**利回り**と呼びます。獲得できる全ての収入から購入費用を引いたものが収益で，収益を購入費用で割って百分率で表したものが**収益率**です。いわば "もうけ率" とでも言えるものですが，この収益率を年率に換算したものが「利回り」です。

●具体的な債券の例

より具体的な例で債券の利回りを考えましょう。次のようなケースをイメージします（以下は社債を例にします）。企業Ａは資金を得るため，満期（償還期限）を1年後に設定した債券を1000枚発行するものとします。また1年後の満期日に債券保有者へ支払われる債券1枚当たりの金額（額面価格）を100万円とします。さらに1年間の利息（クーポン）として，債券1枚当たり1万円の金額を企業Ａは債券保有者へ支払います。

つまり企業Ａの発行する債券は，次の通りです。

---

[1] 現在は証券のペーパレス化（電子化）が進み，債券も物理的なものは発行されていません。

額面価格：100万円（償還時に支払われる債券1枚当たりの金額）

満期（償還期限）：〇年×月△日（今回の例では発行の1年後）

利息：1万円（1年分の利息）

発行枚数：1000枚

　この債券は1枚当たりいくらで売買されるでしょうか。普通，債券は債券市場で取引されており，その売買価格は必ずしも上の額面価格100万円と一致しません。例えばこの債券の人気が低迷すれば（債券の需要が低いということです），1枚95万円で取引されることもあります。一方，この債券の人気が上がれば（債券の需要が高いということです）99万円とか，時には100.5万円と額面の100万を超えて取引されます。

●債券の価格が95万円のときの利回り

　いま債券市場で，当該債券の1枚当たりの価格が95万円となっており，その金額で購入できたとします。この債券から得られる1年間の収入は，利息の1万円と満期にもらえる100万円の合計101万円です。また債券購入にかかる費用が市場価格の95万円なので，この債券の収益は6万（＝101万－95万）です。以上のことを留意した上で，この債券の利回り（1年間の収益率です）を，次のように計算します。

$$\frac{1万 + 100万 - 95万}{95万} \fallingdotseq 0.063 \ (6.3\%)$$

つまり，この債券を購入することは95万円を預けて，約6.3％（6万円）の利子をもらうのと同値です。

　ちなみに企業Aは，この債券を発行・販売することで，95万円×1000枚＝9.5億円の資金を得ます。また企業Aが支払う利息および償還時の金額の合計は（1万＋100万）円×1000枚＝10.1億円で，ちょうど9.5億円を約6.3％の金利で借りたケースと同等です。

●債券の価格が 99 万円のときの利回り

同様に，債券の市場価格が 99 万円のケースで利回りを計算します。債券購入者の得られる 1 年間の収入総額はこの場合も 101 万円（= 1 万 + 100 万）のままですが，債券の購入費用が 99 万円なので収益は 2 万円（= 101 万 − 99 万）です。したがって利回りは，

$$\frac{1\,万 + 100\,万 - 99\,万}{99\,万} \fallingdotseq 0.020 \ (2.0\%)$$

となり，債券の価格が 95 万円のケースから大きく低下します。この場合は，99 万円を預けて約 2.0%（2 万円）しか利子がもらえないのと同じです。

債券の市場価格（「**債券価格**」と省略します）が 95 万円のとき債券利回りは約 6.3%，債券価格が 99 万円になると債券利回りは約 2.0% でした。このことから，債券価格と債券利回りの一般的な関係を次のようにまとめます。

債券価格↑［↓］⇔（新しく債券を購入する人の）債券利回り↓［↑］

債券の市場価格が上昇すると，これから債券を購入して資産運用しようと考えている人にとっての"もうけ率"（利回り）は低下，債券の購入が不利になります。

◆ Technical 編　債券利回りの仕組みと債券価格との関係：一般的ケース

●利回りの計算：一般的な債券のケース

数式を用いて債券価格と債券利回りの一般的な関係を確認します。次のような債券を考えましょう。なお現時点の債券市場で，この債券は「価格 P」で取引されているものとします。

額面価格：V

満期（償還期限）までの期間：T 年

年間の利息（クーポン）：c

上記の債券を1枚保有することから得られる最終的な収入は、満期までの利息総額 cT と、償還時に得られる額面価格 V を足したもので（$cT + V$）となります。一方、債券の購入にかかる費用は債券価格 P なので、収益は（$cT + V - P$）、収益率で見ると次の通りです。

$$\frac{cT + V - P}{P}$$

なお債券利回りは"年率"が基本なので、上記の収益率を満期までの期間である T で割らなくてはなりません。[2] 結局、債券利回りを r で表せば、

$$r = \frac{cT + V - P}{PT} = \frac{c + (V/T)}{P} - \frac{1}{T}$$

となります。

●債券価格と利回りの関係：一般的ケース

ここで上の式の右辺第1項に注目します。P（右辺第1項の分母の値）が大きくなると右辺第1項は小さくなります。第2項は P と無関係なので、結果、P が大きくなると右辺の値は小さくなり、左辺の r も低下します。つまり購入する債券の利回り r と、そのときの市場価格である債券価格 P との関係は、

債券価格 P ↑［↓］⇔（新規購入の）債券利回り r ↓［↑］

となることが一般的なケースでも確認できます。

　なお、それぞれの債券の利回りは購入時の価格によって定まるので、償還前に途中売却しない限り利回りは固定されます。[3]　つまり既に購入して保有

---

[2] この例の年率は単利計算をベースにしています。なお年率を計算する際には、「得られた利息にさらに金利が付く」という複利計算をベースにすることが一般的です。ただ以下の結論の方向性は、単利計算のケースも複利計算のケースも同じです。

している債券の利回りは，時々の市場価格から直接的な影響を受けません。

 Technical 編の確認問題

[1] Bloomberg.com などの WEB サイトを参照して，日本国債の利付債のデータ（クーポン，価格，利回りなど）がどのようになっているか調べなさい。

[2] 代表的な国債として償還期限までの期間が 10 年の利付債がある。この国債は，保有者にとって安全資産か危険資産か。

（解説）

[1] （省略）

[2] まず安全資産と危険資産の違いを考えます。金融資産の中でも，株式のように，売却するまで運用利益が確定できない資産（つまり利回りがすぐに確定できない資産）があります。このような資産を危険資産と呼びます。一方，利回り（もうけ率）が購入時点で定まる資産を安全資産と呼びます。危険資産の"危険"は，あくまでも不確定の度合いが高いことのみを意味します。

　償還まで 10 年の国債の場合，10 年間保有し続けることを前提にすると，（国が破綻しない限りですが）利回りは購入時点で確定するので安全資産と言えます。ただし同じ国債でも償還前に売却することを想定した場合，利回りの計算式も変わり，もはや安全資産とは言えません。

　例えば，償還まで 10 年の国債を今年購入し来年売却する計画を立てたとします。このときの利回りは，

$$\frac{（来年の売却価格）＋（今年のクーポン）－（今年の購入価格）}{（今年の購入価格）}$$

となり，来年になって売却価格が分かるまで利回りは確定できません。つまり，国債でも途中で売却することを前提にすると危険（リスク）が生じます。

8.2　短期金融市場と長期金融市場

　国債の利回りは様々な金利の基準となります。例えば 5 年という期間で資産を運用する際の金利は，**償還期間**（償還までの期間のことです）が 5 年の

---

[3] 住宅ローンなどには「固定金利」というものと「変動金利」というものがありますが，債券の利回りは，ちょうど償還までの固定金利とみなせます。

国債の利回りが参照され，10年の期間を考えるのならば償還期間10年の国債の利回りを一つの基準にします。また半年という短期の資産運用を考える場合についても，償還まで半年の国債利回りを無視することはできません。

　一般に償還期限までの残存期間の短い債券を「**短期債券（短期債**と略します）」，その期間の長い債券を「**長期債券（長期債**と略します）」と呼びます。実際の金融市場では，慣例的に償還期間が1年未満の債券のことを短期債，1年を超える債券を長期債と呼びます。

　なお第6章でも既に短期金利と長期金利を分けて考えていますが，このように短期金融と長期金融を分けるスタンスは，実際の金融市場や金融政策を分析する際に有益です。この節では，金融市場を「短期金融市場」と「長期金融市場」に大別し，改めて「短期債」と「長期債」および「短期金利」と「長期金利」の違いを整理します。[4]

◆ Story 編　短期金融市場と長期金融市場のイメージ

●短期金融市場

　企業が生産活動をする際，原材料の調達や諸々の費用などのため一時的に資金が必要となることがあります。“運転資金”とか“つなぎ資金”と呼ばれるものです。また銀行などの金融機関も，その時々の資産状況を調整するため，短い期間で資金の貸し借りを行っています。このような資金が**短期資金**で，短期資金を融通し合う市場のことを「**短期金融市場**」と称します。

　短期金融市場の金利である「**短期金利**」は，短期国債などの利回りと関係します。ただ8.3節で確認するように，短期金融市場は中央銀行による金融政策から直接的に影響を受けます。そのため短期金利の全体的な動向は，中央銀行の政策によって一定程度コントロールされています。

---

[4] なお短期金利も長期金利も「年率に換算した値」で表示されます。つまり「償還期間6カ月の短期債の利回りが1%」といった場合，実際に100万円運用して6カ月後に獲得できる元利の合計金額は，約100.5万円です（正確には複利計算をするので100.4987万円です）。1%というのは，あくまでも年率換算した値なので，あらかじめ注意しておいてください。

●長期金融市場

　一方，設備投資の資金や住宅購入の資金などは，借り入れから返済し終わるまでに長い期間をかけるのが普通です。このように長期的視点に立った資金のことを**長期資金**と呼び，この長期資金を取引する場を「**長期金融市場**」と総称します。長期国債は，このような長期金融市場で重要な役割を担っています。長期金融市場で成立している金利を「**長期金利**」と言いますが，長期国債の利回りは長期金利全般の中心的なものとみなされます。

　例えば，設備投資を計画している企業に，金融機関が長期資金を融資する場合を考えます。設備投資を目的とした長期的な資金の金利は，通常，その時々における長期国債の利回りを参考に各金融機関が決定します。つまり長期国債の利回りが低下すると，それに合わせるように企業向けの長期資金の金利も低下します。逆に長期国債の利回りが上昇すると，企業向けの金利は上昇します。長期国債の利回りに注目すれば，長期金利全体の動向が分かります。

◆ Technical 編　短期金利と長期金利を分ける理由

　短期金利と長期金利の間には，一定の連動性が存在します。短期金利が低下する際には長期金利も低下する傾向が生まれ，短期金利が上昇するとき長期金利もその傾向を持ちます。ただ，その連動性は常に完全ということではなく，しばしば不安定となります。例えば短期金利が低いレベルであまり変化しないときに，長期金利が上昇したり下落したり変動することも有ります。

　また，Story 編で少し触れていますが，標準的なケースでは，中央銀行は短期金融市場に直接的な影響を与え，短期金利を望ましい水準に誘導しようとします。一方，中央銀行が長期金利を直接誘導するのは極めて特別なケースであり，普通の状態では行われません。つまり金融政策を考える際，短期金利と長期金利を同列に扱うことが不適切な場合もあります。[5]

　経済ニュースでも，短期金利と長期金利を分けるのは普通のことで，その

方が様々な点から整理しやすいという現実にも留意しましょう。このような
ことから，本書では短期金利と長期金利を別々に扱うことにします。なお続
く節において，次の点を説明していきます。

・短期金利：中央銀行が政策的に誘導する
・長期金利：流動性選好理論で決定，実体経済の動向から影響を受ける

 Technical 編の確認問題

[1] 100万円があり，それを10年間運用するケース（長期的資金運用のケース）
を考える。ただし方法は次の2つとする。

 ・満期1カ月の定期預金（1カ月定期）
 ・償還期間10年の国債（10年国債）

1カ月定期の場合，10年間，毎月毎月その時々の金利で契約を繰り返さなく
てはならない。一方，10年国債は購入機会が今しかなく，かつ途中で売却
できないものとする。
 現時点での1カ月定期の金利が3％（年率換算が3％で，1カ月単位では
0.2466％），10年国債の金利が2％とした場合，いずれの方法で100万円を
運用するか考えなさい。

（解説）

[1] 仮に人々が，これから10年間の金利の動向に関して，例えば1カ月定期の金利が3％
で維持されるなどの確信（certainty）を持つのなら，1カ月定期を10年間繰り返す方
法を選択するかもしれません。反対に1カ月定期の将来の金利に対して不確実性
（uncertainty）が高い場合は，現時点の1カ月定期の金利の高低とは関係なく，10年
国債で運用する方を選ぶでしょう。なお不確実性が高い場合，短期金利と長期金利の
連動性は低くなると考えられます。

---

5 日銀は2016年9月に「長短金利操作付き量的・質的金融緩和」という世界的にも異例な政策を導入
し，短期金利だけではなく，長期金利の直接的な誘導に乗り出しました。しかし，それ以前は，日銀
も長期金利の誘導を明確に否定していました。「直接的に誘導するのは短期金利のみ」というスタン
スは，非常時を除くと，世界的にもスタンダードと言えるでしょう。

8.3 短期金利の決定
：スタンダードな金融政策とマネタリー・ベース

　前節の最後で指摘したように，短期金利の水準は中央銀行の政策から直接的な影響を受けます。また近年の先進国では，「短期金利を適切な水準に誘導する」ことが中央銀行のスタンダードな政策とされ，しばしばこの政策を"伝統的な金融政策"と呼びます。[6]

　この節ではいかなる方法で短期金利を誘導するのか説明し，加えて短期金利の誘導とマネタリー・ベースの変化が，"コインの表と裏"のように連動することを確認します。短期金利を下げる政策は必然的にマネタリー・ベースを増加させ，反対に短期金利を上昇させるとマネタリー・ベースが減少します。

◆ Story 編　スタンダードな金融政策とマネタリー・ベース

　中央銀行が短期金利を下げるケースを考えます。このとき中央銀行が具体的に行うことは，短期金融市場から短期国債（国庫短期証券とも呼ばれます）などの金融資産を購入することです。なお，中央銀行が市場を通して，債券等を売買することを「**公開市場操作（オペレーション）**」と呼びます。

　中央銀行が短期国債を購入しようとすると，短期金融市場で短期国債の需要が高まります。短期国債の価格が上昇，結果，8.1 節で見たように，その国債の利回りは低下する訳です。さらに中央銀行の購入が十分になされると，短期金融市場における他の金融資産にも影響が及び，短期金利が全般的に低下します。このように短期金融市場への介入（公開市場操作）によって，中央銀行は短期金利を誘導しています。以上がスタンダードな短期金利の誘導

---

[6] 2000 年代の日本，2000 年代終わりのアメリカおよび 2010 年代半ばの欧州中央銀行が導入した「**量的緩和政策**」や，その他，脚注 5 で触れた政策は，ここで言う"伝統的な金融政策"を超えたもので，"非伝統的な金融政策"と呼ばれます。なお，以下では"伝統的"という言葉の代わりに"スタンダード"という言葉を使用します。

メカニズムです。

　一般に，中央銀行が短期金利を誘導する際，基準となる金利をあらかじめ決めておきます。その金利のことを「政策金利」と言い，日本の場合，伝統的に「無担保コール翌日物金利」を用いてきました。[7]　例えば「ゼロ金利政策」と言った場合，スタンダードなケースでは，無担保コール翌日物金利を0%に誘導する政策を指します。[8]

　さて中央銀行が短期国債を購入すると，マネタリー・ベースの量に影響が出る点も留意します。中央銀行の購入した短期国債などの代金は，当然，その金融資産の売り手に渡ります。ただし中央銀行に国債などを売るのは，実際のところ銀行を中心とした金融機関です。つまり，中央銀行が購入した短期国債の代金は，当該銀行の中央銀行内当座預金に振り込まれ，結果，マネタリー・ベースを構成する中央銀行内当座預金総額（R）が増加します。

　以上をまとめると，

中央銀行による短期国債の購入
$\Rightarrow$ $\begin{cases} \text{・（短期債の需要が高まるので）短期債券価格↑} \Rightarrow \text{短期金利↓} \\ \text{・中央銀行からの代金で中銀内当座預金↑} \Rightarrow \text{マネタリー・ベース↑} \end{cases}$

です。このように，短期金利の低下とマネタリー・ベースの増加は，コインの裏と表と言えます。

　なお中央銀行が短期金利を引き上げるときは，それまで購入してきた短期国債を売却します。その場合，上の説明の矢印等は反対になり，結果，「短期金利↑」および「マネタリー・ベース↓」が同時に生じます。

---

[7]　コール金利とは市中銀行の間（正確には，証券会社，保険会社なども含みます）で短期資金を貸借する際の金利です。したがって，無担保コール翌日物金利は「担保を取らないで，ある銀行が別の銀行に資金を1日だけ（つまり翌日返却ということです）貸し出す際の金利」を意味します。

[8]　なお，2016年1月に日銀はマイナス金利政策を導入して，それ以降，中央銀行（日銀）内の当座預金の一部に課せられる金利を「短期政策金利」としています。このように，スタンダードなケースから外れることもあります。

◆ **Technical編** スタンダードな金融政策における緩和政策と引締め政策

　中央銀行が短期金利を誘導すると，結果的にマネタリー・ベースが変化して，前章で説明した「信用創造」がスタートします。その点も含めて，中央銀行のスタンダードな金融政策の流れをまとめます。

> 政策的に短期金利を低下［上昇］させる
>
> 　　　⇔ マネタリー・ベースが増加［減少］する
>
> 　　　⇒（信用創造を通して）貨幣供給量が増加［減少］する

　短期金利をコントロールする政策は，貨幣供給量を増減させる政策と実質的に一体です。そのため「**金融緩和政策**」といった場合，短期金利を下げて経済全体の貨幣供給量を増加させる政策とまとめることができます。反対に「**金融引締め政策**」とは，短期金利を上げて貨幣供給量に減少させる政策です。

 Technical編の確認問題

［1］中央銀行が金融市場（公開市場）に介入することを「公開市場操作」と呼んだ。なお，貨幣供給量を変化させるその他の手段として，「基準割引率・基準貸付利率操作」と「法定準備率操作」と言う政策がある。この2つについて調べなさい。

（解説）

［1］**基準割引率・基準貸付利率**とは，2006年以前は「**公定歩合**」と呼ばれていたもので，市中銀行が中央銀行（日銀）から資金を借りたりする際の金利のことです。この金利を操作するのが「基準割引率・基準貸付利率操作」です。基準割引率・基準貸付利率が低くなると，市中銀行は中央銀行（日銀）から資金を借りるのが容易になるので，融資に対して積極的な態度を示すようになります。そのため貨幣供給量も増加する傾向を持ちます。

　また「**法定準備率操作**」は，市中銀行が中央銀行（日銀）に預ける準備預金の量に影響を与えます。準備率が低くなると預金の内で中央銀行（日銀）に預けなくてはならない割合が減るので，信用創造が強められます（通貨乗数が高まります）。そのことから貨幣供給量は増加します。

　なお最近では「公開市場操作」が中心的な政策手段とされ，「基準割引率・基準貸付利率操作」と「法定準備率操作」は補助的な手段とみなされる傾向にあります。

8.4 貨幣需要：流動性選好理論に向けた準備

　短期金利は政策的に誘導されますが，スタンダードな状況で，長期金利は「流動性選好理論」によって決まってきます。流動性選好理論を見るために，初めに「貨幣需要」を考えます。なお，ここでの流動性（liquidity）は流動資産，つまり直ぐに使用できる資金（現金・預金）も意味します。

　人々は様々な形の資産を保有しています。その資産の中に当然ながら貨幣，つまり現金および預金（以下，**現預金**と略します）も含まれますが，様々な資産形態が考えられる中，どの程度の量を貨幣で保有しようとするでしょうか。貨幣すなわち現預金の保有をゼロにするのは日常生活を営む上でも無理があります。他方，資産の全てを常に現預金に変えてしまうのも，一般的に言ってあまり賢い方法ではないでしょう。その時々の状況に合わせて，適切と思われる現預金の保有量が存在します。この「適切と思われる現預金の保有量」のことを「**貨幣需要**」と呼びます。

◆ Story 編　貨幣保有の 2 種類の目的

　資産の一部をあえて"貨幣（現預金）"という形で持とうとするのは，何かを売買する際に現預金が必要不可欠だからです。財・サービスといったモノを買うときに限らず，債券や株式などの金融資産を購入しようとするときも，それ相当の現預金を用意しなくてはなりません。そのため人々は，一定の規模の現預金を保有しておこうとします。貨幣を需要するということです。

　マクロ経済学では，貨幣の保有目的に合わせて貨幣需要を 2 種類に大別します。「**取引動機に基づく貨幣需要**」と「**投機的動機に基づく貨幣需要**」です。[9]　取引動機に基づく貨幣需要とは"モノの売買"（実物市場での取引）を

---

[9]　その他，「**予備的動機に基づく貨幣需要**」というものも想定可能です。予期せぬ支出が必要になったとき対応できるように，予備的に貨幣を保有することです。ただし，このような貨幣需要は，理論上，

想定して，あらかじめ保有しようとする貨幣の量を言います。投機的動機に
基づく貨幣需要とは，資産運用の際に "資産の一部" として保有しておこう
と考える貨幣量で，金融資産の取引（金融市場での取引）に使用することが
前提です。次の例で具体的なイメージを見ます。

いま宝くじで500万円が当たったとします。このとき，この500万円をど
のように配分するか想像しましょう。まず，「せっかく宝くじに当たったの
だから，200万円は新車の購入に使おう」と考えるかも知れません。ただそ
の場合でも，宝くじが当選したその日に間髪入れず新車を購入するというの
も稀です。大体1カ月ぐらいは自動車ディーラを回り，自分なりの調査をし
てから購入にあたります。したがって購入までの期間，新車代に相当するお
カネをキープしておく必要があり，当面，200万円分は現金か銀行預金にし
ておくでしょう。

残りのおカネ300万円は資産運用に回すものとします。そこですぐに債券
市場を調べたところ，"買い時" と思われた社債が見つかり，[10] 300万円の内
の180万円を即座に社債購入にあてたとします。ただ残りの120万円は，他
の市場でも "買い時" の資産が出てくるのを期待して，しばらく現金か銀行
預金にしておくものとします。

以上を整理すると，宝くじの賞金500万円の行方は，

① 200万円：現金か預金（新車購入のため）

② 180万円：債券（既に購入）

③ 120万円：現金か預金（新しい金融資産購入のため）

とまとめられます。この①の200万円が貨幣の取引動機に基づく貨幣需要で
あり，③の120万円が投機的動機に基づく貨幣需要となります。なお，②の
180万円は既に債券となっているので，そもそも貨幣に対する需要ではあり
ません。このケースでは，貨幣に対する需要が320万円（＝① 200万円＋③

取引動機に基づく貨幣需要の中に含めて考えることが可能で，ここでは省略しています。

[10] ここでの "買い時" とは，債券価格が低く，利回りが十分に高い状態のことです。

120万円）となります。

宝くじのケース以外でも，人々は生活費や遊興費などのために一定の現預金を確保しようとします。それが家計における取引動機に基づく貨幣需要の代表例です。他方，モノを購入するためのおカネとは別に，"貯蓄"のつもりでおカネ，つまり貨幣（定期預金も含んでいます）を保有していることも珍しくありません。そのような貨幣はチャンスを見て債券や株式などの購入にあてることもできます。つまり投機的動機に基づく貨幣需要です。

また一般的な企業も，事業を進める上で常に現預金を保有しようと考えます。"運転資金"や"つなぎ資金"として，主に原材料購入や諸々の経費に用いることを前提に保有するおカネです。それらは企業における取引動機に基づく貨幣需要の典型と言えます。また企業の中には，利益の一部を貯蓄する場合もあります。[11]　一般に企業の貯蓄は，他社の株式や社債，国債など様々な形で保有されますが，その中でも一部は普通預金や定期預金などの貨幣で保有されます。この部分が企業の投機的動機に基づく貨幣需要です。

改めて，次のようにまとめます。[12]

- 取引動機に基づく貨幣需要：近い将来に予定しているモノの購入に備える貨幣（現預金）
- 投機的動機に基づく貨幣需要：資産運用の手段として保有，資産の売買に用いる貨幣（現預金）

◆ Technical 編　貨幣需要に影響を与える要素

取引動機に基づく貨幣需要は，実物市場の状況，より具体的には GDP の

---

[11] 企業の利潤は，原則，株主に分配されることになっています。ただし現実には，利潤の一部を企業内部に留める場合も珍しくありません。「**内部留保**」とも呼ばれますが，企業の貯蓄とみなされます。

[12] ケインズは『貨幣論』（1930年）の中で，貨幣の保有動機に関して「産業的流通」と「金融的流通」に分けています。産業的流通に用いるものが取引動機に基づく貨幣需要で，金融的流通に用いるものが投機的動機に基づく貨幣需要と解釈されることもあります。

水準から影響を受けます。他方，投機的動機に基づく貨幣需要は，金融市場で成立している金利，それも特に長期金利から影響を受けます。もちろん短期金利からの影響も受けますが，相対的に長期金利の影響を強く受けると考えます。[13]

●取引動機に基づく貨幣需要

景気改善で GDP が拡大したとします。GDP は付加価値もしくは最終財の総額ですが，GDP の拡大によって，中間投入財も含めたモノ全体の取引が活発化します。そのため，各経済主体の中で貨幣（現預金）を多めに保有しようとする動きが生まれます。企業ならば，生産量の拡大に合わせてより多くの資金を用意しようと考えるでしょう。このようにして経済全体での取引動機に基づく貨幣需要が増加します。つまり，

GDP（Y）↑［↓］⇒ 取引動機に基づく貨幣需要（L_1）↑［↓］

です。L_1 は貨幣の取引動機に基づく貨幣需要を表す記号です。なお，この関係を数式でも表しておきます。取引動機に基づく貨幣需要の関数は次の通りです（λ：ラムダ）。

$L_1 = \lambda(Y)$，ただし $\lambda(Y)$ は増加関数

●投機的動機に基づく貨幣需要

経済には，債券や株式をはじめ様々な資産が存在しています。そのため家計にしても企業にしても，資産運用の際に最適と思われる**資産構成**（資産構成のことを「**ポートフォリオ**」とも呼びます）を考えています。その際，手持ちの資産に貨幣（現預金）を組み入れておくことも珍しくありません。

---

[13] 短期金利は投機的動機に基づく貨幣需要に影響を与えるというよりも，むしろ貨幣の内訳に影響を与えると考えられます。一般に普通預金や定期預金の金利は，短期金利から強く影響を受けます。したがって短期金利の水準は，保有する貨幣の中で現金をどの程度にし，要求払預金や定期性預金はどの程度にするのかに関係します。

人々が**資産**として現預金を保有する理由は，第1にその価格（額面）が変動しないからです。1万円札ならば，いかなるときでも1万円の価値が保存できます。他方，株式や債券に限らず通常の資産は価格が変動し，場合によっては価格が大きく低下する可能性もあります。価格の変動がない（利回りの変動がないとも言えます）という意味で現預金は安全です。[14]

　第2の理由は，貨幣を持っていれば，何か有利な資産が見つかったときタイミングよく購入できるためです。例えば，全ての資産を社債にしてしまうと，仮に利回りの良い別の資産が出てきてもすぐに購入できません。購入のためには，まず保有している債券を市場で売却して現預金に換える必要があります。ただし売却のタイミングが上手く訪れるとは限らず，利回りの良い資産を購入し損なうこともあります。資産運用の面でも，ある程度の現預金を保有しておくことは合理的です。

　一方，貨幣を保有することのデメリットは，現預金を資産運用の一つの手段として見た場合に，十分な金利・利回りを得ることができない点です。もちろん，預金にも一定の金利が付きます。ただある程度の期間を念頭においた資産運用では，その運用利回りの基準の一つは長期金利すなわち長期国債の利回りです。普通，預金金利の水準は長期金利より低く，この点で大きく劣ります。

●長期金利の変化と投機的動機に基づく貨幣需要

　以上を踏まえて，いま長期金利が上昇したとしましょう。すると，資産として貨幣（現預金）を保有するデメリットの方が高まります。そのため資産構成における現預金量を減らし（時には定期預金などをやめて），代わりに債券など金利の高い資産の購入量を増やすでしょう。[15]　つまり，貨幣の需

---

[14] インフレなどを考慮した場合は別です。仮にインフレにより物価水準が上昇すれば，決まった金額の貨幣（例えば1万円とします）で購入できるものは減ります。したがって金銭の数値（1万円です）自体は変化しなくとも，インフレによって"その貨幣の価値（1万円の価値）"自体が実質的に減少することになります。その点は注意してください。

[15] 厳密に考えると長期金利そのものではなく，長期金利と預金金利の差に注目する必要があります。

要が減少します。

　逆に長期金利が低下したとします。このとき貨幣保有のデメリットは減り，メリットが相対的に高まります。つまり保有している債券などを一旦売却して，とりあえず普通預金や，せいぜい定期預金などに変えておきます。こうして，貨幣の需要が増加することになります。

　以上をまとめると，

長期金利（r）↑［↓］⇒ 投機的動機に基づく貨幣需要（L_2）↓［↑］

と書けます。なお L_2 は投機的動機に基づく貨幣需要を表します。ここで数式を使ってこの関係を表現するのならば，投機的動機に基づく貨幣需要の関数は次のようになります（μ：ミュー）。

$L_2 = \mu(r)$，ただし　$\mu(r)$ は減少関数

●貨幣需要関数：流動性と流動性選好表

　経済の貨幣需要は，取引動機に基づく貨幣需要（L_1）と投機的動機に基づく貨幣需要（L_2）を加えたものになります。したがって全体的な貨幣需要量を L で表すと，「**貨幣需要関数**」は，

$L \equiv L_1 + L_2 = \lambda(Y) + \mu(r)$

となります。横軸に貨幣需要量（L），縦軸に長期金利（r）を取ったグラフ（図 8.1）に，この式を描いてみます。

　図 8.1 の上図の LL 線は，GDP 水準が Y_0 のときの貨幣需要関数です。LL 線の内側に垂直な破線を描いていますが，その破線の左側が取引動機に基づく貨幣需要（L_1）で，破線の右側が投機的動機に基づく貨幣需要（L_2）を表しています。

　いま長期金利が r_0 のケースと r_1 のケースを考えます（縦軸に注目してください）。取引動機に基づく貨幣需要 L_1 は，GDP の水準が Y_0 で変化しない

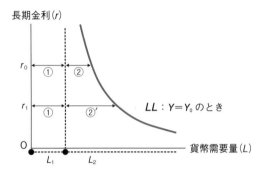

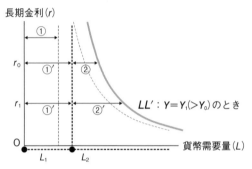

図8.1　貨幣需要関数（流動性選好表）

限り一定で，r_0 および r_1 のケースとも①の水準です。他方，破線の右側の投機的動機に基づく貨幣需要については，金利が r_0 のときには②の水準ですが，金利が r_1 に低下すると②′の水準まで増加します。したがって全体的な貨幣需要 L は，r_0 のとき「①＋②」，r_1 のとき「①＋②′」となります。

　GDP（Y）が Y_1 に増加したときの様子を，図8.1の下図で描きました。GDP の変化が直接影響を与えるのは取引動機に基づく貨幣需要 L_1 で，GDP が Y_1（$> Y_0$）に増えたことにより，①から①′の水準に増加します。つまり破線が右に平行移動して，取引需要を表す破線の左側が拡大します。このときの貨幣需要 L ですが，長期金利が r_0 ならば「①′＋②」で，r_1 ならば「①′＋②′」です。L_1 が①から①′に増えた分だけ LL 線は外側にシフトし，LL' 曲線が新たな貨幣需要関数となります。

マクロ経済学では，貨幣需要関数である *LL* 線および *LL'* 線のことを**流動性選好表**とも呼びます。**流動性**とは，そもそも資産の交換可能性もしくは換金可能性の程度を意味した用語です。ある資産が容易に売却・換金できるとき，その資産の"流動性が高い"と言います。流動性選好表は，流動性の高い資産（ここでは貨幣（現預金）です）をどの程度持とうとするのかを示すもの，つまり貨幣に対する需要を表したものと言えます。

 Technical 編の確認問題

[1] 取引動機に基づく貨幣需要を $L_1 = 0.5Y$，投機的動機に基づく貨幣需要を $L_2 = 100 - 1000r$ とする。$Y = 400$ のときの流動性選好表をグラフで描きなさい。

[2] $Y = 800$ に変化したとき，流動性選好表がどうなるか説明しなさい。

（解説）

[1] $L = L_1 + L_2 = 0.5Y + 100 - 1000r$ となります。これに $Y = 400$ を代入して式を変形すると，$r =（300/1000）-（1/1000）L$ となります。この式を縦軸が r で横軸が L のグラフに描きます（図は省略）。

[2] $Y = 800$ として [1] と同じ作業を行います（図は省略）。[1] の図と比べて，流動性選好表が右にシフトしていることが分かります。

8.5 流動性選好理論：長期金利の決定メカニズム

以下では，経済に存在する金融資産を貨幣（現預金）と債券のみに限定します。もちろん現実には，株式や不動産など他にも重要な資産が多く存在しています。ただし，マクロ経済学の基本的構造を学ぶ上では，貨幣とその他の代表的な資産である債券に焦点を絞る方が，ポイントを理解する上で効率的です。[16]

---

[16] 実際の経済をより細かく分析するためには，株式や他の資産を明示した方が適切な場合もあります。しかし，それらは明らかに入門レベルを超えてしまいますので，本書では債券を中心に考察します。

さて，マネタリー・ベースおよび通貨乗数が変化しない限り貨幣供給量は一定です。他方，貨幣需要量の方はGDPおよび長期金利から影響を受けることを，流動性選好表を用いて見てきました。この節では，長期金利の調整によって貨幣需要量と貨幣供給量のバランスが保たれることを説明します。

◆Story 編 | 長期金利の決定：直観的説明

　いま経済で長期金利が高くなり過ぎたとします。このとき以下の調整が働きます。長期金利が高いとき，資産運用の点からは長期債券がより有利なものになっています。そのため人々は，自分の資産構成を貨幣から長期債券へシフトさせようと考え，長期債券の購入量を増やします。結果，経済全体の長期債券の需要は高まり，その価格は上昇，長期金利は低下します。

　反対に長期金利が低過ぎたらどうでしょうか。長期金利が低いということは長期債券の価格が十分に高いということです。そのため長期債券が売りごろと考える人も出てきて，実際に長期債券は売られます。つまり資産構成の中で長期債券が減り，逆に貨幣を増やす動きが発生します。結果，長期債券の価格は低下，長期金利は上昇します。

　長期金利は高過ぎると低下し，反対に低過ぎると上昇します。したがって長期金利は高くなり過ぎず，また低くもなり過ぎず，1つの均衡レベルに向うものと考えます。次のTechnical編で説明するように，長期金利が均衡レベルに達したとき，貨幣需要量と貨幣供給量も一致することになります。

◆Technical 編 | 長期金利の決定：流動性選好理論による説明

●実質貨幣供給と実質貨幣需要

　流動性選好理論を見るために，初めに「**実質貨幣供給**」および「**実質貨幣需要**」を考えます。供給でも需要でも貨幣量を考える際には，極力，物価水準の影響を取り除く必要があります。同じ10万円でも，物価水準の違う50

年前の 10 万円と現在の 10 万円とでは価値が異なるからです。

実質貨幣供給量は，第 4 章 4.6 節で述べた実質値の考え方に従って，通常の貨幣供給量（M）を一般的な物価水準で割ることで求まります。[17] 一般的な物価水準を P とすると次の通りです。

$$実質貨幣供給量 \equiv \frac{M}{P}$$

他方，貨幣需要量（L）ですが，そもそも L の一部である取引需要（L_1）は GDP（Y）と関係しています。したがって，ここでの GDP を実質 GDP と考える限り，L も必然的に「実質貨幣需要量」となります。[18] なお，この章および以下の全ての章では，実質 GDP が分析対象となります。そのため貨幣需要量（L）は，物価水準で割る必要はなく，そのままで実質貨幣需要量と考えます。

●流動性選好理論と長期金利

実質貨幣供給量ならびに流動性選好表（実質貨幣需要関数）を図示し，その図によって貨幣供給量と貨幣需要量の関係を見ていきます。

名目貨幣供給量（M）はマネタリー・ベースと通貨乗数が変化しない限り一定です。つまり，一般的な物価水準が変わらないのならば，実質貨幣供給量（M/P）も一定水準で変化しません。そのことを図 8.2 に描きます。縦軸に長期金利（r）を取って，横軸に実質貨幣供給量（M/P）と実質貨幣需要量（L）を同時に取ります。その上で，実質貨幣供給量の大きさを $(M/P)_0$ として，$(M/P)_0$ のところから伸びる MM 線を描きました。この MM 線が実質貨幣供給量を表します。なお $(M/P)_0$ が一定であることを反映して，MM 線は垂直になります。

---

[17] 通常の貨幣供給量は，"実質"でないということを強調して「**名目貨幣供給量**」とも呼びます。

[18] 初めから名目 GDP を想定して，取引動機に基づく貨幣需要を考えることもできます。その際の L は「名目貨幣需要量」とみなします。

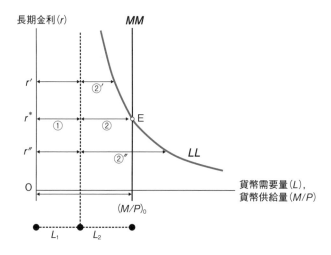

図 8.2　貨幣の均衡と長期金利の決定

　実質貨幣需要量は，図 8.1 の LL 線である流動性選好表が対応します。そこで，図 8.2 の中にも図 8.1 の LL 線と同じものを描いています。この図 8.2 から分かるように，LL 線と MM 線の交わる E 点が存在し，このとき実質貨幣供給量と実質貨幣需要量は一致します（E 点で「$(M/P)_0 = ① + ②$」が成立しています）。

　E 点に対応する長期金利（r^*）が均衡を与える長期金利で，実際の長期金利も r^* の水準に向かいます。以下では，この均衡を与える長期金利を「**均衡長期金利**」と呼ぶことにします。数式で考えると，$(M/P) = L$ が成立するような長期金利（r），つまり，

$$\frac{M}{P} = L_1 + L_2 = \lambda(Y) + \mu(r)$$

の式を満たす r が均衡長期金利となります。

　いま実際の長期金利が均衡水準 r^* よりも高い値（例えば r' です）になったとします。このとき実質貨幣需要量は流動性選好表に沿って「$① + ②'$」

と減少します。明らかに「$(M/P)_0 > ① + ②'$」で貨幣供給量が過剰になります。資産運用の観点から，適切と思われる貨幣の量よりも，実際に手元にある貨幣量が多い状態です。自由に使える現預金が，想定以上に余っている状況をイメージします。

このような状態は長く続きません。人々は余っている現預金を少しでも有効に使おうと，金利の高くなっている長期債券を追加購入し始めるでしょう。その結果，長期債券の需要は高まりその価格が上昇，長期債券の利回りである長期金利は r' から低下，r^* に向かいます。

反対に長期金利が r'' で，均衡水準 r^* よりも低いときを確認します。このとき，実質貨幣供給と実質貨幣需要のバランスは「$(M/P)_0 < ① + ②''$」で，貨幣需要が過剰になります。適切と考える水準よりも手持ちの現預金量が少なく，貨幣の不足感が出ている状態です。このとき，手持ちの長期債券を売却して現預金を確保する動きが出てくるでしょう。長期債券の売却が増えて長期債券の価格は低下，そのため長期金利が r^* に向かって上昇を始めます。

  Technical 編の確認問題

[1] 前節の確認問題と同じように，取引動機に基づく貨幣需要を $L_1 = 0.5Y$，投機的動機に基づく貨幣需要を $L_2 = 100 - 1000r$ とする。$Y = 400$ として，実質貨幣供給量（M/P）が 250 のときの均衡長期金利（r）を求めなさい。

（解説）

[1] $M/P = L_1 + L_2$ より，$250 = 0.5 \times 400 + 100 - 1000r$ となるので，この式から $r = 0.05$ が求まります。これが均衡長期金利の値です。

8.6　LM 曲線：GDP と長期金利の関係

前節で説明した流動性選好理論を用いると，実物市場（実体経済）で決まってくる GDP の水準と，金融市場（貨幣市場）で決まってくる長期金利の

間の関係性が説明できます。具体的には，GDP の増加［減少］が長期金利を上昇［低下］させることを示します。LM 曲線とはこの関係を図示したものです。

　いま景気が上向いて GDP が増加してきたとします。このとき各企業の生産は拡大し，モノの取引も全般的に活発化します。そのことを受けて，各企業は取引に使う現預金を多めにキープしておこうと考えるでしょう。また中には新しい設備投資を計画し，そのための資金を準備し始める企業も出てきます。モノを購入するための貨幣の需要が経済全体で高まります（取引動機に基づく貨幣需要が高まると考えます）。

　このように資金需要が高まっている状況で，例えば，これまでに長期債券などの資産を購入していた企業は，それら債券を売却して必要な手元資金（現預金）の調達を始めるでしょう。長期債券の売却（供給）が増えることになります。

　他方，余分な資産を持たない企業はどうでしょうか。そのような企業は，普通，銀行などに融資を依頼します。ただその場合でも，追加的な融資のための資金を銀行が用意しなくてはなりません。銀行の方で資金が余っていない限り，銀行は自分の保有する長期債券などを適宜売却し（つまり，それまで長期債券などで運用していた分を減らし），それを融資に回します。いずれにせよ，経済全体で長期債券の売却（供給）は増加し，結果，長期債券の価格が低下，その利回りである長期金利は上昇します。

　以上は企業の例を用いた説明ですが，家計に関しても同様のメカニズムが働きます。企業の場合も家計の場合も，ポイントは次の2つです。第1は，GDP の増加という実物市場（実体経済）の変化が，人々の資産の構成に影響を与えることです。GDP の増加でモノの取引が活発化するので，長期債券という流動性の低い資産から，流動性の極めて高い貨幣（現預金）へ資産

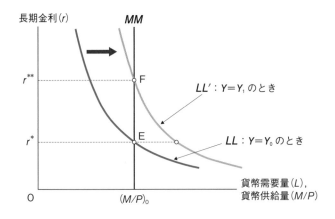

図8.3　GDP の変化と長期金利

構成がシフトします。第2は，上記の資産構成の変化が，長期債券市場（長期金融市場）に影響を及ぼす点です。この結果，長期金利が上昇します。

◆Technical 編　グラフによる説明（LM 曲線の導出）

　以上の GDP と長期金利の関係は，貨幣需要関数（流動性選好表）と貨幣供給量のグラフを用いても説明できます。図8.3で確認しましょう。

　図8.3には，再度，図8.2の LL 線および MM 線を描いています。なお LL 線は図8.2と同様，GDP が Y_0 のときの実質貨幣需要関数（流動性選好表）で，MM 線は実質貨幣供給量を表します。いま経済は E 点（GDP が Y_0，均衡長期金利が r^*）にあって，そこから GDP が Y_1（$> Y_0$）に増加するケースを考えます。

　GDP の増加は取引動機に基づく貨幣需要を高め，図8.1で説明したように流動性選好表を右側にシフトさせます。つまり LL 線は，GDP が Y_1 のときの流動性選好表 LL' 線へ移ります。このとき，もしも長期金利が r^* のままで変化しないのならば，貨幣需要量の（貨幣供給量に対する）超過状態が

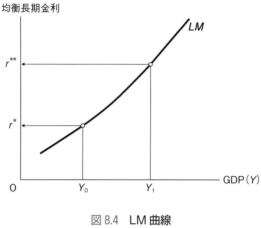

図 8.4　LM 曲線

発生します。そのため Story 編で述べたような調整がスタートします。結果，経済は *MM* 線と *LL'* 線との交点である F 点に移動し，均衡長期金利は r^{**}（$> r^*$）まで上昇します。

　GDP が減少するケースについては，GDP の値が Y_1 から Y_0 へ減少することを想定すれば，同じように考えられます。この場合，流動性選好表は左側にシフトし，均衡長期金利が低下します。以上を次のようにまとめます。

GDP ↑［↓］⇒ 均衡長期金利↑［↓］

● LM 曲線

　改めて縦軸が「均衡長期金利」，横軸を「GDP」としたグラフ（図 8.4）に上記の関係を描きます。右上がりの線（*LM*）がそれで，Y_0 のとき r^* が対応し，Y_1 のとき r^{**} が対応します。

　「LM 曲線」とは，図 8.4 の右上がりの曲線 *LM* のことです。LM 曲線は，ある GDP に対する均衡長期金利の水準を表した線です。つまり実物市場（財・サービス市場）と金融市場との関連性を表現したもので，第 6 章で説

明した IS 曲線と同様，2 つの市場を結ぶもう一つの重要なチャネルです。

LM 曲線の数式は，貨幣需要関数と貨幣供給量の均衡式から求まります。
前節で見たように，貨幣需要量と貨幣供給量の均衡式は，

$$\frac{M}{P} = \lambda(Y) + \mu(r)$$

でした。この式の $\lambda(Y)$ と $\mu(r)$ に具体的な関数式を与え，「$r = \cdots$」の形に
変形すれば数式上も LM 曲線が求まります。

 Technical 編の確認問題

[1] 取引動機に基づく貨幣需要 $L_1 = kY$，投機的動機に基づく貨幣需要 $L_2 = f$
$- gr$ とする。実質貨幣供給量が (M/P) のとき，均衡長期金利 (r) の式を
求めなさい。

[2] 求めた均衡長期金利の式を利用し，LM 曲線のグラフを描きなさい。

(解説)

[1] $M/P = L_1 + L_2$ より，$M/P = kY + f - gr$ と書けます。この式から，

$$r = \frac{k}{g}Y + \frac{f}{g} - \frac{1}{g}\left(\frac{M}{P}\right)$$

が求まります。これが均衡長期金利を表す式です。

[2] 縦軸が r で横軸に Y を取るのがポイントです（グラフは省略）。

8.7 貨幣供給量の変化と LM 曲線

LM 曲線の位置は，実質貨幣供給量 (M/P) の大きさに依存します。実質
貨幣供給量が増加すると，LM 曲線は全体として下方に変化します。また反
対に，実質貨幣供給量の減少は，全体として LM 曲線を上方に変化させます。

　いま金融緩和政策の結果，貨幣供給量が増加したとします。すると，経済全体では，人々が適切と考える以上の貨幣（現預金）が存在することになり，様々なところで "余分なおカネ" が発生します。より具体的には，（金融緩和政策の影響を直接的に受けるのは金融機関なので）金融機関を中心に資金が余り始めます。

　この "余分なおカネ" は，景気が回復するなど実際の取引が活発にならない限り，モノを購入するための資金としては使われないでしょう。というのも，モノの購入のためのおカネは（取引動機に基づく貨幣需要の分として）既に存在しているからです。銀行部門を例にすると，融資を希望する量が増えていないため，余分な資金を融資に回すことができない状況に対応します。結局，これらの "余分なおカネ" は長期債券などの金融資産に向かいます。長期債券の需要は高まり，その価格が上昇して利回りは低下，つまり長期金利が下がります。

　以上の話では，GDP の変化と無関係に長期金利が低下することがポイントになります。Technical 編で確認するように，このような長期金利の低下は，LM 曲線の位置を全体として下げることにつながります。

　なお，貨幣供給量を減少させる金融引締め政策の結果は，金融緩和政策と全く反対の変化を生み出します。GDP が変化することなく，全体的な資金不足から長期金利の上昇が生じます。したがって，金融引締め政策によって LM 曲線は全体として上方に移動します。

　図 8.5 の左の図には，LL 線（GDP が Y_0 のケース）と LL' 線（GDP が Y_1 のケース）の 2 つの流動性選好表を描いています（$Y_1 > Y_0$ です）。MM 線は実質貨幣供給量 $(M/P)_0$ を表します。右の図の曲線 LM は図 8.4 と同じ

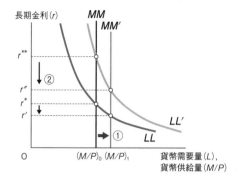

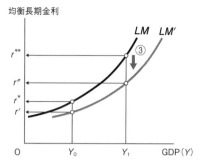

図8.5　LM曲線のシフト

LM 曲線で，Y_0 および Y_1 が，均衡長期金利 r^* および r^{**} に対応しています。

　ここで実質貨幣供給量が $(M/P)_1 \, (> (M/P)_0)$ に増加したとします。すると MM 線が右方にシフトして MM' 線へ移ります（①の矢印）。このとき均衡長期金利は r' および r'' となり，当初の r^* および r^{**} からそれぞれ低下していることが分かります（②の矢印）。つまり実質貨幣供給量が $(M/P)_1$ になると，Y_0 および Y_1 に対応する均衡長期金利は r' および r'' となり，右の図の LM 曲線は LM から LM' へ下方に移動します（③の矢印）。

　実質貨幣供給量が減少する場合は，MM' 線から MM 線へ逆にシフトするケースを考えます。このとき LM 曲線は，LM' が LM に向けて上方に移動することになります。

　Technical 編の確認問題

[1] 前節に引き続き，取引動機に基づく貨幣需要を $L_1 = kY$，投機的動機に基づく貨幣需要を $L_2 = f - gr$ とする。実質貨幣供給量が $(M/P)_0$ のときと，$(M/P)_1 \, (> (M/P)_0)$ のときの均衡長期金利（r）の式を求め，r の変化について論じなさい。

[2] 求めた均衡長期金利の式を利用し，LM 曲線のシフトをグラフに描きなさい。

[3] LM 曲線を説明する際，通常，「長期債券の供給量（長期債券の発行残高）は一定（長期債券の追加発行がない）」という前提が暗黙裡に置かれる。で

は，もしも国が追加的に国債を発行したら，つまり長期債券の供給量が増加
したら，LM 曲線はどのように変化するか。

(解説)

[1] それぞれ，$r = \dfrac{k}{g} Y + \dfrac{f}{g} - \dfrac{1}{g} \left(\dfrac{M}{P}\right)_0$ および $r = \dfrac{k}{g} Y + \dfrac{f}{g} - \dfrac{1}{g} \left(\dfrac{M}{P}\right)_1$ となります。

$(M/P)_0 < (M/P)_1$ で，(M/P) の係数が $(-1/g)$ なので，後者の r は前者の r よりも
低くなることが分かります。

[2] LM 曲線が下に移動することに注意します（グラフは省略）。

[3] 長期債券の供給量が増加すると，長期債券市場の需給関係からその価格は下がり，長
期金利が上昇すると考えらえます。この長期金利の変化は GDP の動きと無関係に生じ
るものなので，LM 曲線は上方に移動します。

　　この結論は重要でしょう。例えば，国が大量の赤字国債を発行したとします。すると，
金融緩和政策で抑え込まない限り，LM 曲線が上方に大きく移動する危険性があります。
第 9 章で見るように，LM 曲線の上方移動は，景気に対してマイナスの影響をもたらし
得ます。

第9章 IS-LM分析

Outline

　第6章のIS曲線で金融市場から実物市場（実体経済）に向けた影響を見ました。長期金利の変化が均衡GDPに与える影響です。他方，実物市場が金融市場へ及ぼす影響，すなわちGDPの変化が，いかに均衡長期金利へ影響を与えるのかを見たのが第8章のLM曲線です。つまり，図9.1のイメージのように実物市場と金融市場は相互に作用しています。この章では，図9.1の相互作用の結果として成立するGDPと長期金利（正確には均衡GDPと均衡長期金利です）を考えていきます。

　ところで第5章では，政府支出（G）の増加が，その支出額以上にGDPへインパクトを与えることを示しました（乗数効果と呼びました）。また第

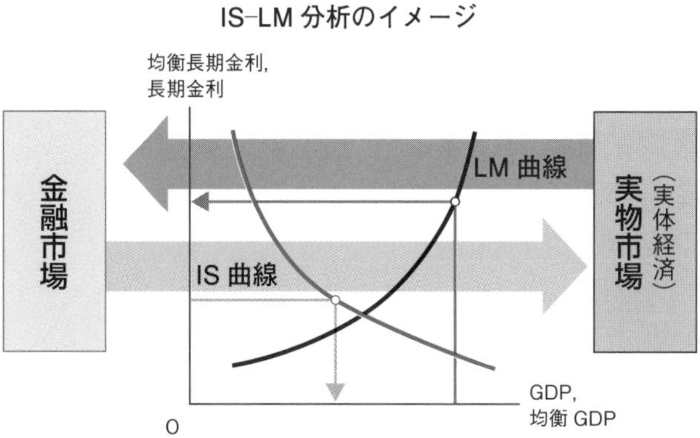

IS-LM分析のイメージ

均衡長期金利,
長期金利

金融市場

LM曲線

実物市場（実体経済）

IS曲線

GDP,
均衡GDP

O

図9.1　実物市場と金融市場の相互作用（イメージ）

8章の最後でも，金融緩和政策が長期金利を低下させることを示しています。ただ，それらの分析では，実物市場と金融市場が互いに**フィードバック効果**を持っているという視点に欠けています。[1]　財政政策や金融政策の影響を見るためには，実物市場と金融市場の両方を立体的に分析しなくてはなりません。本章の IS-LM 分析では，この 2 つの市場を同時に扱い，財政・金融政策が GDP および長期金利に与える影響を分析します。

9.1　実物市場と金融市場の相互作用：IS-LM 分析

● IS-LM 分析の概要

　これまでいくつかの重要な関係を述べてきました。それらを合わせたフローチャートを図 9.2 にまとめます。まず実物市場（財・サービス市場）ですが，①から③の部分を確認してください。それぞれ，

　　①IS 曲線の関係（第 6 章）
　　②投資関数（第 6 章）
　　③有効需要の原理：乗数効果（第 5 章）

に対応しています。また金融市場の④から⑦については，

　　④LM 曲線の関係（第 8 章）
　　⑤流動性選好理論（第 8 章）
　　⑥中央銀行のスタンダードな金融政策の影響（第 7 章，第 8 章）
　　⑦流動性選好理論（第 8 章）

となります。以下では適宜この図 9.2 も参照します。

---

[1] フィードバック効果とは，一方の市場の変化が他方の市場に変化をもたらしたとき，その変化の影響が元の市場に戻ってくるという効果です。

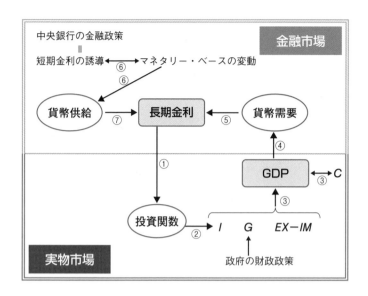

図 9.2　IS-LM 分析の構造

◆ Story 編　GDP と長期金利の均衡

　実物市場と金融市場の関係を理解するために，テニスのラリーをイメージ
すると良いでしょう。一方の人（例えば実物市場です）がボールを打つと，
相手（金融市場です）がそれに反応しボールを打ち返します。すると，今度
はボールを始めに打った人（実物市場です）が反応する。そのような形でラ
リーが続きます。ただテニスのラリーはどこかで終わりますが，実物市場と
金融市場の場合は，ボールのやり取りが 1 つのコースに収束して安定します。

　いま景気が改善し GDP が増加し始めたとしましょう。すると第 8 章で見
てきたように，取引を行うための資金が必要になり（取引動機に基づく貨幣
需要が高まるということです），人々は資金として現預金を多く調達しよう
とします。GDP の増加が金融市場に影響を及ぼすことになります（図 9.2
の④）。

このような資金需要の増加は，長期債券の売却を誘発するでしょう。その結果，長期金利の代表的な指標である長期債券の利回りが上昇を始めます（図9.2の⑤）。一方，金融市場で生じた長期金利の上昇は，今度は実物市場へ戻されます（図9.2の①）。

長期金利上昇に最初に反応するのが設備投資に代表される投資です。長期金利が上昇を始めると，一部の企業は設備投資に慎重になり始めます（図9.2の②）。つまり設備投資にブレーキがかかり，当初のGDPの増加は勢いを弱めます（図9.2の③）。このGDP増加の減速を受けて，再び金融市場は反応します（図9.2の④）。GDP増加の勢いが弱まるにつれて，人々の資金需要の高まりも少しずつ沈静化してくるでしょう。その結果，長期金利の上昇ペースも緩やかになります（図9.2の⑤）。

このようなプロセスを経て，最終的にGDPと長期金利は一定の水準に収束していきます。GDPおよび長期金利の収束した水準が，IS-LM分析における**均衡点**です。

なお以上のストーリーでは，ポイントを明確にするため，2つの市場があたかも順番良く作用し合っているかの様に説明しました。実際の実物市場と金融市場は，このような"きれいなラリー"をする訳ではありません。実物市場が金融市場に影響を及ぼすタイミングと，金融市場が実物市場に影響を及ぼすタイミングは曖昧で，順番良く訪れるというよりも，むしろ同時進行的に生じると言えます。

現実のマクロ経済を細かく考える際，このような問題にも注意を払う必要がありますが，実物市場と金融市場がフィードバックし合っていることに変わりはありません。またいずれにせよ，実際のGDPと長期金利は一定の均衡水準に収束します。この，

GDPは「均衡GDP」に向かい，長期金利は「均衡長期金利」に向かう

ということは十分に留意しておいてください。

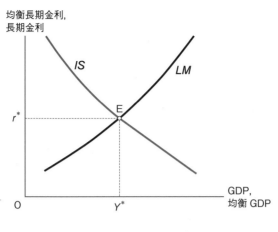

図 9.3　IS-LM 分析のグラフ

　上で説明した GDP と長期金利の均衡点は，図 6.5 の IS 曲線と図 8.4 の
LM 曲線を合わせることで求まります。縦軸に「長期金利」および「均衡長
期金利」を取り，横軸には「GDP」と「均衡 GDP」を取ったグラフを図 9.3
に描きました。図 9.3 は図 6.5 と図 8.4 を重ねたもので，この図によって IS
曲線と LM 曲線は交点を持つことが確認できます。この交点 E が，この経
済における「均衡 GDP」と「均衡長期金利」となります。

　そもそも IS 曲線は，それぞれの長期金利の水準に対応した均衡 GDP の水
準（つまり実物市場で総需要量と総供給量の均衡を与える GDP の水準）を
表しています。また逆に LM 曲線は，実際の GDP に対応する均衡長期金利
（金融市場，特に長期金融市場の均衡を与えるような長期金利の水準）を意
味します。したがって IS 曲線と LM 曲線の交点 E では，実物市場（実物経
済）と金融市場が同時に均衡することになります。実際の経済が E 点の状
態にある限り，実物市場も金融市場もバランスして，GDP も長期金利も安

定します。

 Technical 編の確認問題

[1] 総需要は $Y^D = C + I^D + G + EX - IM$ で与えられる。いま消費関数が $C = b + c(Y - T)$ で，投資関数が $I^D = d - er$ のときの IS 曲線の式を求めなさい。また取引動機に基づく貨幣需要が $L_1 = kY$ で，投機的動機に基づく貨幣需要が $L_2 = f - gr$ とする。実質貨幣供給量を (M/P) として，LM 曲線の式を求めなさい。

[2] 長期金利および均衡長期金利を縦軸に，GDP および均衡 GDP を横軸に取り，そのグラフの中に [1] で求めた IS 曲線と LM 曲線を描きなさい。

（解説）

[1] 消費関数と投資関数を $Y^D = C + I^D + G + EX - IM$ に代入し，$Y^D = b + cY - cT + d - er + G + (EX - IM)$ とした後，$Y^D = Y$ に注意して左辺を r の式に書き換えます。すると IS 曲線が，

$$r = \frac{b - cT + d + G + (EX - IM)}{e} - \frac{1 - c}{e} Y$$

と求まります。また LM 曲線の方は，$M/P = L_1 + L_2$ より，$M/P = kY + f - gr$ と書け，

$$r = \frac{k}{g} Y + \frac{f}{g} - \frac{1}{g} \left(\frac{M}{P}\right)$$

と求まります。

[2] （省略）

9.2 財政政策の効果とクラウディング・アウト

第5章で説明したように，財政政策には GDP を大きく増加させる可能性があります。乗数効果と呼んだものです。ただ第5章における分析では，金融市場への影響および金融市場からのフィードバックを全く考慮しませんでした。以下，実物市場と金融市場の相互作用も考慮した上で，改めて財政政策の効果を考えます。結論としては，金融市場を考慮すると，第5章のケースに比べて財政政策の GDP に与えるインパクトが目減りすることが示され

ます。つまり金融市場からの影響によって乗数効果が弱められます。なお，このように乗数効果のインパクトが目減りすることを「**クラウディング・アウト**」と呼びます。

　いま政府が道路整備などの**公共投資**を行ったとします（政府支出を増加させるということです）。第 5 章で見たように，このことの直接的な効果は乗数効果をスタートさせることです。政府が道路建設等を発注し，その事業を受注した企業が実際に道路建設を始めます。GDP が増加，当該企業の関係者の所得も上昇，この所得の上昇で消費が増えます。その消費の増加が別のところで生産と所得を増やす。このようなスパイラルがスタートする訳で，GDP に強い増加傾向が生まれます。図 9.2 のフローチャートの③の部分です。

　IS-LM 分析では，乗数効果が金融市場に波及する点にも注目します。上記の GDP の増加傾向は，前節でも触れたように金融市場に影響を与えます（図 9.2 の④）。GDP の増加によって貨幣需要（取引動機に基づく貨幣需要です）が高まり，結果，長期金利を引き上げ始めます（図 9.2 の⑤）。そして，この長期金利の変化が今度は実物市場に戻ってきます（図 9.2 の①）。

　長期金利の上昇は，設備投資を中心とした民間投資に対してブレーキとなります（図 9.2 の②）。それまで実行していた投資プロジェクトが，長期金利の上昇を受けて，部分的に実行されなくなるからです。民間投資の総量は減少を始め，そのことが GDP にマイナスの影響，つまりマイナスの乗数効果を引き起こします（図 9.2 の③）。

　当初の公共投資によるプラスの乗数効果は，引き続き GDP を増加させる方向に働きます。ただ，もう一方で民間投資の減少によりマイナスの乗数効果が発生する訳です。このように相反する効果が混在しますが，最終的に当初のプラス効果がマイナス効果を上回り，マクロ経済全体の GDP 自体は増加を続けます。

その後の展開は前節と同じです。GDPの増加は再び金融市場に反映され（図9.2の④），金融市場で長期金利がさらに上昇（図9.2の⑤），その影響が実物市場に戻ってくる（図9.2の①）ということを繰り返します。結果的に，GDPと長期金利は新しい均衡点に収束していきます。

新しい均衡点は，次の特徴があります。

＊GDPは当初に比べて増加している

＊長期金利も当初水準に比べて上昇する

＊長期金利の影響から民間投資は減少する

＊民間投資減少の影響でGDPの増加幅は小さくなる

公共投資（政府支出の増加）によって民間投資が減った点に注目します。この民間投資の減少は，あたかも「公共投資が民間投資を押しのけた」かのようにも見えます。このように，公的な需要によって民間の需要が減る現象を，一般に「**クラウディング・アウト（押しのけ）**」と呼びます。

金融市場も含めて分析したため，公共投資の増加が，経済全体を一様にプラスにする訳ではないことが判明しました。公共投資は，それに関わる人たち，もしくはその乗数効果に関わる人たちには確かにプラスですが，別のところで民間投資を減少させています。つまりマイナスの影響を受ける人たちもいる訳です。このことは，**財政政策**（公共投資等の政府支出の増加）を評価する上で留意しておかなくてはならないことです。

◆ Technical 編　図を用いたクラウディング・アウトの説明

図9.3で示したIS–LM分析のグラフを利用すると，Story編で見た結論が簡潔に確認できます。第6章のIS曲線のところで説明したように，公共投資などの増加によってIS曲線が右方にシフトするのがポイントです。

公共投資つまり政府支出（G）の増加で生じるIS曲線のシフトを，図9.4のグラフに描きました。ISという曲線が政府支出を増やす前の状態で，IS'

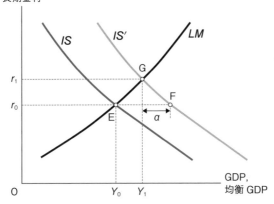

均衡長期金利,
長期金利

IS   *IS'*   *LM*

r_1 .... G

r_0 .... F

E   α

O Y_0 Y_1 GDP,
均衡 GDP

図 9.4　IS–LM 分析：政府支出（*G*）が増加したケース

という曲線が政府支出を増加させたときの状態です。

　図 9.4 によって，政府支出（*G*）を増加させる政策の効果が読み取れます。この政策によって経済の均衡点は E 点から G 点に移ります。均衡 GDP は Y_0 から Y_1 に増加し，均衡長期金利も r_0 から r_1 に上昇します。[2]

　ここで *IS* と *IS'* との差（例えば E 点と F 点の差）は，金融市場を捨象したときの GDP の変化で，第 5 章の乗数効果で求まる GDP の増加量でした。図 9.4 から，均衡 GDP の増加幅（$Y_1 - Y_0$）が，この E 点と F 点の差よりも α 分だけ少ないことも分かるでしょう。つまり α の大きさが，クラウディング・アウトによって生じた GDP の目減り分です。なお経済全体の投資需要（民間の設備投資など）が減少していることは，長期金利が r_0 から r_1 に上昇したことで容易に類推できます。

---

[2] 言うまでもなく，実際の GDP および長期金利も均衡 GDP および均衡長期金利を追いかけるように，それぞれ Y_0 から Y_1 へ，また r_0 から r_1 へと収束します。

[1] 消費関数を $C = 20 + 0.8 (Y - T)$, 投資関数を $I^D = 80 - 100r$, $EX - IM$ $= -10$, 政府支出 $(G) = 80$, 相税 $(T) = 50$ とする。また取引動機に基づく貨幣需要を $L_1 = 0.5Y$, 投機的動機に基づく貨幣需要を $L_2 = 100 - 1000r$, 実質貨幣供給量 $(M/P) = 300$ とする。均衡 GDP および均衡長期金利を求めなさい。

[2] 政府支出 (G) が 10 増えたとき, 均衡 GDP がどれくらい増えるのか計算しなさい。また, そのときのクラウディング・アウトの大きさも求めなさい。

(解説)

[1] 前節の問題で求めた IS 曲線の式 $r = \dfrac{b - cT + d + G + (EX - IM)}{e} - \dfrac{1 - c}{e} Y$ と LM 曲線の式 $r = \dfrac{k}{g} Y + \dfrac{f}{g} - \dfrac{1}{g} \left(\dfrac{M}{P} \right)$ を利用します。2 つの式を連立して, 該当する数値を代入すると,

$$Y = \left[\frac{b - cT + d + G + (EX - IM)}{e} - \frac{f}{g} + \frac{1}{g} \frac{M}{P} \right] / \left[\frac{k}{g} + \frac{1 - c}{e} \right]$$

$$= \left[\frac{20 - 0.8 \times 50 + 80 + 80 - 10}{100} - \frac{100}{1000} + \frac{1}{1000} \times 300 \right] / \left[\frac{0.5}{1000} + \frac{1 - 0.8}{100} \right] = 600$$

$$r = \left[\frac{b - cT + d + G + (EX - IM)}{1 - c} + \frac{f}{k} - \frac{1}{k} \frac{M}{P} \right] / \left[\frac{g}{k} + \frac{e}{1 - c} \right]$$

$$= \left[\frac{20 - 0.8 \times 50 + 80 + 80 - 10}{1 - 0.8} + \frac{100}{0.5} - \frac{1}{0.5} \times 300 \right] / \left[\frac{1000}{0.5} + \frac{100}{1 - 0.8} \right] = 0.1 \, (10\%)$$

と均衡 GDP と均衡長期金利が求まります。

[2] まず政府支出が 10 増えたので, $G = 90$ とおいて [1] と同様に Y を計算します。すると $Y = 640$ と求まり, 均衡 GDP の増分は 40 と計算されます。また第 5 章で説明した乗数は $\dfrac{1}{1 - c} = \dfrac{1}{1 - 0.8} = 5$ なので, クラウディング・アウトが無い場合の増加は 50 となります。したがって, クラウディング・アウトの分は, 50 から 40 を引いた 10 です。

9.3 金融政策の効果

IS-LM 分析を用いると, **金融政策**がいかに景気すなわち GDP に影響を与えるのか分析できます。普通, 中央銀行が金融緩和政策をとると, 長期金利の低下と GDP の増加が生じます。反対に金融引締め政策では, 長期金利が

上昇し GDP は減少します。以下，図 9.2 および IS-LM 分析のグラフを用い
て分析していきます。

◆ Story 編 | 金融緩和政策の影響

　中央銀行が，「短期金利を誘導する」というスタンダードな金融政策を採
用しているものとします。このときの金融緩和政策，つまり中央銀行が短期
金利の誘導目標値を下げたときの影響を見ていきます。

　第 8 章で確認したように，中央銀行が短期金利を下げると必然的にマネタ
リー・ベースは増加します。またその結果，信用創造を通して経済全体の貨
幣供給量が増えるのがポイントです（図 9.2 の⑥）。この貨幣供給量の増加
分は，GDP が変化してモノの取引が活発にならない限り，もっぱら資産運
用にあてられ（貨幣の増加分が投機的動機に基づく貨幣需要で吸収されると
いうことです），長期債券などの資産購入に向かいます。そのため長期債券
の人気が高まり，その価格は上昇，長期金利が低下します（図 9.2 の⑦）。

　金融市場における長期金利の変化は実物市場に影響を及ぼします（図 9.2
の①）。実物市場では，長期金利の低下を受けて設備投資などの民間投資が
活発化するでしょう（図 9.2 の②）。また，この投資の増加はプラスの乗数
効果を引き出し，GDP も徐々に増加し始めます（図 9.2 の③）。

　この段階で「長期金利の低下と GDP の増加」という金融緩和政策の大ま
かな方向性が示されることになります。しかしながら，IS-LM 分析ではこ
の後に生じる金融市場および実物市場の調整までも論じることが可能です。

　実際に GDP が増加を始めると，その影響が今度は金融市場にフィードバ
ックします（図 9.2 の④）。GDP の増加に伴って資金が必要になり（取引動
機に基づく貨幣需要の増加です），一度低下した長期金利が若干ながら上昇
方向に転じる訳です（図 9.2 の⑤）。この変化が実物市場に向かい（図 9.2 の
①），活発化していた民間投資に少しだけ水を差すことになります（図 9.2
の②）。

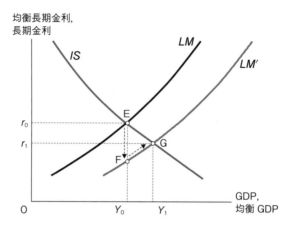

図9.5　IS-LM分析：金融緩和政策（Mの増加）のケース

　以下，9.1節で説明したような調整が始まります。もちろん，このような調整は2次的なもので，当初のGDPの増加傾向を打ち消すほどの力はありません。そのため経済は最終的に，

＊ GDPは当初に比べて増加している
＊ 長期金利は当初水準に比べて低下する

という新しい均衡に収束します。これが金融緩和政策の帰結です。

　金融引締め政策の影響については，貨幣供給量，長期金利，GDP等々の変化に関して，その方向を逆にして読み直せば結果が見えてきます。金融引締め政策によって貨幣供給量が減少し，「長期金利は上昇，GDPの水準は低下」という結論を得ます。

◆ Technical 編　金融政策のグラフによる説明

　財政政策のときと同様，図9.3を利用することで金融政策の影響を確かめられます。Story編と同様に，中央銀行の金融緩和政策で貨幣供給量が増加

したとします。

　第8章で示したように，金融緩和政策はLM曲線を下側に移動させます。その変化を図9.5で描きました。*LM*という曲線が金融緩和政策を行う前の状態で，*LM'*が金融緩和政策を行った後の状態です。均衡点がE点からG点に移動していることが分かります。

　E点とG点を比べると，即座に「均衡GDPの増加と，均衡長期金利の低下」という結論が見て取れます。ちなみにStory編の説明は，暗黙の内に「E点→F点→G点」という動きを想定していました。すなわち最初に長期金利が大きく低下（E点→F点），その後，GDPが増加しながら長期金利も少しずつ上昇していく（F点→G点）というストーリーです。

　なお，金融引締めの効果は，上記の説明と反対に*LM'*から*LM*への上方移動を考えれば確認できます。均衡点がG点からE点になるので，「均衡GDPの減少と，均衡長期金利の上昇」という最終的結論を得ます。

 Technical編の確認問題

[1] 前節と同じように消費関数を $C = 20 + 0.8 (Y - T)$，投資関数を $I^D = 80 - 100r$，$T = 50$，$G = 80$，$EX - IM = -10$ また取引動機に基づく貨幣需要を $L_1 = 0.5Y$，投機的動機に基づく貨幣需要を $L_2 = 100 - 1000r$，とする。このとき実質貨幣供給量（M/P）が300から400に増加すると，均衡GDPと均衡長期金利はどう変化するのか求めなさい。

（解説）

[1] 前節の問題では（M/P）が300のケースを計算しました。そのときの Y と r がそれぞれ600と0.1です。いま（M/P）が400に増加したケースを新たに計算すると，

$$Y = \left[\frac{b - cT + d + G + (EX - IM)}{e} - \frac{f}{g} + \frac{1}{g} \frac{M}{P} \right] / \left[\frac{k}{g} + \frac{1-c}{e} \right] = 640$$

$$r = \left[\frac{b - cT + d + G + (EX - IM)}{1 - c} + \frac{f}{k} - \frac{1}{k} \frac{M}{P} \right] / \left[\frac{g}{k} + \frac{e}{1-c} \right] = 0.02 (2\%)$$

です。当初の均衡GDPと均衡長期金利の値と比較すると，均衡GDPが40だけ増えて，均衡長期金利は8%低下することが分かります。

9.4 金融政策と流動性の罠

　マクロ経済政策は，財政政策にしても金融政策にしても万能という訳ではありません。行き過ぎた経済政策は何らかの形で限界に達します。特に金融政策の場合，過剰な金融緩和によって「流動性の罠」という状態が引き起こされます。流動性の罠とは，景気が低迷しているときに過剰な金融緩和を行うと生じる現象です。すなわち，金融緩和を行い過ぎて長期金利が底を打ってしまう状態を指します。この状態に陥ると長期金利が下がらなくなり，仮に金融緩和を進めても，その効果は実物市場に波及しなくなります。

　一般に流動性の罠の状態における金融政策は，通常の効果が期待できないという意味で無効です。また反対に財政政策は，クラウディング・アウト効果が抑えられるという意味で有効になります。以下，その仕組みを見ていきます。

◆ Story 編　流動性の罠：直観的説明

　金融緩和政策の直接的な効果は，貨幣供給量の増加による長期金利の低下でした。この長期金利の低下が実物市場で投資を活発化させる訳ですが，あまりにも貨幣供給量が増え過ぎると長期金利が底を打ち，ほとんど反応しない状況が生まれます。

　いま金融緩和政策が行われているとしましょう。経済の貨幣供給量が増加する訳ですが，様々なところで手元の流動性（直ぐに使える資金）が増えていきます。ただ第8章や9.3節で見たように，この増えた資金は，景気が実際に良くならない限り，財・サービスなどのモノの購入には使われず，まずは金融資産の購入資金に回されるでしょう。

　このことは，貨幣供給量を際限なく増やしていくと，結果的に大量の資金が代表的金融資産である長期債券に集中することを意味します。つまり長期

債券の需要が高まり，債券価格が高騰，利回りが大きく低下します。

ただ，この債券価格の高騰も無制限に続く訳ではありません。債券価格が高くなり過ぎて，利回りも極端に下がってくると，債券を追加的に購入するメリットが無くなるからです。価格が高過ぎるために "買い控え" が発生するというイメージです。[3] 結果，長期債券の価格は高い状態で膠着してしまい，反対に長期債券の利回り，すなわち長期金利はあたかも底を打ったかのようになります。このような状態のことを「**流動性の罠**」と呼びます。

流動性の罠の状態では，人々が追加的な資金を獲得しても，それを運用するだけの魅力的な債券が存在しません。そのため多くの人は「とりあえず預金（貨幣）のままにして，当面は債券価格が下がるのを待とう」と考えるでしょう。貨幣供給量を増加させても，このような "置いておくだけのおカネ"（積極的な使い道がすぐには定まらない資金ということです）が増えるだけになります。[4]

流動性の罠に陥ったときに金融緩和政策を行っても，その効果が実物市場に伝わらないのは明らかです。そもそも債券の買い控えが発生しているときに，金融緩和で余分な資金を増やしても，その資金が積極的に債券市場に向かうことはないでしょう。長期債券の利回り（長期金利）がさらに低下する余地はなく，結果，実物市場に影響は及びません。

一方，このような状態で財政政策を行うと，9.2 節で説明したクラウディング・アウトが発生せず，理論上，十分に効果を発揮すると考えられます。通常，財政政策は GDP を拡大させ，取引動機に基づく貨幣需要という意味での資金需要を増加させます。貨幣供給量が十分でない場合，この資金需要の増加が長期金融市場までおよび，結果として長期金利を高めました。ただし，流動性の罠に陥っているときには長期金利の上昇が生じません。長期債券を売却しなくとも，そもそも "置いておくだけのおカネ" が大量に存在し

---

[3] 債券価格があまりにも高いので，「価格が下がってくるまで少し様子見する」という人が増えます。

[4] この結論が出てくる理由の一つとして，金融資産に貨幣と債券しか想定していないことが挙げられます。例えば，株式のような危険資産も同時に考慮すると，結論は修正されます。この節の Technical 編の確認問題も参照してください。

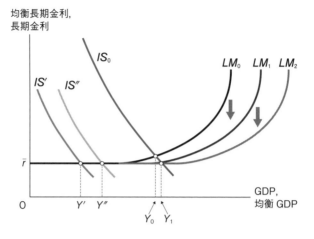

均衡長期金利,
長期金利

IS_0

IS' IS''

LM_0 LM_1 LM_2

$\bar{r}$

O Y' Y'' Y_0 Y_1

GDP,
均衡 GDP

図 9.6　流動性の罠のイメージ

ているので，それによって取引動機に基づく貨幣需要の増加が，余裕をもっ
て賄われるからです。

◆ Technical 編　流動性の罠：グラフによる確認

　図 9.6 に流動性の罠が発生するイメージを描きました。金融緩和によって
貨幣供給量が増えていくと，LM 曲線が LM_0 から LM_1，LM_2 というように
下方に移動していきます。ただし長期金利には下限（$\bar{r}$ で表しています）が
存在するので，[5] LM 曲線が下方に変化すればするほど水平な部分が拡大し
ていきます。この LM 曲線の水平な領域が流動性の罠の領域です。
　まず，IS 曲線が一番右の IS_0 で与えられたケースを見ます。このとき金融
緩和によって，最初のうちは（LM_0 が LM_1 に変化するまでのうちは）均衡

---

[5] 2020 年前後の日本やドイツなどのような特別なケースを除いて長期金利はマイナスの値を取らない
と考えます。したがって，長期金利に下限が存在するというのは一定の合理性があります。なお短期
金利の場合，政策的な意図によって，もしくは短期金融市場の混乱などによって，容易にマイナス金
利が発生するので注意が必要です。

GDP が Y_0 から Y_1 へ増えるでしょう。しかし緩和を進めて LM 曲線が LM_1 から LM_2 に向かっても，もはや GDP の値は Y_1 のままで増加しません。つまり IS_0 の場合，LM_1 以上に金融緩和が進むと流動性の罠に陥ることになります。

また経済が，一番左の IS 曲線（IS' です）と LM 曲線の水平部分との交点にあるとします。当初より流動性の罠に陥っているケースです。このとき財政政策を行って IS 曲線が真ん中の IS'' にシフトする場合を考えます。当初の GDP は Y' ですが，財政政策の結果，Y'' に増加します。このとき金利が $\bar{r}$ のままで上昇していないことがポイントです。確かに 9.2 節で説明したクラウディング・アウトは発生しません。

以上，流動性の罠に陥ると，

> ＊金融政策は直接 GDP に影響を与えられないという意味で無効
> ＊財政政策はクラウディング・アウトがないという意味で効果的

と言えます。

さらに LM 曲線が下方に移動していく過程と，また 3 つの IS 曲線と LM 曲線の交点を比較することで，次のことも分かります。

> ＊金融緩和を進めることで流動性の罠の領域が広がる
> ＊もともと GDP の水準が低いほど流動性の罠に陥りやすい

 Technical 編の確認問題

[1] 経済が流動性の罠に陥っているとき，追加的な金融緩和で貨幣供給量を増やすと，金融市場では実際に何が生じるのか。より現実的な視点も取り入れて議論しなさい。

[2] 流動性の罠に陥った場合，金融政策が GDP に影響を与える可能性は全く無いのか。上の [1] の議論も踏まえて，GDP が変化する可能性を考察しなさい。

（解説）

[1] IS-LM 分析で想定している資産は，長期債を中心とした債券だけです。そのため，流動性の罠に陥って債券利回りが底を打つと，債券購入におカネが向かわない分，"置いておくだけのおカネ" が増えるという結論になりました。ただし現実には様々な資産があります。したがって，例えば株式などの危険資産に "置いておくだけのおカネ" が向かうことも十分に考えられるでしょう。つまり株式などの危険資産の市場に資金が流れて，それらの価格が釣り上がっていく可能性も実際にはあります。

[2] 流動性の罠のとき，[1] のところで言及したように，金融緩和によって増加した貨幣が株式市場などに向かう可能性もあります。もしもそうならば，金融緩和によって株価が上昇をはじめるでしょう。この株価の上昇は，結局，株を保有している人の資産総額を高めます。第5章の5.2節の確認問題でも触れましたが，この資産総額の高まりが消費を増やし，結果 GDP を増加させる可能性があります（資産効果です）。他には，金融緩和によって人々のマインド（気持ち，気分）に影響を与えるかもしれません。もしも金融緩和が本当に人々の景気に対する見方を良い方向に変えるのならば，5.2節の確認問題でも触れたように，人々の財布の紐が緩むこともあり得ます。

　　以上の様に，流動性の罠に陥ったときでも，金融緩和政策は一定のプラス効果をもたらすと考えられます（いわゆるアベノミクスで成された異次元の金融緩和政策には，このプラス効果が有ったとも言われます）。しかしながら，その様な状況で金融緩和政策を際限なく続けたらどうか。有り余ったおカネは，さらなる危険資産や実態の伴わないモノへの投機にも向かい始めるでしょう。時にはバブルを生むかもしれません。資産市場全体が不安定化し，実体経済にマイナスの影響が及ぶ可能性も出てきます。

第10章 国際マクロ経済学

Outline

　この章では，海外との貿易および資本取引の影響を IS–LM 分析のフレーム（マンデル・フレミング・モデル）の中で考察します。マンデル・フレミング・モデルとは，IS–LM 分析に国際的な財・サービスおよび資金の取引を加味したもので，このモデルによって財政・金融政策に関する新しい視点が得られます。

10.1　為替レートと貿易収支

10.1.1　為替レートの基本

　為替レートは，貿易だけでなく国際的な金融取引の際にも重要な役割を担います。自国通貨（例えば日本ならば円です）と外国通貨（アメリカをイメージするのならば米ドルです）の交換比率が為替レートです。「名目為替レート」，「実質為替レート」，「実効為替レート」という概念が使われています。

◆ Story 編　**為替レートの考え方**

　日本とアメリカの間で自動車を売買することを考えます。日本に住んでいる人がアメリカの自動車を購入するとき（輸入するとき），まず自分の持っているおカネ（日本円）をドルに交換しなくてはなりません。また日本の自

動車をアメリカで販売すると，その販売収入は基本的にドルです。つまり，アメリカで自動車などのモノを販売した場合は（輸出した場合です），普通，販売収入で得たドルを日本円に交換する必要があります。

　為替レートとは，これらドル（外国通貨）と日本円（自国通貨）の交換比率を意味します。通常，「1 ドル何円」と表示される点に注意してください。例えば「1 ドル 100 円」とか「1 ドル 120 円」（「100 円／＄」とか「120 円／＄」とも書きます）という感じです。

　なお「1 ドル 100 円」から「1 ドル 120 円」に変化したときに円安・ドル高と呼びます。100 円／＄ならば，100 円玉 1 枚で 1 ドル札 1 枚が購入できますが，120 円／＄になると 1 ドルに 120 円を出さなくてはなりません。つまりドルの値段が上がった訳で，逆に捉えると円の "価値" が下がったことになります。円安とは円の価値の低下を意味します。また反対に「1 ドル120 円」から「1 ドル 100 円」に変化したとき，円高・ドル安と呼びます。

　さて，日本では自動車が 1 台 200 万円だが，アメリカでは全く同じタイプの自動車が 2 万ドルだとします。なお，以下では輸送費や税金などの問題は捨象します。このとき「1 ドル 100 円」が成立しているとします。日本の自動車とアメリカの自動車では，どちらが "割安" でしょうか。

　比較のために，全て日本円に換算します。ちなみにドル表示（「ドル建て」とも言います）のモノは，「1 ドル何円」で表した為替レートを掛けることで円単位に換算できます。つまり，

　　日本車：200 万円
　　アメリカ車：2 万ドル ⇒ 2 万ドル ×「100 円／＄」＝ 200 万円

となります。この場合，アメリカ車の価格も日本円で 200 万円になり，両方とも同じ "値段" とみなせます。

　次に為替レートが，円安・ドル高で「1 ドル 120 円」になったとします。

日本車：200 万円

アメリカ車：2 万ドル ⇒ 2 万ドル × 「120 円 / ＄」＝ 240 万円

となるので，今度はアメリカ車が 240 万円と割高に，相対的に日本車が割安
になります。つまり円安は，アメリカのモノと比べて日本のモノを割安にし
ます。

　以上のことから，円安・ドル高は，アメリカのモノの価格が上昇した場合と
同じ効果を持つことが分かります。上の例なら，「1 ドル 100 円で，アメリ
カ車の単価が 2.4 万ドルに値上がりした」というケースと本質的に同じです。

◆ Technical 編　**名目為替レート，実質為替レート，実効為替レート**

　いま為替レートを「e 円 / ＄」とします。その上で，まず以下の関係に気
を付けてください。

$$e \uparrow [\downarrow] \Leftrightarrow 円安 [円高]$$

この「e」はテレビなどで普通に見聞きする為替レートのことで，「**名目為替
レート**」と呼ばれたりもします。一方「**実質為替レート**」という概念もあり，
それは各国の物価水準で調整された為替レートと定義されます。具体的に実
質為替レートの意味を確認するため，次のケースを見ます。

　いま日本のモノの価格が P 円でアメリカのモノの価格を P^f ドルとします
（f：Foreign）。したがって日本のモノとアメリカのモノの価格は，それぞれ，

　　日本のモノ：P（円）

　　アメリカのモノ：P^f（ドル）⇒ eP^f（円）

です。Story 編で見たように，円安（つまり e の上昇）によってアメリカの
モノの価格（eP^f）は上がり，円高（e の低下）でアメリカのモノの価格（eP^f）
は低下します。

ここで日本のモノの価格とアメリカのモノの価格を比べて，「どちらが割安で，どちらが割高なのか」を考えます。このとき次のような指標が便利です。

$$\varepsilon \equiv \frac{eP^f}{P}$$

実はこの指標が「実質為替レート」です（ε：イプシロン）。実質為替レートが高まると「アメリカのモノが割高で日本のモノが割安になる」と言えます。逆に低くなると「アメリカのモノが割安で日本のモノが割高になる」と考えます。実質為替レートは，いわば「2つの国のモノを比べたとき，どちらが割安か」を示す総合的指標と言えます。

このように，実質為替レートは通貨の交換レートではありません。むしろ自国財と外国財の交換レートと考えると良いでしょう。Story 編の自動車の例で見ると，実質為替レートが1なら，日本車10台でアメリカ車10台が交換できます。また，実質為替レートが1.2となったら，アメリカ車10台を得るために，日本車12台が必要となります。ちなみに，自国財1単位に対して何単位の外国財が相当するのかを表すものとして**交易条件**という指標がありますが，これは実質為替レートの逆数で定義されます。

なお「**実効為替レート**」という概念もあります。通常の為替レートが日本円と米ドルというように2国間の通貨を問題にしているのに対し，実効為替レートとは，ある国の通貨とその他の通貨全体との関係に注目した指標です。例えば「日本円・米ドル」の為替レートだけでなく，「日本円・ユーロ」や「日本円・英国ポンド」，「日本円・豪ドル」等々，各国通貨との為替レートを全体的に集計することで作成されます。[1]　この実効為替レートが円高に向かうときに，「世界経済における円の価値が上がった」と言えます。[2]

---

[1] 「**実質実効為替レート**」という概念もあります。実質為替レートも日本とアメリカという2国間で考えますが，それを実効為替レートと同じように，日本と他の国全体というように集計したものです。「世界全体における日本のモノの割安感」を表す指標と言えます。

[2] 仮に米ドルに対して円高・ドル安になったと言っても，それだけでは本当に円の価値が上がったのか，それとも単にドルの価値が下がったのか判断できません。

Technical 編の確認問題

[1] 名目為替レート e の低下（円高・ドル安）はドルに比べて円の価値が上がったと解釈される。それでは実質為替レート（ε）が低下した場合，どのように解釈できるのか考えなさい。

（解説）

[1] 名目為替レート（e）が円高・ドル安になれば（e が低下すれば），もちろん実質為替レート（ε）の数値も低下します。ただ逆に，実質為替レート（ε）の数値が低下したからと言って，必ずしも円高・ドル安とは結論付けられません。ドルに対する円の価値が変化しなくても，例えば日本の物価水準（P）が上昇すれば，実質為替レート（ε）の数値は低下するからです。したがって，実質為替レート（ε）の低下は，「日本（のモノ）高・米国（のモノ）安」が生じたと解釈するべきでしょう。

10.1.2 貿易収支（純輸出）を変化させる要因

◆ Story 編　純輸出の変化と為替レート

輸出（*EX*）から輸入（*IM*）を引いたものが**純輸出**（*NX*）です。[3]　つまり，

$$\text{純輸出（NX）} \equiv \text{輸出（EX）} - \text{輸入（IM）}$$

です。「貿易収支が黒字」とは純輸出がプラスで，「貿易収支が赤字」とは純輸出がマイナスを意味します。また，純輸出が増加するとき「貿易収支は黒字方向に向かう」と言い，純輸出が減少するとき「貿易収支は赤字方向に向かう」と言います。

　自国の景気が良くなると海外からモノを購入する分が増えるので，輸入（*IM*）は増加します。したがって純輸出は減り，貿易は赤字方向に向かいます。一方，海外の景気が良くなると，自国製品も多く売れるようになります（輸出（*EX*）が増えます）。純輸出は増加し，貿易は黒字方向に向かいます。

　以上，景気の指標として GDP を取ると，次のようになります。[4]

---

[3] *NX* は純輸出（Net Export）を省略して書くときの記号です。

自国の GDP ↑ [↓] ⇒ 純輸出 (NX) ↓ [↑] ≡ 貿易は赤字 [黒字] 方向

外国の GDP ↑ [↓] ⇒ 純輸出 (NX) ↑ [↓] ≡ 貿易は黒字 [赤字] 方向

　純輸出は為替レートからも影響を受けます。上で見たように，円安・ドル高（e の上昇）になって実質為替レートの値（ε）が上昇すると，自国のモノが相対的に割安，かつ外国のモノが相対的に割高になります。したがって外国でモノを売ること（輸出（EX））が有利に，また外国のモノを購入すること（輸入（IM））は不利になります。

　結果，輸出（EX）が増えて輸入（IM）は減少，純輸出（NX）が増加します。なお，反対に円高・ドル安（e の低下）となった場合は，実質為替レート（ε）が下がり純輸出も逆の方向に動きます。以下の通りです。

円安 [円高] ⇒ 実質為替レート (ε) ↑ [↓] ⇒ 純輸出 (NX) ↑ [↓]

◆ Technical 編　J カーブ効果

　円安が純輸出に与える影響は，実は上のように単純ではなく，「J カーブ効果」が出現するという意見もあります。J カーブ効果とは，「円安の純輸出に対する影響が時間の経過とともに J の形になる」というものです。[5]　このJ カーブ効果を説明するため，純輸出を数量と価格に分けて再度確認します。

　話を簡単にするため輸出品は自動車だけ，輸入品は原油だけの状況を想定しましょう。このとき，

---

[4] 「自国の GDP が増加するとき，増えた生産量の一部が輸出に向かうので，GDP の増加は NX の増加に結び付くのでは？」と考えがちですが，因果関係が逆なので注意してください。輸出（海外の需要）が増加するので自国の生産（GDP）も増える訳で，ここでは，自国の GDP の変化が輸出（海外の需要）に直接影響を与えるとは考えません。

[5] この効果は，近年，それほど顕著に観測されていません。しかし，貿易収支の変化を考える際のベンチマークとして，未だ，重要性は低くはないと言えます。J カーブ効果が顕著でなくなってきている理由については，この節の確認問題を参照してください。

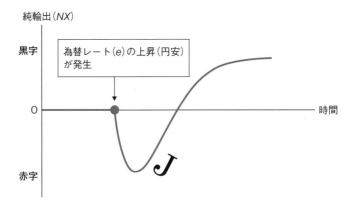

図 10.1　J カーブ効果

輸出財の数量：X（台）　　　　輸出財の価格：P（円 / 台）

輸入財の数量：M（バレル）　輸入財の価格：P^f（ドル / バレル）

為替レート（名目為替レート）：e（円 / ドル）

としSS。ここで輸出財の価格が自国通貨建て（円建て）である一方，輸入財の価格を外国通貨建て（ドル建て）としている点に注意してください。

　輸出金額（名目輸出量）が PX で，円換算にした輸入金額（名目輸入量）は eP^fM と表されます。つまり，名目純輸出は「$PX - eP^fM$」です。実質の純輸出は，この値を自国の輸出財価格で割ることで求まります。

$$NX \equiv X - \frac{eP^f}{P} M = X - \varepsilon M$$

この式をもとに為替レートの変化と純輸出の変化を再検討します。

　いま，名目為替レートが円安になった（$e \uparrow$）とします。すると実質為替レート（ε）が高まりますが，この ε の変化が純輸出 NX に 2 つの効果を与えます。

　第 1 は ε が上がるため εM の数値を大きくする効果で，第 2 は Story 編で見たように，輸出数量 X を増やし輸入数量 M を減らす効果です。つまり，

$$① \ (e \uparrow \Rightarrow) \ \varepsilon \uparrow \Rightarrow \varepsilon M \uparrow \Rightarrow NX \downarrow$$
$$② \ (e \uparrow \Rightarrow) \ \varepsilon \uparrow \Rightarrow \lceil X \uparrow \& M \downarrow \rfloor \Rightarrow NX \uparrow$$

と書けます。①は「円安になったので原油の輸入金額が膨らみ，貿易収支が赤字方向に向かった」という効果です。一方，②は「円安になったので自動車の輸出台数が増え，かつ原油の輸入量を減らした。結果，貿易収支が黒字方向に向かった」と言う効果を意味します。

これら純輸出 NX に対する円安の相反する効果について，多くの場合，

①の効果は短期的な現象で，一定の時間の経過で②の効果が上回る

と想定します。[6] この想定によって「円安は貿易収支を短期的に赤字方向に向かわせるが，時間の経過とともに黒字方向に変える」という結論が得られます。

図 10.1 にイメージを描きました。このイメージが示すように，時間の経過に従って，貿易収支の方向は「J」の形を描くでしょう。そのため，円安（自国通貨安）に伴なう以上の現象を「Jカーブ効果」と呼びます。

> ### ➡ Technical 編の確認問題
> [1] 近年の日本では，これまで輸出を牽引していた産業（自動車産業など）が海外の現地生産にシフトしているため，円安になっても輸出が伸びないという意見がある。もしもそうならば，Jカーブ効果はどうなるのか考察しなさい。
> [2] Jカーブ効果の説明では，「輸出財は自国通貨建て，輸入財は外貨建て」との前提を置いた。しかし，国内の企業がアメリカに製品を輸出する際，それを受け入れるアメリカ側の企業とドル建て契約を結ぶことも普通にある。つまり，輸出財をドル建てというケースが珍しくない。このようなケースが主流になったとき，Jカーブ効果はどうなるか考察しなさい。

---

[6] ②の効果が①の効果を上回るためには数学的な条件が必要です。その条件のことを「マーシャル・ラーナー条件」と言います。

（解説）

[1] 輸出先の国に生産工場などを建て，そこで製品を生産し，かつ現地で販売することを「現地生産」と呼びます。この場合，日本国内で生産し当該国に輸出するケースと比べて，為替レートの影響は少なくなります。そのため現地生産が進むと，円安でも輸出が伸びなくなる可能性が出てきます。つまりＪカーブ効果のところで見た②の効果は，時間が経過しても現れないかも知れません。Ｊカーブ効果的な現象は発生せず，①の効果（貿易収支を赤字方向に向かわせる効果）が残り続けることもあり得ます。

[2] 例として，日本酒を１本50ドルでアメリカに輸出する企業を考えます。この企業のアメリカにおける売上本数（つまり輸出量）は，為替レートからの影響を受けません。円安であろうと円高であろうと，１本50ドルで決まっているからです。しかしながら，日本円に換算した売上額（つまり輸出額）は，為替レートの影響を直接的に受けます。為替レートが100円／＄から120円／＄へと円安になれば，輸出した日本酒の円換算の単価は，5000円から6000円に上昇します。仮に1000本輸出しているのならば，この円安で100万円ほど輸出額が膨らみます。ちなみに，「円安は輸出産業が恩恵を受ける」と言われますが，多くの場合，この効果も念頭に置かれています。

　　ドル建て契約のとき円安でも輸出量に影響しないという点は，Ｊカーブ効果における②の効果を弱めます。また，円安で輸出額が膨らむという点は，①の効果を打ち消す方向に作用します。どちらもＪカーブ効果を曖昧なものにします。

10.1.3　為替レートの決定：簡単なアセット・アプローチ理論

　通常，為替レートは**外国為替市場**における需要と供給で決定されます。例えば円からドルに換えたいという人が多ければ（円の供給が多く，ドルの需要が高いと言うことです），ドルの価格が上がります。円安・ドル高です。反対にドルから円へ交換したいと考えている人が多いと（ドルの供給が多く，円の需要が高いと言うことです），円の価格が上がります。円高・ドル安です。

◆ Story 編　**アセット・アプローチの概要**

● **自国通貨と外国通貨の需給を変化させる要因**

　外国為替市場では，どのようなときに円や外貨に対する需要が変化するの

か考えていきます。円の需要や外貨の需要が変化する要因として，普通，2つのことが取り上げられます。

　一つは貿易の影響です。先に見たように，貿易黒字が膨らむと，海外で稼いだおカネ（外貨）を円に交換しようとする量が多くなります。円の需要（外貨の供給）が増えます。一方，貿易赤字が膨らむと，海外のモノを購入するために，円から外貨に交換する量，つまり外貨の需要（円の供給）が増えます。

　もう一つは国際的な資産取引の影響です。海外の資産で資金を運用しようとする人（外貨建て金融資産を購入しようとする人）が増えると，手持ちの円を外貨に交換する動きが活発になります。つまり，外貨の需要（円の供給）が増えます。反対に国内の資産で資金を運用しようとする人が増えると，海外の資金が国内に向かうので，外貨から円に交換しようという動きが強くなります。円の需要（外貨の供給）が増えます。

●アセット・アプローチ

　以下では，貿易の為替レートに与える影響は相対的に小さく，もっぱら国際間の資産取引の状況が為替レートを左右するものと考えます。このような考え方を「アセット・アプローチ（Asset Approach）」と呼びます。近年，外国為替市場で行われている取引のほとんどが，国際的な資産取引を目的としたものです。[7]　したがって，外国為替市場における円や外貨の需給を考える場合は，貿易の影響を考慮せずに国際間の資産取引の影響を重視します。

　ここでは，一番簡単なアセット・アプローチの理論を考えます。いま国際的な資産取引が自由に行えるものとし，資金を運用する人は国内でも海外でも有利な方を選択するものとします。

---

[7]　2021年の輸出および輸入金額を合わせた"年間"の貿易総額は167.9兆円（財務省貿易統計）です。一方，2021年中の東京外国為替市場の"1営業日当たり"平均取引額はスポットとスワップを合わせて540億ドル（日本銀行金融市場局）。この数字は，例えばドル100円で換算すると，東京外国為替市場だけで1日約5.4兆円になります。全為替取引金額に占める貿易関連取引の金額が，いかに少ないものかが分かります。

例えば日本の金利が1％のとき，アメリカの金利が3％になったとします。もちろん将来の為替レートの予想などにも関連しますが，この場合，アメリカで資金を運用しようとする人は増えるでしょう（国内からアメリカへ資金が流出します）。アメリカの資産を購入するため，日本円からドルに交換する量が増えます。ドルの需要（円の供給）が高まり，円安・ドル高となります。

　反対に日本の景気が改善して，長期金利が4％まで上昇し，かつアメリカの長期金利は2％に落ちたとします。このとき国際間の資金移動は逆の方向に向かいます。日本で運用しようと考える人が増え（国内に資金が流入します），ドル（外貨）から円に換えようという動きが活発になります。円の需要（ドルの供給）が上昇し，円高・ドル安となります。

◆ Technical 編　**簡単なアセット・アプローチのまとめ**

　より具体的かつ現実的なケースを考える場合は，各国の金利差以外の要素も十分に考慮すべきです。ただ，実際の国際間の資金移動でも各国の金利の高低は主要要素の一つです。以下では自国の長期金利を r，外国の長期金利を r^f と置きます。この記号を使って Story 編の話をまとめます。

$r > r^f \Rightarrow$ 海外から資金流入（円の需要↑）$\Rightarrow e \downarrow$（円高・外貨安）
$r < r^f \Rightarrow$ 海外へ資金流出（外貨の需要↑）$\Rightarrow e \uparrow$（円安・外貨高）

　　　　Technical 編の確認問題
［1］各国の金利差以外で国際間の資金移動に影響を与える要因を考えなさい。

（解説）
［1］為替レートの安定性や将来の為替レートの予想・期待，それぞれの国における国債などの金融資産の信用力や流動性（すぐに売却・換金できるのかどうかということです），さらには政治的安定性等々の要因が考えられます。

10.2 マンデル・フレミング・モデル
: 変動為替相場制度

　前節の話と IS-LM 分析をつなげることで，典型的な「マンデル・フレミング・モデル」が出来上がります。この節では，自国の経済規模が相対的に小さく，自国の動向が海外の金利などに影響を与えないものとします。つまり，「小国の仮定」と呼ばれる仮定をおきます。[8]

　また，この節では「**変動為替相場制度**」を前提にします。変動為替相場制度とは，通貨の需要と供給に合わせて自由に為替レートが決まってくる制度で，多くの先進国が採用しているものです。なお自国の GDP および外国のGDP の変化は，通常，純輸出に影響を与えます。ただし，ポイントを絞るため，以下では，GDP の純輸出に与える影響を考慮しないことにします。

● モデルのポイント

　分析のポイントは次の通りです。まず為替レートは，前節で説明したように，外国と自国の金利差から影響を受けます。また，国内の物価水準（P）も外国の物価水準（P^f）も一定と想定します。そのため，為替レートの変化は実質為替レートを直接的に変化させ，結果，純輸出に影響を与えます。最後に，GDP と金利（長期金利）は IS-LM 分析の枠組みで決まります。以上，3 つのポイントをまとめておきます。

①為替レートの決定：$r > [<] \, r^f \Rightarrow e \downarrow [\uparrow]$
②純輸出（NX）の決定：$e \downarrow [\uparrow] \, (\Rightarrow \varepsilon \downarrow [\uparrow]) \Rightarrow NX \downarrow [\uparrow]$
③国内の（長期）金利と GDP の決定：IS-LM 分析

---

[8] 自国は海外から強く影響を受けるが，自国の動きが海外の経済にフィードバックすることはないということです。

10.2.1 基本ケース

◆ Story 編 自国金利と外国金利：変動為替相場のケース

　以上の設定のもと，自国の長期金利（r）が，結果的に外国の長期金利（r^f）によって規定されることを示します。次のような思考実験を行いましょう。まず，何かのショックで自国の長期金利（r）が上昇したとします。すると，多くの人は国内で資金運用した方が有利と考え，国内に資金が流入し始めるでしょう。つまり自国通貨に対する需要が高まり，自国通貨高の傾向が生まれます（①の効果です）。

　この自国通貨高は，外国のモノに比べて自国のモノを割高にします。つまり輸出が減少し，輸入が増えます。純輸出 NX の減少です（②の効果です）。輸出の減少は国内で作られるモノが売れなくなることを意味し，輸入の増加は国内で作られるモノの代わりに外国のモノが買われることを意味します。いずれも国内のモノの需要を減らします。

　国内の景気は徐々に冷めていき，それに合わせて，当初高かった国内の長期金利にも低下傾向が生じます（③の効果です）。このようにして国内の長期金利（r）は低下を始め，最終的に外国の長期金利（r^f）と等しい水準に達します。

◆ Technical 編 自国金利と外国金利：グラフによる確認

　IS-LM 分析のグラフを用いて再度確認します。図 10.2 では IS 曲線と LM 曲線に加えて，外国の長期金利の水準（r^f）も水平線 RR で表します。

　いま経済が A 点にあるとします。このときの国内の金利は r_1 で，r^f よりも高い状態です。そのため，Story 編で見たように①の効果が働き，為替レート e の値が下がります（自国通貨高です）。それを受けて，②の効果から純輸出 NX（$\equiv EX - IM$）が減少します。

　第 6 章で触れたように輸出および輸入の変化は IS 曲線のシフトをもたら

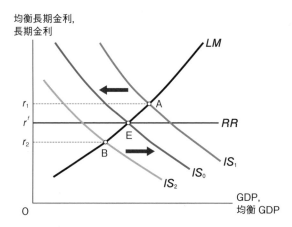

図10.2 マンデル・フレミング・モデル（変動為替相場制）：基本ケース

します。純輸出が減少したときは IS 曲線が左方シフトすることになるので，結局，IS 曲線は IS_1 から IS_0 へ向かうことになります。結果，経済も E 点に移動して自国の金利は外国の金利（r^f）と等しくなります。

　なお国内の長期金利が外国の金利（r^f）よりも低いときは，以上の話の動きを反対にします。経済が B 点にあり，国内の金利が r^f よりも低い状態（$r = r_2$）とします。すると海外に資金が流出して，自国通貨安が生じます。そのため輸出が活発になり，他方で輸入は減少し，純輸出は増加します。IS 曲線が右方にシフトするので（IS_2 から IS_0 へ向かいます），結果，経済はやはり E 点に収束して金利も外国の金利（r^f）と一致します。

 Technical 編の確認問題

[1] アメリカが大胆な金融緩和を行ったとする。スイスの経済にどのような影響が出るか分析しなさい。なお，スイスはこの節で想定した「小国」と仮定する。

（解説）

[1] まず，アメリカの金利が大きく低下するので，スイスの金利が相対的に高くなります。

結果，スイスに世界から資金が流入してスイスフラン（スイスの通貨です）を高くします。このスイスフラン高は，スイス経済にマイナスの影響を及ぼします（上で見たIS曲線の左方シフトが発生するということです）。なお2000年代の終わりに導入したアメリカの量的緩和政策で，実際にスイスフランが高くなり，スイスの中央銀行はその対策に追われることになりました。

10.2.2 変動相場制度下における財政政策の影響

◆ Story編　概　要

　基本ケースを確認したので，ここでは**財政政策**の効果を分析します。いま公共事業などで政府支出（G）を増加させたとしましょう。このときの最初の効果は，通常のIS-LM分析で見てきたように，乗数効果を伴いながらのGDPの増加と，それによって引き起こされる国内の長期金利の上昇です。

　ここではIS-LM分析の結論に，「国内の金利の変化が国際間の資金移動を引き起こす」という観点を加えます。つまり国内の長期金利の上昇は，海外から国内への資金流入を引き起こし，自国通貨高を生み出します。

　この自国通貨高によって輸出産業はマイナスの影響を受け，かつ輸入品の価格が下がるので国産製品の需要も減少します。つまり純輸出が減少し国内の景気にマイナスの影響を与えます（GDPを下げる力が働くということです）。当初の政府支出の増加でもたらされたGDPの増加は，この自国通貨高がもたらすマイナスの影響によって最終的に相殺されます。

◆ Technical編　グラフによる分析

　図10.3で確認します。当初，経済がA点で均衡していたとします。政府支出（G）の増加はIS曲線を右方にシフトさせ（IS_0からIS_1へのシフトで，図中の①の動きです），経済をいったんB点へ向かわせます。ただ，その際に生じる長期金利の上昇がポイントです。

　長期金利の上昇は自国通貨を高くし，結果，純輸出NXが減少，IS曲線

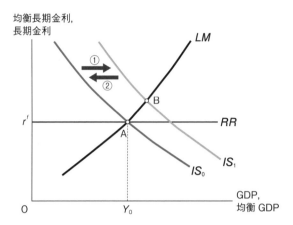

均衡長期金利,
長期金利

LM

① →
← ②

r' ─────────────── *RR*

B

A

IS_0

IS_1

O Y_0

GDP,
均衡 GDP

図 10.3　マンデル・フレミング・モデル（変動為替相場制）：財政政策の効果

を引き戻す力となります（左方へシフトさせる力が働くということで，IS_1 は IS_0 の方へ引き戻されます。図中の②の動きです）。最終的に IS 曲線は海外の金利と国内の金利が等しくなるところ（IS_0 のところ）まで戻り，GDP も当初の水準から変化しません。財政政策は効果がないという結論を得ます。

 Technical 編の確認問題

［1］変動為替相場制を前提にしたマンデル・フレミング・モデルでは，財政政策が "無効" とされる。そのことをもって財政政策の影響は全くないと言えるのか。議論しなさい。

（解説）

［1］確かに（少なくとも理論上）GDP の水準は変わりません。ただ，GDP の構成が変化していることを忘れてはなりません。財政が拡大（G が増加）する一方で，通貨が高くなった分，純輸出（$EX - IM$）は減少しています。このことは，国内における内需型産業と外需型産業の生産構成に，大きく影響を与えるでしょう。

10.2.3 変動相場制度下における金融緩和政策の影響

◆Story編 概 要

　金融政策は財政政策のケースと対照的な結果をもたらします。IS-LM分析における金融緩和政策の効果は，長期金利の低下とGDPの増加でした。長期金利の低下で国内の投資需要（設備投資など）が高まり，景気を拡大させた訳です。ただ国際間の資金移動を考慮すると，この結論に純輸出の変化が加わります。

　長期金利の低下は，投資需要を高める以外に，国内から海外への資金流出の動きも生み出します。そのため，外国為替市場で自国通貨が売られ自国通貨安となります。いわば金融緩和政策が引き起こした自国通貨安です。

　この自国通貨安は純輸出を増加させ，景気の拡大に拍車をかけます。もちろんGDPの増加で長期金利は徐々に上昇へ転じ，当初活発だった設備投資などに関してはブレーキもかかるでしょう。ただ自国通貨安による純輸出の影響は結果的に残り，最終的にGDPを大きく増加させます。

◆Technical編 グラフによる分析

　金融緩和政策はLM曲線を下方に移動させます。図10.4ではLM_0からLM_1への動きで表しました（図の①です）。均衡点はA点からB点に変わり，国際間の資産取引を考慮しないケースなら，長期金利の低下とGDPの増加がもたらされます。

　ただし，ここでは金利の低下が海外への資金流出を引き起こす点にも注目します。この資金流出のため為替レートは自国通貨安となり，結果，純輸出を増加させます。IS曲線が右方シフトすることになります（図の②です）。

　IS曲線のシフトはIS_1のところまで続くでしょう。また経済がIS_1とLM_1の交点Cに達したとき，国内の長期金利も海外の金利（r^f）と同じ水準になり，「資金流出とそれに伴う円安」という流れが止まります。均衡GDPはA

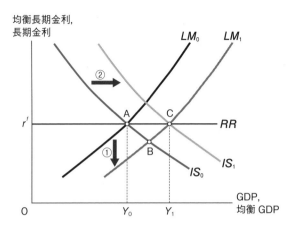

図10.4　マンデル・フレミング・モデル（変動為替相場制）：金融政策の効果

点の水準から C 点の水準に大きく増加することになります。財政政策のケースと対照的に，金融緩和政策は GDP に大きな効果をもたらします。

 Technical 編の確認問題

［1］金融緩和政策によって設備投資は増加するか。変動為替相場制のマンデル・フレミング・モデルを用いて分析しなさい。

（解説）

［1］IS–LM 分析の枠組みでは，金融緩和政策が（長期金利の低下によって）設備投資に刺激を与えました。しかしマンデル・フレミング・モデルでは，時間とともに長期金利は元の水準に戻るので，（少なくともモデルの枠組みでは）設備投資の規模に対して影響を与えません。「金融緩和によって国内の資金は一時的に潤沢になるだろう。しかし，その潤沢な資金は海外資産に向かってしまい，国内の設備投資に向かうことはない」ということを，マンデル・フレミング・モデルは示唆しています。この様に，モデルが適用できる小国では，金融政策の意味合いも異なってきます。

10.3 マンデル・フレミング・モデル
：固定為替相場制度

　世界の全ての通貨が，変動為替相場のもとで自由に取引されている訳では
ありません。新興国や途上国の多くが自国の外国為替市場に介入して，為替
レートを一定程度コントロールしています。この節では，自国通貨の為替レ
ートを，主要通貨（例えば米ドルです）に固定させるケース（固定為替相場
制度のケース）について分析します。なお，前節に引き続き「小国の仮定」
を置きます。

10.3.1 固定為替制度の意味と仕組み

　一般に「固定為替相場制度」とは，為替レートの変動を認めない，もしく
は変動しても一定の小さい幅に抑えるという制度のことです。ただこの言葉
には，大きく2つの意味があります。まず，それぞれの通貨の交換比率を全
体であらかじめ定める制度です。[9]　もう一つは，主要通貨との為替レートを
固定もしくは連動させる制度です。この制度は「**為替ペッグ制度**」（省略し
て「ペッグ制」です）とも呼びます。[10]　以下，ペッグ制をイメージして議
論します。

◆ Story 編 **固定為替相場制について**

　ある国が，自国通貨と主要通貨との交換比率を固定させる場合，普通，そ
の国の通貨当局（中央銀行とほぼ同じと考えます）は，常に外国為替市場へ

---

[9] 歴史的には第1次世界大戦前の世界的な金本位制度とか，第2次世界大戦後のブレトンウッズ体制な
どが典型です。また自国通貨を廃止してしまったEU（欧州共同体）におけるユーロ体制も，究極の
固定為替相場制度と考えることができます。

[10] ペッグ制もいくつかのバリエーションがあります。主要通貨との比率を定期的かつ小刻みに調整する
「**クローリング・ペッグ制**」や，複数の通貨を選び，その平均的なものに連動させる「**通貨バスケッ
ト制**」などです。

介入する必要があります。

　例えば，ある国が自国通貨と米ドルの交換比率を固定させているとします。いま米ドルの需要が減少して，代わりに自国通貨の需要が高まったとしましょう。この場合，為替レートを市場に委ねると米ドルの価格が下がって（自国通貨の価格が上がって），為替レートが変化してしまいます。

　この国の通貨当局は，それを避けるために為替市場に介入します。つまり米ドルに対する需要の減少分を穴埋めするように，通貨当局は米ドルの購入を始めます（自国通貨を売るという言い方もできます）。このような介入によって米ドルの価格の低下が阻止され，為替レートは一定に保たれます。

　反対に米ドルの需要が高まってきたとします。この場合，通貨当局は手持ちの米ドルを外国為替市場で売却し（自国通貨の購入し），米ドルの価格上昇を抑えます。

　固定為替相場制（為替ペッグ制）とは，結局，通貨当局による絶え間ない為替介入によって維持される制度で，次のようにまとめます。

> ドルの需要↓［↑］≡ 自国通貨高・ドル安［自国通貨安・ドル高］の圧力
> ⇒ 通貨当局がドルを購入［売却］し為替相場の水準を維持

◆ Technical 編　固定為替相場制と貨幣供給量

　通貨当局による外国為替市場への介入は，基本的に自国通貨の供給量（つまり貨幣供給量）を変化させます。上の例で，通貨当局が米ドルを購入する場合を考えてみましょう。

　通貨当局が外国為替市場から米ドルを購入すると，当然，米ドルを売ってくれた人に，通貨当局から自国通貨が支払われます。ここで，通貨当局自体が貨幣（自国通貨）の発行主体である点を忘れてはなりません。つまり，通貨当局の購入した米ドルに対する代金は，新規発行の貨幣と同じ意味を持ち，経済の貨幣供給量が結果として増えてしまいます。

反対に米ドルを通貨当局が売却した場合，通貨当局は米ドルを購入した人から，その代金として自国通貨（貨幣）を受け取ります。つまり通貨当局が既存の貨幣を回収するのと同じことになります。結果，貨幣供給量は減少します。

　以上をまとめます。

「自国通貨高・ドル安」の圧力 ⇒ ドルを購入する介入 ⇒ 貨幣供給量↑
「自国通貨安・ドル高」の圧力 ⇒ ドルを売却する介入 ⇒ 貨幣供給量↓

 Technical 編の確認問題
［1］「不胎化政策」について調べなさい。

（解説）

［1］ 固定為替相場の場合，為替レートを維持するため，上で述べたように為替介入が行われます。そして，その結果として貨幣供給量が変化してしまう訳です。ただ，この"受け身的な"貨幣供給量の変化を避けるために，しばしば**「不胎化政策」**という手段がとられます。この政策のポイントは「為替介入と同時に，公開市場操作によって，例えば短期国債などを売買する」というものです。

　不胎化政策の具体的な方法は次の通りです。自国通貨高（ドル安）の圧力を受けて，通貨当局がドルを購入したとします。そのままでは，上の説明の通り貨幣供給量が増加します。そこで通貨当局は，短期金融市場で手元の短期国債を同時に売却します。つまり，外国為替市場で増えた貨幣供給量分を，短期金融市場で回収する訳です。このことで，外国為替市場に介入しながら貨幣供給量は一定に保たれます。なお通貨当局が反対にドルを売却する場合は，短期金融市場から短期国債などを購入することになります。

10.3.2　基本ケース

◆ Story 編　自国金利と外国金利：固定為替相場のケース

　自国の金利は，変動為替相場制のケースと同様に，結果的に外国の金利によって規定されます。そのことを確認するため，自国の金利が上昇したケー

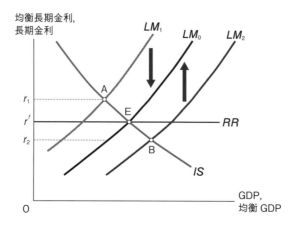

図 10.5　マンデル・フレミング・モデル（固定為替相場制）：基本ケース

スを考えましょう。

　この場合，変動為替相場制のところで説明したように，国内への資金流入
が始まります。そのため自国通貨に対する需要が高まり，自国通貨高・ドル
安の圧力が生まれます。

　ここで，固定為替相場制の場合，この圧力を放置せずに通貨当局が為替介
入する訳です。上で見たように，この場合はドルを購入する介入です。結果，
貨幣供給量が増加し，通貨当局は期せずして金融緩和政策と同じことを行う
ことになります。金利は外国の金利と等しい水準まで低下します。

◆ Technical 編　自国金利と外国金利：グラフによる説明

　IS-LM 分析のグラフで確認します。図 10.5 には，図 10.2 と同じように，
外国の長期金利の水準（r^f）を表す水平線 RR を加えて，IS-LM 分析のグラ
フを描きました。

　いま経済が A 点にあり，国内の金利 r_1 が r^f よりも高いものとします。こ
のとき，海外からの資金の流入で自国通貨高・ドル安の圧力が発生し，通貨

当局はドル購入の為替介入を行うでしょう。結果的に貨幣供給量の増加を生み，LM 曲線が下方に動きます。この動きは自国の金利 (r) が外国の金利 (r^f) と等しくなるまで（LM 曲線が LM_0 となるまで）続きます。

　経済が B 点で国内の長期金利が外国の金利 (r^f) よりも低いときも，同様の方法で，自国の金利が外国の金利 (r^f) と等しくなることを説明できます。国内の金利が r_2 で r^f よりも低いので，海外へ資金が流出して自国通貨安・ドル高の圧力が発生します。そのため，ドルを売却する為替介入がなされて貨幣供給量は減少，LM 曲線が上方に動きます。結果，やはり LM 曲線は LM_0 へ向かい経済は E 点に到達，$r = r^f$ が達成されます。

 Technical 編の確認問題

［1］ アメリカが金融緩和政策から引締め政策に移ると，自国通貨をドルにペッグしている新興国（「小国」と仮定する）は，どのような影響を受けるか。論じなさい。

（解説）

［1］ アメリカの金融政策は，広く世界に影響を与えます。アメリカが金融緩和から金融引締めに政策変更すると，アメリカの長期金利は上昇を始め，世界規模でアメリカに資金が向かいます。新興国の場合，それまでになされていたアメリカの金融緩和の影響から，既に大量の資金が流入している可能性もあります。その場合，アメリカの長期金利の上昇は，新興国から一気に資金を流出させる危険をはらみます。

　もしもそうなると，新興国の為替市場では大量の自国通貨売り（つまりドル買い）が発生し，通貨当局は自国通貨をドルにペッグしておくことが困難になるかもしれません。また仮に，ドルへのペッグが維持できたとしても，ペッグ維持のために行った外国為替相場への介入の影響から，新興国では実質的な "金融引締め" 効果が出てしまい，新興国内で流動性不足（資金不足）が発生する可能性があります。

10.3.3 固定相場制度下における財政政策および金融緩和政策の影響

　財政政策および金融緩和政策の効果を分析してみます。変動為替相場制のケースと同様，長期金利の動向がカギになります。

　まず拡張的な**財政政策**を見ます。政府支出（G）の増加は，基本的に景気拡大に伴う長期金利の上昇をもたらします。この長期金利の上昇は，「海外から国内への資金流入 → 為替レート維持のため通貨当局がドルを購入 → "受け身的な" 貨幣供給量の増加」という一連の流れを生み出します。

　ここで生じた貨幣供給量の増加によって，結果的に，長期金利の上昇は抑えられます。つまり，海外から資金が流入してくるので，各企業が容易に資金を確保できるイメージです。結果，長期金利は元の水準に戻り始め，設備投資等に対するマイナスの影響も発生しません。つまり IS–LM 分析で説明したクラウディング・アウトは生じず，財政政策の効果は大きくなります。

　金融政策の効果は，ここでも財政政策のケースと対照的になります。金融緩和政策の基本的な効果は，長期金利の低下と GDP の増加でした。この長期金利の低下によって，「資金の海外流出 → 為替レート維持のため通貨当局がドルを売却 → "受け身的な" 貨幣供給量の減少」という流れが始まります。つまり金融引締め的な効果が生じます。

　通貨当局は，金融緩和のため「短期金融市場で短期国債を購入し，貨幣供給量を増やす」という行動をとる一方，為替レートを維持するため「外国為替市場でドルを売却し，結果的に貨幣を回収する」という矛盾した行動を同時に行うことになります。そのため金融緩和政策の効果は完全に相殺され，GDP に何ら影響は出ません。

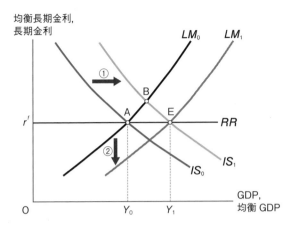

図 10.6　マンデル・フレミング・モデル（固定為替相場制）：財政政策の効果

　図 10.6 の IS–LM 分析のグラフで，拡張的な財政政策の効果を見てみます。経済が A 点で均衡しているとします。このとき，政府支出（G）が増加すると IS 曲線が右方にシフトします（図中の①）。したがって経済は，当初，B 点へ向かおうとするでしょう（長期金利が上昇を始めます）。

　他方，長期金利の上昇は，資金流入と通貨当局の為替介入を通して，結果的に貨幣供給量の増加を引き出します。LM 曲線が LM_1 へ向かい（図の②），経済の均衡は E 点に移ります。

　経済が E 点に収束したとき，クラウディング・アウトが発生していないことはグラフからも分かります。つまり，財政政策は GDP を増加させることに対して極めて有効となります。

　続いて図 10.7 を参照してください。金融緩和政策の影響を確認します。金融緩和政策の基本的な効果は長期金利の低下でした。そのため LM 曲線はいったん下方に移動します（図の①）。ただし，この金利の低下が海外へ

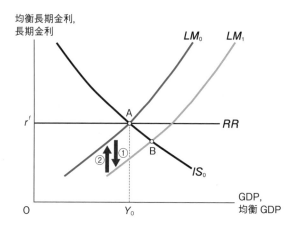

図10.7 マンデル・フレミング・モデル（固定為替相場制）：金融政策の効果

の資金流出を生み出し，ドル高（自国通貨安）の圧力を引き起こします。通貨当局は為替介入を余儀なくされ，結果，貨幣供給量が減少していきます。

LM曲線は当初のLM_0に引き戻され（図の②），金融緩和政策の効果は水泡に帰すことになります。固定為替相場制度において，金融政策は無効と言えます。

 Technical編の確認問題

[1] 上記では「金融政策は無効」という結論を得た。どのようなケースならば，金融政策を有効にできるか。考察しなさい。

(解説)

[1] この場合，2つのケースが考えられます。まず海外との資産取引を制限する方法です。金利（長期金利）の変動で自国通貨の売買圧力が発生するのは，あくまでも海外との資産取引が自由なためです。海外との資産取引を法的に制限すれば，金融緩和の際の資金流出が抑えられ，金融緩和政策が有効になります。もう一つのケースは，そもそも固定為替相場制を放棄することです。変動為替相場制に変われば，金融政策の有効性が確保できます。

　一般に「固定為替相場制」と「海外との自由な資産取引」および「有効な金融政策」

の3つについて，これら全てを同時に成立させることはできません。このことを「**国際金融のトリレンマ（三者選択の窮地)**」と呼びます。

第11章 AD-AS分析

Outline

ここまでの章では，物価水準が変化しないことを前提に実物市場と金融市場を分析してきました。しかし物価水準が長期に渡って変化しないと想定するのも少々問題があります。実際，一般的な物価水準は年間数パーセント程度で変化しているからです。この章では，

> ＊一般的な物価水準はいかなるメカニズムで決定するのか
> ＊経済政策によって物価水準はどのような影響を受けるのか

と言うことを考えます。そのための道具として「総需要曲線（AD 曲線）」，および「総供給曲線（AS 曲線）」を説明します。なお，この章と次の第12章では，第10章で行った為替レートや国際貿易および国際間の資金取引などの分析は省略し，第9章の IS-LM 分析をベースに考えていきます。

11.1 物価水準の変化と総需要の変化：AD 曲線

物価水準が変化したとき，有効需要の水準がいかに影響を受けるのか分析します。そもそも「有効需要」とは総供給と一致するような総需要量のことです（45°線分析の DD 線と SS 線の交点です）。したがって財・サービス市場の均衡を与える総需要の水準，すなわち均衡 GDP の水準自体を，積極的に有効需要の水準と読み替えることもできます。[1] つまり第9章の IS-LM

分析は，均衡 GDP と均衡長期金利を同時に求めるものでしたが，それを「有効需要の水準」と「均衡長期金利」を見る枠組みと言い換えることもできます。

この節で示されることは「物価水準の下落が有効需要を高める」という関係です。また，その関係を表したグラフとして「**総需要曲線（AD 曲線）**」が導出されます。[2]

◆ Story 編 | **総需要曲線の直観的説明**

●ミクロ的な価格変化とマクロ的な物価水準の変化の違い

有効需要（もしくは総需要）と物価水準との関係は，個々の財の需要と価格の関係ほど明瞭ではありません。その点を確認するため，ハンバーガーショップでサイドメニューを注文するケースを考えます。なお，サイドメニューとしてはポテトかチキンナゲットを想定します。

さて，いまキャンペーン中でポテトの値段が下がっているとしましょう。すると多くの人はチキンナゲットではなくポテトを注文します（ポテトの需要が高いということです）。しかし，キャンペーンが終わってポテトの値段が上がると，今度はポテトをやめてチキンナゲットにする人が増えます（ポテトの需要が下がるということです）。

以上から「ポテトの値段が下がるとポテトの需要が高まり，ポテトの値段が上がると需要は低下する」という関係が見えてきます。このように個々の財・サービスを対象にした場合，その需要と価格の関係は直観的にも理解できます。

しかしながらマクロ経済学で扱う一般的物価水準の場合，話は少し複雑です。物価水準が上昇するということは，ポテトの値段だけでなくチキンナゲットの値段も，さらには他の多くのモノの価格が同時に高くなっているから

---

[1] 第 5 章を確認してください。

[2] AD 曲線の AD は，Aggregate Demand のことです。

です。物価水準が上昇したとき，全体的な需要である総需要が本当に低下するのか，もはや直観的に判断できません。

●物価水準と有効需要（総需要）の関係

どのようなメカニズムを通して，物価水準が有効需要（総需要）を変化させるのか。そのカギを握るのは**貨幣供給量**です。全ての財・サービスの価格が一律に上昇したとしても，名目の貨幣供給量だけは，中央銀行が追加的な金融緩和政策などをしない限り上昇しないからです。[3] その点に留意しつつ，物価水準が有効需要に影響を与えるメカニズムの流れを見ていきます。

いま物価水準が上昇したとしましょう。このとき，モノの取引数量が直接的に変化するか否か明確ではありませんが，少なくともモノの価格が上がった分，それぞれの取引金額は全体的に高まるはずです。つまり取引のために用意する必要資金額は，それまで以上に膨らみます。資金需要，すなわち貨幣需要が増加するということです。

その結果，貨幣供給量が変化しない限り，経済全体で資金の不足が発生します。経済全体では，必要な資金を賄うために，長期債券などの資産を売却する動きが生じるでしょう。このことによって長期債券の価格は下がり，長期金利が上昇することになります。

ちょうど，9.3 節で触れた金融引締めのケースと同じ効果が生じます。長期金利の上昇の影響が財市場に及び，設備投資などの投資（つまり投資需要）を減少させ，均衡 GDP の水準（有効需要の水準）が低下し始めます。

その後，IS–LM 分析で見てきた金融市場と実物市場の相互作用が生じ，最終的には長期金利が当初水準よりも上昇，均衡 GDP の水準（有効需要の水準）は低下します。このように物価水準の上昇が，あたかも金融引締め政策がなされたかのような効果を発生させます。

反対に物価水準が低下したらどうでしょうか。このケースでは話の方向が

---

[3] 全ての財サービスの価格が上昇したとき，直ぐに上昇しないもう一つのものとして名目賃金も考えられます。名目賃金は主に総供給曲線と関係してきますので，留意しておいてください。

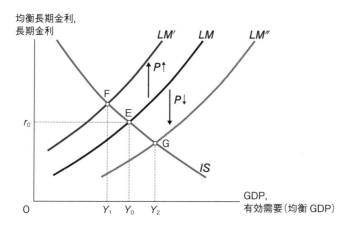

図 11.1 物価水準の変化と有効需要（均衡 GDP）の水準

逆になり，金融緩和政策と実質的に同じ効果が生じます。長期金利の低下とともに有効需要の水準が高まります。以上は次のようにまとめられます。

物価水準↑［↓］⇒ 取引に必要な資金額が不足［過剰］
⇒ 金融引締め［金融緩和］政策と同じ効果が発生
⇒ 有効需要の水準（均衡 GDP の水準）↓［↑］

◆ Technical 編　総需要曲線の導出

　物価水準と有効需要の水準の関係は，IS–LM 分析のグラフ（例えば図9.3）を用いると，より機械的に確かめられます。ここでのポイントは，第8章で見たように，LM 曲線の位置を規定しているのが実質貨幣供給量（M/P）に他ならない点です。物価水準（P）の上昇は実質貨幣供給量（M/P）を縮小させ，反対に物価水準（P）の低下は実質貨幣供給量（M/P）を拡大させます。以下，図 11.1 も参照してください。

　一般的な物価水準 P が上昇すると，実質貨幣供給量（M/P）が減少する

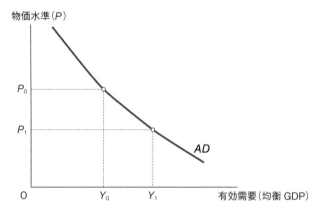

図 11.2　AD 曲線

ので，図 11.1 の LM 曲線の位置は *LM* から *LM'* へ上方に移動します。したがって均衡点は E 点から F 点へ，対応する均衡 GDP（有効需要）が Y_0 から Y_1 へ縮小します。反対に物価水準 *P* が低下すると，実質貨幣供給量（M/P）が増加するので，*LM* から *LM''* へ下方に移動することになり，均衡 GDP（有効需要）は Y_0 から Y_2 に増加します。つまり，

> *P* ↑［↓］⇒ LM 曲線を上方［下方］へ ⇒ 有効需要（均衡 GDP）↓［↑］

とまとめられ，Story 編と同じ結論が得られます。

●総需要曲線（AD 曲線）

　物価水準と有効需要の関係を改めてグラフにします。縦軸に物価水準（*P*）を取り，横軸に有効需要を取った図 11.2 を見てください。この図で *AD* と記した右下がりの曲線が上記の関係を表しており，この線のことを「総需要曲線（AD 曲線）」と呼びます。

　ちなみに特定の財・サービスの市場を分析するミクロ経済学でも，同じように右下がりの需要曲線（当該財の価格と需要の関係を表した曲線）が使われます。しかしながら同じ右下がりの曲線でも，AD 曲線とミクロ経済学で

登場する需要曲線とでは，その経済学的な意味が全く異なる点に注意します。

 Technical 編の確認問題

[1] 第9章 9.1節の確認問題の関数を再度利用する。つまり総需要を $Y^D = C + I^D + G + EX - IM$ と与え，消費関数 $C = b + c(Y - T)$，投資関数 $I^D = d - er$，取引動機に基づく貨幣需要 $L_1 = kY$，投機的動機に基づく貨幣需要 $L_2 = f - gr$，さらに実質貨幣供給量を (M/P) とする。AD 曲線の式を求めなさい。

[2] 縦軸 P，横軸 Y のグラフに [1] で求めた AD 曲線を描きなさい。

（解説）

[1] IS 曲線を表す式と LM 曲線を表す式を再掲します。それぞれ，

$$r = \frac{b - cT + d + G + (EX - IM)}{e} - \frac{1 - c}{e} Y \quad \text{および} \quad r = \frac{k}{g} Y + \frac{f}{g} - \frac{1}{g}\left(\frac{M}{P}\right)$$

です。この2つの式から r を消去すると，

$$\left[\frac{k}{g} + \frac{1 - c}{e}\right] Y = \frac{b - cT + d + G + (EX - IM)}{e} - \frac{f}{g} + \frac{1}{g}\frac{M}{P}$$

となります。この式を変形すれば，

$$P = \frac{1}{g} M \Big/ \left\{ \left[\frac{f}{g} - \frac{b - cT + d + G + (EX - IM)}{e}\right] + \left[\frac{k}{g} + \frac{1 - c}{e}\right] Y \right\}$$

と AD 曲線が求まります。

[2] （省略）

11.2 雇用量の変化と生産物価格の関係

この節と次の節では，雇用量および生産物価格の調整を明示した上で，「物価水準」と「雇用量に対応した GDP 水準」との関係を見ていきます。「雇用量に対応した GDP 水準」とは，現時点で雇用されている労働者を適切に利用したとき成立する GDP 水準のことです。[4]　いま各企業が雇用を増

---

[4] 通常，企業は雇用している労働者に残業（超過勤務）をお願いしたり，反対に十分な仕事を割り当てずにいたりします。「雇用量に対応した GDP」というのは，各企業の雇用者が残業もせず，かつ "遊

やしたとします。すると，それぞれの企業の生産レベルが上昇するので，それに対応した GDP 水準も上がります。他方，雇用を増やしたことで企業の生産コストは増加するでしょう。企業の中には，このコスト増に対処すべく，製品の値上げに踏み切るところも出てきます。そのため経済全体の物価水準が上昇します。このように，「雇用量に対応した GDP 水準」と物価水準の間に関係が生まれ，それを図示したものが「**総供給曲線（AS 曲線）**」です。[5]

　これまでの章で想定していた企業の行動は，基本的に次の 2 つのステップだけでした。つまり「①意図せざる在庫投資の状況から製品の需給環境を判断（需要量が供給量に比べて多いのか少ないのか見極める）」し，「②数量調整（生産量調整）」を行うというものです。以下では，需給の不均衡を数量調整でしのいでいる企業が，時間とともに「③雇用量の調整」を始め，それに合わせて「④生産物の価格を改定」するものとします。この③と④のステップを考慮することで，企業の雇用量と生産物の価格との関係が見いだせます。また，この関係を元に，上述した総供給曲線が導かれます。

　この節では，賃金がすぐに変化しない状況（「名目賃金が硬直的な状況」と言います）で，[6]　企業が雇用量と生産物価格をどのように調整するのか説明します。なお，ここでの説明はケインズ経済学的な考え方を基礎にしている点にも注意してください。

◆ Story 編 ｜ 雇用量の調整と生産物価格の改定

　有効需要の原理が働くとき，各企業は需要量の変化に合わせる形で生産量

ばせておかれる" こともない状態（まさしく適切な状態）のときに成立する GDP の水準を意味します。
[5]　AS 曲線の AS は，Aggregate Supply のことです。
[6]　マクロ経済学で賃金を考える場合，しばしば「実質賃金」と「名目賃金」を分ける必要があります。実質賃金は物価水準の影響を除いた賃金の指標です。また実質賃金ではないということを強調するときに，通常の賃金を「名目賃金」と呼びます。この章で混乱が生じることは無いので，「賃金」という言葉で名目賃金を指すことにします。「実質賃金」と「名目賃金」については第 12 章を参照してください。

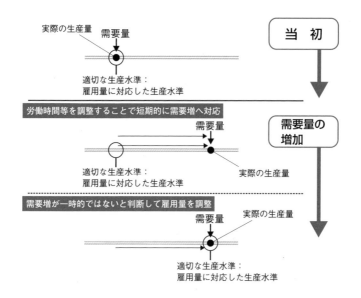

図 11.3　需要量の増加に対する企業の対応（イメージ）

を調整します。ここでは，各企業がどのような形で生産量を調整するのか改めて考えます。

　まず短期的な調整についてです。企業が生産量を一時的に変化させる際，雇用量を根本的に変化させることはなく，既に雇用している人々の**労働時間**で調整すると考えます。[7]　需要が増加した場合，企業は労働者に残業などをお願いして生産量を拡大させるでしょう。逆に需要が減少した場合には，各労働者に割り当てる仕事量を減らしたりして実際の生産量を減らします。

　ただし，このような短期的な対応が長い期間に渡って維持され続けることも普通ありません。各企業には生産量に合わせた "**適切な雇用量**" が存在するからです。例えば高い生産量の水準を維持するのなら，雇用量を増加させた方が効率的です。反対に恒常的な生産量の減少には雇用量を減らす必要が

---

[7]　通常，雇用量を変更するためには一定程度の期間が必要になります。もちろん業種などによって異なりますが，短期的調整で雇用量を増減させることは，それ程多くありません。

あります。つまり一時的ではない生産量の変化には，各企業は雇用量を調整することで対応することになります。[8]

　図11.3でイメージを描きました。当初，適切な雇用水準で生産活動を行っている企業が，需要の増加に直面したとします。それに対して，企業は短期的な対応として労働者に残業などをしてもらい，実際の生産水準を高めていきます。しかしながら，その需要の増加が定着してくると，企業は徐々に雇用量を増やして，根本的に高い生産水準を維持できるようにします。

●雇用量の増加と生産物価格

　企業が雇用量を増加させるとき，その企業の生産する財・サービスの価格も同時に引き上げる傾向があります。企業が雇用量を増やせば，生産量の水準を高めることができる一方で，全体としての**労働の生産性**はどうしても落ちてしまいます（つまり「人数を増やした割には，それほど生産量が伸びないなぁ」という状態が発生します）。[9]　そのため生産費用がかさみ始め，その分を生産物の価格に上乗せしなくてはならなくなります。

　例えば，ある企業が雇用量を増加させたとしましょう。もちろんこのことで高い生産量の水準が維持可能になりますが，雇用量が増えたマイナス面も生じます。新しい労働者の能率は既に働いている労働者と比べて低くなるかもしれません。つまり企業内の平均的な生産性が低下する可能性があります。また，労働者が増えたことによって生産活動に使用する機器が不足したり，仕事が重複したり無駄が発生します。このように諸々の要因から，この企業の生産効率もしくは生産性が低下すると考えます。

　こうした労働の生産性の低下は，この企業の利潤を下げる力になります。そこで企業は，一定の利潤を確保するために「生産物の**販売価格を上げる**」という選択を検討し始める訳です。[10]

---

[8]　以下の説明では，話を簡潔にするため，企業が生産設備の規模を調整するケースは捨象します。生産設備の規模が変更される可能性は，長期的な視点からマクロ経済学を分析する**経済成長論**という分野で別に論じられます。

[9]　労働の生産性とは，1人の労働者がどのくらい生産に貢献するのかを表した指標です。

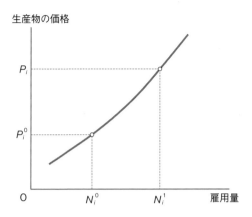

生産物の価格

P_i

P_i^0

O N_i^0 N_i^1 雇用量

図11.4 「企業 i」の雇用量と生産物の価格の関係

　具体的には，「自社の製品に関する需要の増加が定着してきた。したがっ
て従業員を増やしたい。ただ，このまま新規の従業員を増やすのには費用面
で不安だ（新規の従業員を雇用すると売上の増加以上に費用がかさんでしま
うかもしれない）。仕方がないので製品の価格を少々上げて（生産物の価格
を上げることで）収入面に余裕を作り，その分で従業員を増やそう」と考え
るでしょう。

　いずれにせよ，需要が増加して，それが一時的ではないと判断されると，
各企業は雇用量を増加させると同時に生産物の価格も引き上げる可能性があ
ります。なお需要が減少するケースは，雇用と価格の動きが反対になること
に気を付けて，以上のポイントをまとめます。

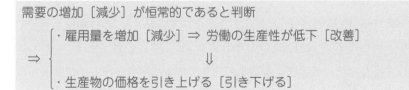

需要の増加［減少］が恒常的であると判断

$\Rightarrow$　
・雇用量を増加［減少］ ⇒ 労働の生産性が低下［改善］

⇓

・生産物の価格を引き上げる［引き下げる］

---

[10] 利潤の低下に対処する別の方法として「労働者に支払う賃金を下げる」ということも理論的には考え
られます。ただし，そもそも賃金水準は，次の章で見るように，求人倍率や失業率など労働市場の需

図11.4では，企業の雇用量とそれに対応した生産物の価格の関係を描きました。雇用量と価格との間に右上がりの関係が確認できます。

「労働の限界生産力」という概念を用いることでも，図11.4で示した関係が導かれます。労働の限界生産力とは，「労働者を追加的に1単位増やすことで増加する生産物の量」のことで，おおよそ新規労働者の生産性に相当します。この労働の限界生産力は一般に雇用量の規模に依存します。

ここでは，「労働の限界生産力は雇用量の増加とともに低下する」という想定（「労働の限界生産力逓減の法則」と言われます）を採用します。これは「雇用量を増やすと平均的な労働の生産効率が落ちてしまう」というStory編で説明した想定と同じです。

いま企業 i の労働の限界生産力を f_i，この企業 i の生産物の価格を P_i，雇用量を N_i とします。図11.5では横軸に雇用量 N_i を取り，$P_i f_i$（生産物価格×限界生産力）の値をグラフの $F^0 F^0$，$F^1 F^1$ および $F^2 F^2$ で表しています。この $P_i f_i$ は，労働の生産物の価格に限界生産力をかけたものなので，「労働者を追加的に1単位増やすことで増加する生産物の金額」を意味します。労働者を1単位増やすと，その分の生産および収入が増えますが，$P_i f_i$ はこのとき増加する売上収入額を意味します。つまり，生産物の価格が P_i のとき，労働者を1人増やすことで得られる企業 i 側の追加的メリット，それが $P_i f_i$ ということです。

図11.5の $F^0 F^0$ は $P_i = P_i^0$ に対応したケースで，N_i と $P_i^0 f_i$ の関係を表しています。同様に $F^1 F^1$ と $F^2 F^2$ は，それぞれ $P_i = P_i^1$（$< P_i^0$）と $P_i = P_i^2$（$>$ P_i^0）に対応したケースです。雇用量の増加で労働の限界生産力 f_i が低下すると仮定しているので，$F^0 F^0$，$F^1 F^1$，$F^2 F^2$ はそれぞれ右下がりの曲線で描か

給環境から影響を受ける部分が少なくありません。実際，労働者の効率が多少落ちたからといって，他企業などの"賃金相場"を無視して，自分の企業だけ簡単に賃金を下げる訳にはいかないでしょう。

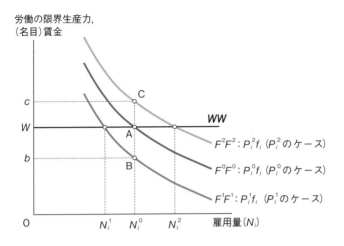

労働の限界生産力,
(名目)賃金

C

c

W **WW**

A

$F^2F^2 : P_i^2 f_i$ (P_i^2 のケース)

b

B

$F^0F^0 : P_i^0 f_i$ (P_i^0 のケース)

$F^1F^1 : P_i^1 f_i$ (P_i^1 のケース)

O N_i^1 N_i^0 N_i^2 雇用量 (N_i)

図 11.5 「企業 i」の雇用量と労働の限界生産力の関係

れます。雇用量を増やすと企業 i 側の追加的メリットが逓減するということです。

いま賃金（W）も図 11.5 の中で表します。縦軸の W を通る水平な線 WW です。賃金は，雇用を増やしたときに発生する企業 i 側の負担であり，いわば雇用を増やすことの企業 i 側の追加的デメリットと言えます。

以上，雇用を増やすことのメリットである F^0F^0，F^1F^1 および F^2F^2 と，デメリットである WW に注目することで，企業 i の選択する「雇用量 N_i と生産物の価格 P_i の関係」が明らかになります。例えば，いま企業 i が雇用量として N_i^0 を選択したとします。このとき企業 i は，生産物の価格として P_i^0 を設定することになるでしょう。つまり，N_i^0（の破線）と WW の交点 A を通る F^0F^0 に対応する価格です。

仮に，N_i^0 のとき生産物の価格を P_i^1（$< P_i^0$）にしたらどうなるでしょうか。新規労働者に支払う賃金は W ですが，その労働者を雇うことで発生する企業 i の追加的メリット（収入の増分）は F^1F^1 上の B 点の高さ，b でしかありません（N_i^0 のときの $P_i^1 f_i$ です）。つまり，$W > b$ となり企業 i にとって

明らかにマイナスです。雇用量を N_i^0 とするには価格を引き上げる必要があります。

　他方，P_i^2（$> P_i^0$）と設定したとします。このとき新規労働者に払う賃金 W に対して，企業 i の収入の増分は c です（N_i^0 と $P_i^2 f_i$ で求まる C 点の高さです）。$W < c$ なので確かに大きな利益が出る可能性はありますが，ただ，そもそも P_i^2 は必要以上に高過ぎる値です。この価格を実際に設定すると，製品の需要自体が競合他社に取られてしまうでしょう。そのため企業 i は価格を P_i^2 にすることはせず，必要最低限の価格である P_i^0 に落ち着きます。[11]

　同様に考えることで，雇用量 N_i^1（$< N_i^0$）のときは P_i^1（$< P_i^0$）が，雇用量 N_i^2（$> N_i^0$）のときは P_i^2（$> P_i^0$）が，それぞれの適切な価格ということになります。つまり図 11.4 のような，「雇用量が増えると生産物の価格が上昇する」という関係が導かれます。

 Technical 編の確認問題

[1] この節では「労働の限界生産力」が雇用量の増加とともに低下することを仮定している。もしも労働の限界生産力が雇用量に関わらず一定ならば，図 11.4 に描いた雇用量と生産物価格の関係はどのようになるか考えなさい。

（解説）

[1] 労働の限界生産力が変わらないということは，追加的に雇用した労働者の効率が，既存の労働者の効率と同じことを意味します。したがって，新しく労働者を雇用しても平均的な効率は落ちず，費用が必要以上にかさむことはありません。つまり，生産物価格については，それまで設定していた値で問題はなく，価格を引き上げることはしないでしょう。よって，雇用量と生産物価格の関係は水平な線となります。

---

[11] 以上の説明はミクロ経済学的な発想に基づいていますが，厳密に考える場合には注意が必要です。ミクロ経済学では，しばしば「企業は与えられた価格の下で生産量（雇用量）を決める」と想定します（「完全競争市場」の想定と言います）。一方，ここでは企業の生産量（雇用量）が需要量で既定され，その上で各企業が価格を設定します。つまり「企業は与えられた生産量（雇用量）の下で価格を決める」と逆になっています。そのため，ここでの説明とミクロ経済理論との関連性を考察する際には，「完全競争市場」ではなく，需要構造や生産構造に若干の仮定を置き「同じような企業同士が価格競争をしている市場」を想定する必要があります。

11.3 物価水準の変化と総供給の変化：AS 曲線

前節では個別の企業をイメージして，雇用量と生産物の価格の関係を見てきました。ここでは図 11.4 で示された関係をベースに，「物価水準」とマクロの「雇用量に対応した GDP 水準」の関係，すなわち総供給曲線（AS 曲線）を導出します。「雇用量に対応した GDP 水準」とは，その時点で雇用されている労働者を，各企業が適切に使用したとき（「労働者が残業など過剰に働いておらず，かつ仕事量が過少ではないとき」ということです）に達成される GDP 水準のことです。

◆ Story 編　**物価水準と雇用量に対応した GDP 水準**

各企業の雇用量の増加には 2 つの効果がありました。第 1 は，企業にとって適切と考える生産水準が高まるという効果です。第 2 は，前節で見たように生産物の価格を上昇させる効果です。

いま，経済全体の雇用量が増えているとします。このとき第 1 の効果から，各企業の中では，"雇用量に対応した適切な生産水準" が高まっているでしょう。したがって，経済全体で捉えると，マクロの「**雇用量に対応した GDP 水準**」も増加しています。他方，第 2 の効果によって各企業の生産する財・サービスの価格が上昇しています。つまり，経済全体の一般的な物価水準（P）も上昇することになります。

以上をまとめると，

経済全体の雇用量↑［↓］≡各企業の雇用量↑［↓］

$\Rightarrow$
- ・各企業の雇用に対応した生産水準↑［↓］
  　　　　　　　　　　　⇒ 雇用量に対応した GDP 水準↑［↓］
- ・各企業の生産物の価格↑［↓］⇒ 一般的な物価水準（P）↑［↓］

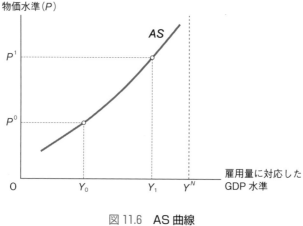

図11.6　AS 曲線

です。結果として，一般的な物価水準（P）と雇用量に対応した GDP 水準
の間には，「一方が上昇していれば，他方も上昇している」というプラスの
関係が見いだせます。

　この関係を図 11.6 で表します。AS と記した曲線で，この曲線のことを
「総供給曲線（AS 曲線）」と呼びます。なお，この図の横軸 Y^N のところに
は垂直な破線が描かれています。この Y^N は完全雇用 GDP と呼ばれるもので，
経済全体で十分な雇用が達成し，失業率が適正な値まで下がっている状態
（完全雇用状態といいます），そのような状態に対応した GDP 水準を表して
います。[12]

◆ Technical 編　AS 曲線の導出

　図 11.7 の左上に，経済全体の実際の雇用量（N）と，それに基づいて求ま
る総生産量（GDP）の水準，つまり「雇用量に対応した GDP 水準」を描き
ます。一方，図 11.7 の左下で経済全体の雇用量（N）と物価水準（P）の関

---

[12] 失業率および完全雇用状態や完全雇用 GDP については，第 12 章で説明します。

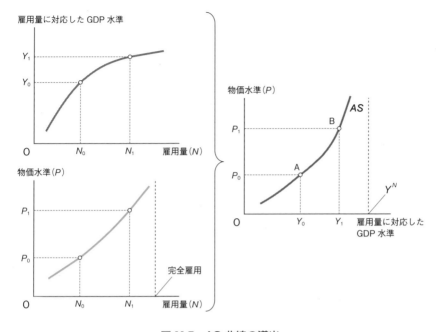

図 11.7　AS 曲線の導出

係を描きました。これは図11.4 をマクロ経済全体で集計したものです。

　図11.7 の右側は，図11.6 と同じ総供給曲線が描かれています。経済全体の雇用量が N_0 のケースと N_1 のケースを比較することで，AS 曲線が右上がりになることが分かるでしょう。

　まず図11.7 の左上の図から，$N = N_0$（$< N_1$）のときに「雇用量に対応したGDP 水準」が Y_0 となることが分かります。また，このとき物価水準が P_0 であることを左下の図から読み取れるでしょう。したがって $N = N_0$ のとき，右のグラフのA点が対応します。次に $N = N_1$（$> N_0$）のケースを見ます。このとき左上の図から Y_1（$> Y_0$）となるのが分かり，また左下の図から $P = P_1$（$> P_0$）となります。つまり右の図ではB点が対応します。

　この様に，A点とB点を比較することで，総供給曲線（AS 曲線）の意味が確認できます。「物価水準（P）」と「雇用量に対応したGDP 水準」の関

係の裏側には，各企業の雇用調整が隠れています。

 Technical 編の確認問題

[1] 前節の確認問題と同じように，もしも労働の限界生産力が雇用量に関わらず一定とすると，図 11.6 もしくは図 11.7 の総供給曲線（AS 曲線）はどのようになるか考えなさい。

[2] 「雇用量に対応した GDP 水準」を Y，物価水準を P とする。このとき AS 曲線が $P = i + hY$ で表されるものとする。縦軸 P，横軸 Y のグラフに AS 曲線を描きなさい。また h の大きさは，どのようなことに関係するか。

（解説）

[1] 労働の限界生産力が変化しないとき，雇用量と生産物価格の関係が水平な線で描かれるので，AS 曲線も水平な線となります。

[2]（グラフは省略）h の大きさは，雇用量を増やしたときに生じる労働の限界生産力の変化に関係します。雇用量を増やした際，もしも労働の限界生産力が大きく落ちるようならば，h の値は大きくなります（AS 曲線の傾きは急になります）。逆に，労働の限界生産力があまり低下しないのならば，h の値は小さくなります（AS 曲線の傾きは緩やかになります）。なお，その極端な例が [1] のケースで，[1] の場合の h はゼロです。

11.4 AD–AS 分析

マクロ経済における物価水準がどのように決まってくるのか，これまでに導出した AD 曲線と AS 曲線を用いて考えることにします。ここでの物価水準の決定メカニズムを理解すると，財政金融政策の短期的な効果だけでなく，中期・長期に及ぶ効果も分析可能になります。加えて賃金 W が上昇したときや，輸入原材料の高騰などの影響も考えることができます。

◆ Story 編 物価水準の決定メカニズム

一般的な物価水準（P）は，最終的に AD 曲線と AS 曲線が交わる水準で

決まります。つまり「有効需要」と「雇用量に対応した GDP 水準」が一致する状態で物価水準（P）は落ち着きます。その状態に達するまでの経済学的ストーリーを追ってみます。

まず「有効需要」と「雇用量に対応した GDP 水準」が一致したときの物価水準を**均衡物価水準**（P^*）とします。その上で、実際の物価水準が P^* よりも低いとしましょう。

ここで "物価水準が低い" ことが、2つの意味を持つ点に注意してください。物価水準が低いとき（金融緩和がなされているような状態なので）有効需要の水準は高まっています。一方、物価水準が低いということは（各企業が生産物の価格を低くして、雇用量を抑えている状況なので）経済全体の雇用量が少ないことも意味します。つまり「有効需要＞雇用量に対応した GDP 水準」という状況が生じます。

このようなマクロ的不均衡が発生しているとき、企業レベルでも需要に比べて雇用量が過少になっています。つまり各企業は、労働者に残業などの超過勤務を行ってもらい、需要に見合う生産量を確保しようとしている状態です（第5章で見た数量調整です）。

しかしながら、この状態が長い時間続く訳ではありません。需要の増加が一時的ではないと判断した企業は、実際に雇用量を増やし始めるでしょう。また同時に、生産物の価格の引き上げにも踏み切り始めます。結果、経済全体で雇用量が増え、かつ物価水準も徐々に上昇を始めます。

経済全体の雇用量の増加は「雇用量に対応した GDP 水準」を引き上げます。他方、物価水準の上昇は、11.1 節で見たように金融引締め政策と同じ効果を持つので、有効需要の水準を低下させます。結局、当初の不均衡状態、「有効需要＞雇用に対応した GDP 水準」という状態は解消されていき、物価水準も均衡物価水準（P^*）に向かいます。

反対に最初の物価水準が均衡物価水準（P^*）を超えているときは、以上と逆のメカニズムが働き、やはり最終的に均衡物価水準（P^*）へ収束します。このようにして物価水準は均衡物価水準（P^*）のレベルに落ち着きます。

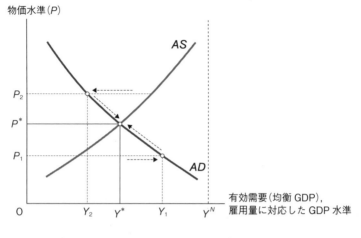

図 11.8　AD-AS 分析の均衡

　物価水準の決定は，AD 曲線と AS 曲線のグラフを利用すると簡潔に確認できます。図 11.8 で AD 曲線と AS 曲線を重ねて描きました。この 2 つの交点で GDP の均衡水準（Y^*）と均衡物価水準（P^*）が決まります。

　再度確認しておきたいことは，実際の物価水準が均衡物価水準から外れた場合です。例えば $P = P_1$（$< P^*$）および $P = P_2$（$> P^*$）のケースを考えます。ここでポイントとなるのは，いかなる物価水準であっても有効需要の原理が働いていることです。つまり実際の GDP は，原則，有効需要の水準を表す総需要曲線に向かって動きます。[13] 物価水準が P_1 もしくは P_2 ならば，それぞれ Y_1 もしくは Y_2 の水準に向かいます。

　その後，時間の経過とともに企業サイドが雇用調整および価格調整を始めるでしょう。そのため物価水準が変化していき，実際の GDP も矢印のよう

---

[13] このように，実際の GDP が総需要曲線に向かうと考えることで，これまでの 45° 線分析および IS-LM 分析との整合性が取れます。

なイメージで均衡水準（Y^*）に向かいます。次節で見るような賃金の上昇やサプライ・ショックなどが生じたケースは別ですが，物価水準の変化は，通常，このように遅れて発生すると考えます。

 Technical 編の確認問題

[1] 消費関数 $C = 20 + 0.8 (Y - T)$，投資関数 $I^D = 80 - 100r$，$T = 50$，$G = 80$，$EX - IM = -10$，また貨幣の取引需要 $L_1 = 0.5Y$，投機的需要 $L_2 = 100 - 1000r$ とする。また名目貨幣供給量は $M = 300$ である。このときの総需要曲線の式を求めて，それをグラフに図示しなさい。

[2] 総供給曲線が $P = 1 + hY$ とする。この総供給曲線を [1] で作成した図に描き込みなさい。また h が小さくなると，均衡 GDP がどう変化するのか論じなさい。

（解説）

[1] 11.1 節の確認問題の [1] で求めた式に，上記の該当する値を代入して計算します。

$$P = \frac{1}{g} M / \left[\frac{f}{g} - \frac{b - cT + d + G + (EX - IM)}{e} + \left[\frac{k}{g} + \frac{1 - c}{e} \right] Y \right]$$

$$= \frac{300}{1000} / \left[\frac{100}{1000} - \frac{20 - 0.8 \times 50 + 80 + 80 - 10}{100} + \left[\frac{0.5}{1000} + \frac{1 - 0.8}{100} \right] Y \right]$$

したがって，$P = 0.3 / [-1.2 + 0.0025 \times Y]$ もしくは $Y = 480 + (120/P)$ となります（グラフは省略）。

[2] （グラフは省略）h が小さくなると総供給曲線の傾きは小さくなります。つまり総需要曲線と総供給曲線の交点に対応する均衡 GDP は，h が小さくなると大きくなります。これは h が小さいとき，雇用を増やすことに伴う物価の上昇も少ないからです。したがって，物価上昇の引き起こす金融引締め的な効果も弱くなります。ちなみに h がゼロのとき（総供給曲線が水平のときです），$P = 1$ となり，GDP は $Y = 480 + (120/1) = 600$ です。

11.5 財政金融政策，賃金上昇および サプライ・ショックの影響

IS-LM 分析で見たように，財政金融政策は少なくとも短期的に GDP を増加させます。物価水準の変化まで考慮した AD-AS 分析で，この財政金融政策の効果がどのようになるのか見ていきます。

なお，11.2 節および 11.3 節では賃金 W は硬直的と考えていました。以下では，賃金が上昇したときや輸入原材料が上昇したときに，物価水準および GDP 水準がどのように影響を受けるのかも分析します。

◆ Story 編 | マクロ経済政策およびサプライ・ショックの影響

●拡張的経済政策の効果

いま拡張的なマクロ経済政策によって，有効需要が高まったとします。[14] すると「有効需要＞雇用量に対応した GDP 水準」という不均衡状態が生まれますが，この後のストーリーは 11.4 節で説明したことの繰り返しになります。最初，数量調整で対応していた企業も，時間の経過とともに生産物の価格を引き上げ始めます。そのため一般的な物価水準も高まってきて，あたかも追加的に金融引締め政策が行われたかのような効果が発生します。

つまり拡張的なマクロ経済政策が行われると，短期的には第 9 章の IS-LM 分析で示したように有効需要が高まり，実際の GDP も増加していきます。ただ時間が経つにしたがって物価水準も上昇を始め，有効需要も幾分低下することになります。そのため実際の GDP の増分も，IS-LM 分析で考えたものから目減りすることになるでしょう。この物価水準の上昇による目減りは，IS-LM 分析のときに説明したものに加えた，もう一つのクラウディング・アウトと言えます。

---

[14] 拡張的なマクロ経済政策とは，具体的には政府支出（G）の増加や減税などの財政政策と，金融緩和政策を指します。景気拡大を目的としたマクロ経済政策です。

以上，拡張的なマクロ経済政策の帰結は次の通りです。

> ＊GDP の増加（ただし IS-LM 分析ほどではない）
> ＊物価水準の上昇

●賃金上昇の効果

次に賃金が上昇したケースを考えます。これまで賃金が変化しない状況を想定していましたが，もしも人手不足や政府の方針などから，経済全体で賃上げを余儀なくされたら，どのようなことが生じるでしょう。賃金の上昇は，各企業にとって費用の増加に他なりません。したがって各企業は，利益を確保するため，賃金の増分を可能な範囲で生産物の価格に上乗せしようとします。賃金上昇がマクロ経済に与える最初の効果は，雇用量の変化を伴わない直接的な物価水準の上昇です。

この場合の物価水準の上昇も，これまでのケースと全く同じ様に有効需要の水準へ影響を与えます。つまり金融引締めと類似した効果が出てきて，有効需要は減少，結果的に実際の GDP も減少していきます。賃金が上昇することの帰結は次のようになります。[15]

> ＊GDP の減少
> ＊物価の上昇

なお雇用量の変化を伴わない物価水準の上昇は，賃金が上昇したとき以外だと，例えば，原油などの資源や輸入原材料の値上げでも生じます。このような値上げは財・サービスを供給する企業が直接的に影響を受けるので，しばしば「**サプライ・ショック**」と呼ばれます。このサプライ・ショックの帰結も賃金が上昇したケースと同じで，GDP の減少と物価水準の上昇です。

---

[15]「賃金が上昇しているので，人々の消費が増えるのでは？」と考えるかもしれません。ただここでは，賃金が上昇する一方で物価も上がります。つまり実質的に所得が上がる訳ではありません。

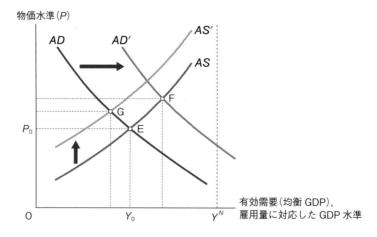

図 11.9　AD-AS 分析：経済政策およびサプライ・ショックの影響

　以上の分析も，AD 曲線と AS 曲線を用いると結論が明確に見えてきます。
その際のポイントは次の通りです。

> ① 拡張的なマクロ経済政策を行うと AD 曲線が右方にシフト
> ② 賃金上昇およびサプライ・ショックで AS 曲線は上方にシフト

　①の AD 曲線の右方シフトですが，そのシフト幅は「IS-LM 分析で考え
る拡張的なマクロ経済政策の効果（有効需要の増分）」と等しくなります。
また②の AS 曲線の上方シフトの幅は，賃金上昇もしくはサプライ・ショッ
クに対して，各企業がどのくらい生産物の価格に上乗せするかということに
依存します。

　図 11.9 では，AD 曲線および AS 曲線がシフトしたときの状況を描いてい
ます。拡張的なマクロ経済政策によって *AD* が *AD'* にシフトします。つま
り均衡点が E 点から F 点に移っており，「GDP の増加と物価水準の上昇」

がもたらされることになります。また賃金の上昇およびサプライ・ショック
は *AS* を *AS'* にシフトさせ，均衡点を E 点から G 点へ移動させます。「GDP
の減少と物価の上昇」という方向性が示されます。[16]

　Technical 編の確認問題

[1] 財政政策の効果は，金融市場や物価上昇によってどう影響を受けるのか。論
　　じなさい。

（解説）

[1] 財政政策の効果は，一般に，金融市場の影響や物価上昇の影響によって弱められてい
　　くのがポイントです。実物市場だけで財政政策を論ずると乗数効果という結論を得ま
　　す。しかし金融市場の影響を受けると，IS-LM 分析で見たクラウディング・アウトが
　　発生し，財政政策の効果は目減りします。さらに物価の影響も同時に考慮するのならば，
　　AD-AS 分析で見てきたように財政政策の効果がさらに減ります。これは財政政策によ
　　って物価が上昇し，それが実質的な金融引締め効果を引き出すからです。もう一つの
　　クラウディング・アウトです。

---

[16] GDP の増加と減少に関して，それぞれ "良い"，"悪い" という言葉をあてはめるなら，E 点から F 点
への変化は「良い物価の上昇」で，E 点から G 点は「悪い物価の上昇」となります。

第12章　失業と完全雇用
：フィリップス曲線の分析

Outline

　前章で経済全体の雇用量と物価水準の関係を考察しました。そこでは「企業は賃金を変化させず，雇用量を増減させる」という前提を置いています。ただ，実際は賃金も時間とともに変化しています。また労働者の人口（「労働力人口」と言います）についても，その数は限られており，雇用を増やし続けることにも限界があります。

　この章では雇用量，労働力人口および失業の関連性を考察し，いかなるときに賃金が変化するのか明らかにします。そこでは，失業率と賃金上昇率との関係を示す「フィリップス曲線」が重要な役割を担います。

　なお，この章でも為替レートの変化や国際間の貿易および資金取引などは省略して分析します。

12.1　失業の定義と完全雇用

●失業の定義

　まず，失業に関連する言葉を整理します。そもそも「**失業者**」とは，働く能力と意思があって実際に職探しをしているが，未だ就業できていない人を言います。この「失業者」と現に働いている人，つまり「**就業者**」の合計を「**労働力人口**」と呼びます。ちなみに「**雇用者**」は，就業者の中で特に雇われて仕事をしている人のことです。[1]

「**失業率**」は労働力人口に占める失業者の割合で定義されます。

$$\text{失業率} \equiv \frac{\text{失業者}}{\text{労働力人口}} = \frac{\text{労働力人口} - \text{就業者}}{\text{労働力人口}}$$

なおマクロ経済学では，雇用者と就業者をほぼ同じものとして扱います。つまり就業者の増減は雇用者の増減と捉え，労働力人口が一定のとき，

雇用者が増えると失業率は下がり，雇用者が減ると失業率は上昇する

と考えます。

◆ Story 編　失業の分類

●構造的失業と摩擦的失業

失業にも色々なパターンがあります。例えば，景気が良くなり全体的に求人の数が増えると大幅に改善する失業もあります。一方で，職種や労働条件などの根本的な問題があって，経済全体での求人総数が増えても，中々解消しないタイプの失業もあります。「**構造的失業**」もしくは「**摩擦的失業**」と呼ばれるのはこのタイプです。

そもそも構造的失業とは，求人企業の求める条件と求職者の希望との間で生じる"ミスマッチ"が主な原因となる失業のことです。「経理の能力が高いのに，求人は土木作業員ばかりで"自分の仕事"がない」という労働市場の構造的な問題で失業しているケースです。

摩擦的失業は，引っ越しや就職準備，または情報不足などの理由で一時的に発生する失業のことです。「心機一転，大阪で新しい仕事を探そう」という感じで失業しているケースなどが含まれ，一般に時間をかけることで解決するタイプの失業を指します。

---

[1] なお失業者および就業者の定義について国際労働機関（ILO）が基準を示していますが，ILO の基準に一定の幅もあり，実際は各国の事情に合わせて定義に若干の相違があります。

表 12.1　失業の分類

	ケインズの分類
構造的失業	自発的失業
摩擦的失業	摩擦的失業
需要不足失業 ≒	非自発的失業

　構造的失業も摩擦的失業も，景気の良し悪しから直接的な影響を受けるものではなく，景気が良くなっても経済に一定程度存在する失業と言えます。一方，失業している人の中には，「どんな職種でも構わない」と思いながら，不景気のために（全体的な求人の数が少ないため）仕事に就けない人もいます。このようなタイプの失業は，景気の好転で求人が増えると大幅に減少するでしょう。したがって，この失業を「**需要不足失業**」と呼びます。

●自発的失業と摩擦的失業および非自発的失業

　なお失業に関しては，「自発的失業」，「摩擦的失業」および「非自発的失業」と3つの概念で分類することもあります。[2]　現行の労働条件などが不服で，より良いものを見つけるため自分の意思で失業しているケースを**自発的失業**と呼びます。また，賃金の水準などの労働条件が現行のままで良いと考えているが，絶対的に求人数が少なく，失業してしまっているケースが**非自発的失業**です。

　表 12.1 は，以上の失業の分類についてまとめています。ポイントは，非自発的失業と需要不足失業をほぼ同じ概念として捉えることです。いずれもマクロ経済政策によって大幅に減らすことができるものと考えます。

---

[2] ケインズによる分類です。

　経済全体の求人数（企業が新規に求めている労働者数）が求職者数（失業して職を探している人の数）を下回ったとき（「求人数＜求職者数」のとき），構造的失業，摩擦的失業および需要不足失業の全てが発生します。他方「求人数＝求職者数」か「求人数＞求職者数」の際は，労働の需要自体十分にあるので，基本的に需要不足失業が無くなります。つまり，このときの失業者（求職者）は構造的失業および摩擦的失業のみです。

　ここで「求人数＝求職者数」のときの失業率を「**自然失業率**」と定義します。つまり自然失業率とは，労働市場に均衡を与える水準の失業率のことです。景気が悪くて需要不足失業が発生しているときは（「求人数＜求職者数」のときです），実際の失業率は自然失業率を上回ります。他方，景気が良くなって「求人数＞求職者数」となれば，実際の失業率自体は自然失業率よりも低くなります。と言うのも，求人数が求職者数を上回れば上回るほど，構造的失業および摩擦的失業の数も減ると考えるからです。[3]

　なお，実際の失業率が自然失業率の水準になったときを「**完全雇用**」もしくは「**完全雇用状態**」と呼びます。この完全雇用量に対応した GDP 水準のことを「**完全雇用 GDP（Y^N）**」と定義します。[4]　実際の GDP が完全雇用 GDP の水準に達すると，労働市場の需給は均衡しますが（「求人数＝求職者数」という状態です），この完全雇用 GDP が "GDP の超えることのできない壁" となる訳ではない点にも気を付けてください。景気が良くなり「求人数＞求職者数」という状態になれば，構造的失業や摩擦的失業が減り，実際の GDP が完全雇用 GDP を超えることになります。

---

[3]　ただし景気がいかに良くなったとしても，構造的失業や摩擦的失業がゼロになることはないと考えます。つまり，経済全体の失業率も 0％ になることはありません。

[4]　「**潜在 GDP**」と呼ぶケースもあります。なお完全雇用 GDP もしくは潜在 GDP の大きさは，第 1 章で述べた「潜在的な生産力」によって規定されます。そもそも労働人口が多いとか技術水準が高い，もしくはインフラが整っているなど，潜在的な生産力の高い経済では，完全雇用 GDP の水準自体も高いものとなります。

Technical 編の確認問題

[1] 実際の GDP が完全雇用 GDP を超えるときの状況を整理して説明しなさい。

(解説)

[1] それぞれの企業の生産量は拡大していて，その生産の拡大に合わせて，企業はより多くの労働者を雇用しようとしています（雇用調整をしようとしています）。そのため求人の数が増加し，「求人数＞求職者数」となる訳です。このとき求職者にとって有利な状況なので，結果，構造的失業や摩擦的失業をしている人も，良い条件を見つけることが容易になり雇用されていきます。つまり，失業率は自然失業率の水準よりも低下します。

12.2 賃金上昇率の決定：フィリップス曲線

賃金上昇率と失業率の間には，「一方が上がると，もう一方は下がる」という関係（「**トレード・オフ関係**」と呼びます）が存在します。この関係をグラフにしたものが「**フィリップス曲線**」で，賃金決定を考える際の代表的なツールです。ここでは，期待物価上昇率が賃金上昇率に反映される点も踏まえ，賃金上昇のメカニズムを説明します。なお以下では，賃金について名目賃金と実質賃金を区別して扱うことになります。

●インフレとデフレ

言葉の混乱を避けるために，改めて「**インフレーション（インフレと省略されて呼ばれることもあります）**」と「**デフレーション（デフレと省略されます）**」の定義を明確にしておきます。インフレーションとは継続的な物価水準の上昇のことです。反対にデフレーションとは継続的な物価水準の下落を意味します。あくまでも物価水準の変化だけに注目し，景気の良し悪しとは無関係に定義される言葉なので気を付けてください。なお，物価水準の上昇率のことを「**インフレ率**」と呼び，デフレについてはマイナスのインフレ率で表現します。

●名目賃金と実質賃金

「**名目賃金**」とは，日常的に見聞きする賃金のことで，「**貨幣賃金**」という言い方もします。なお"名目"という言葉を付けるのは，次の実質賃金との混乱を避けるためです。その「**実質賃金**」とは，名目賃金から物価の影響を除いた賃金水準の指標です。第4章4.6節で述べた実質値の考え方を用いて，名目賃金と物価水準の比率で実質賃金を定義します。

$$実質賃金\ (w) \equiv \frac{名目賃金\ (W)}{物価水準\ (P)}$$

労働者や企業にとって重要視すべき賃金は，名目賃金ではなく実質賃金です。例えば名目賃金が2倍になっても，物価が同じように2倍になれば労働者が購入できる財・サービスの量は変わらないからです。この点は，実質GDPや実質貨幣供給量と基本的に同じ理屈です。

一方，企業と労働者が雇用契約を結ぶときは，通常，名目賃金をベースにします。もちろん雇用契約を結ぶ際，企業および労働者は暗黙の内に契約期間中の物価水準を予想し，お互いにそれを折り込むでしょう（物価水準の予想値を「**期待物価水準**」と呼びます）。しかし，いずれにせよ実際の契約は名目賃金で行われます。[5]

●失業率と名目賃金の上昇

失業率の大きさは名目賃金の変化に強く影響を与えます。例えば，実際の失業率が自然失業率を下回るとします。自然失業率のとき「求人数＝求職者数」なので，失業率がそれよりも小さいということは求職者数が少なく，

---

[5] 例えば，契約期間の間に物価が10%上昇しそうと労働者，雇用主ともに期待すれば，名目賃金も契約時にあらかじめ10%上乗せされます。このように期待物価水準が適切に折り込まれているとき，名目賃金での契約と実質賃金での契約は，本質的に等しくなります。

「求人数＞求職者数」という状態を意味します。労働市場は，全体的にいわゆる"人手不足"となっています。

　この労働市場での人手不足が，賃金の引き上げ圧力を生み出します。それまで賃金が変化していなかったのなら上昇を始め，賃金がそれまでにも上昇していたのならば，その上昇スピードは高まるでしょう。なお，この名目賃金の上昇圧力は，失業率が下がれば下がるほど（求職者の数が少なくなればなるほど）強まります。

　逆に失業率が自然失業率を上回った場合は，名目賃金に対して反対の圧力がかかります。「求人数＜求職者数」となるので，労働市場で多くの人が職を求めている状態です。当然，名目賃金を下げる力が働き，仮にそれまで名目賃金が上昇していても，その上昇スピードは減速します。また，それまで賃金が変化していないのならば，その水準は低下するでしょう。

　自然失業率が一つのポイントとなり，失業率がそれ未満のときに名目賃金の上昇は加速し，それを超えると減速（つまりマイナスに加速）します。失業率が自然失業率と一致するときに名目賃金は加速も減速もしません。

●期待物価上昇率と名目賃金上昇率の関係

　先に説明したように，雇用契約自体は名目賃金で成されますが，企業も労働者も真に重視するのは実質賃金です。したがって失業率が自然失業率と一致しても，物価の上昇が一般的に期待されると，その分，名目賃金に折り込まれます。**期待物価上昇率**（「**期待インフレ率**」とも言います）が上がれば，名目賃金上昇率も同じだけ上がり，期待物価上昇率が下がれば，名目賃金上昇率も下がります。

　例えば，来年2％の物価上昇が起きるということを，企業も労働者も同じように知っている（予想・期待しているということです）とします。このとき企業は，来年の賃金を2％上げて，自分の製品も同じように2％値上げすれば良いと考えるでしょう。労働者も物価上昇で来年の生活費が2％上がるものの，賃金が2％上がれば文句はありません。このように企業側も労働者

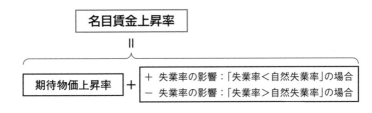

図12.1　名目賃金上昇率の構造

側も2%の賃上げに反対する必要がなく，問題なく賃金は2%分上乗せされます。

　以上をまとめると，図12.1のようなイメージになります。期待物価上昇率が名目賃金上昇率の一つの基準値となる点に留意してください。

◆ Technical 編　フィリップス曲線

　名目賃金上昇率と失業率の関係は，「フィリップス曲線（Phillips curve）」で表されます。この曲線は1958年にA. W. フィリップスが英国のデータから発見したもので，その後，いくつかの修正がなされていますが，現在も名目賃金の決定を考える際の代表的なツールです。

　縦軸に名目賃金上昇率 $(W_{+1} - W)/W$ を取り，[6] 横軸に失業率 (u) を取ったグラフを図12.2に描きます。この図で PP と表した曲線が典型的なフィリップス曲線です。この曲線によって，失業率が高まると名目賃金上昇率が下がるという「**失業率と名目賃金上昇率のトレード・オフ**」が表現できます。

　図12.2のフィリップス曲線をさらに理解するため，次のようなことを考えます。まず物価上昇率について人々が π^e という水準を予想しているとします（期待物価上昇率が π^e ということです）。いま π^e を図12.2の縦軸に記し，そこから π^e に対応する失業率を探ります。フィリップス曲線 PP から

---

[6]　当該期間の名目賃金を W，当該期間から1期後の名目賃金を W_{+1} とします。したがって，名目賃金の上昇幅は $(W_{+1} - W)$ と書け，その上昇率は $(W_{+1} - W)/W$ となります。

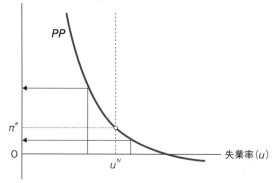

名目賃金上昇率： $(W_{+1} - W)/W$

PP

π^e

O

u^N

失業率(u)

図 12.2　フィリップス曲線

u^N がその失業率となることが分かります。実は，この u^N が自然失業率です。次のように確認しましょう。

自然失業率のとき「求人数＝求職者数」となるので，労働市場からは名目賃金に関して上昇圧力も低下圧力もかかりません。図 12.1 の名目賃金上昇率に与える「失業率の影響」がゼロになるときで，名目賃金上昇率と期待物価上昇率は等しくなります。図 12.2 でも，確かに，失業率が u^N のときに $(W_{+1} - W)/W = \pi^e$（名目賃金上昇率＝期待物価上昇率）です。

また失業率が u^N よりも小さいとき $(u < u^N)$，$(W_{+1} - W)/W > \pi^e$ となり，u^N よりも大きいとき $(u > u^N)$，$(W_{+1} - W)/W < \pi^e$ です。やはり Story 編の説明と同じように自然失業率 u^N を一つのポイントにして，u^N 未満のときに名目賃金の上昇が基準値 π^e から加速し，それを超えると π^e から減速します。

なおフィリップス曲線は，期待物価上昇率（π^e）の変化に合わせてシフトします。図 12.3 を見てください。$u = u^N$ のときに $(W_{+1} - W)/W = \pi^e$ となるようにフィリップス曲線が描かれるので，期待物価上昇率の変化は PP 線の位置を動かします。例えば，期待物価上昇率が π_0^e から $\pi_1^e (> \pi_0^e)$ へ，また π_1^e から $\pi_2^e (> \pi_1^e)$ へ変化していくと，それに合わせてフィリップス

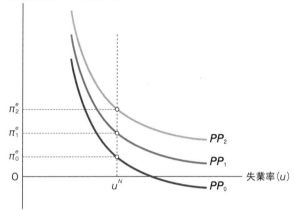

名目賃金上昇率：$(W_{+1} - W)/W$

π_2^e
π_1^e
π_0^e

PP_2
PP_1

O

u^N

失業率(u)

PP_0

図 12.3　フィリップス曲線のシフト

曲線も上方にシフトしていきます。図 12.3 の PP_0 から PP_1 へのシフト，PP_1 から PP_2 へのシフトがそれです。

  Technical 編の確認問題

［1］いま，人々の期待物価上昇率よりも名目賃金上昇率が高かったとする。このことから労働市場について分かることは何か。説明しなさい。

（解説）

［1］期待物価上昇率よりも名目賃金上昇率が高いということは，名目賃金上昇率が基準値（つまり期待物価上昇率）から "上乗せ" されている状態を意味します。このようなことが生じ得るのは，労働市場で人手不足が発生しているからです。つまり，失業率が自然失業率を下回っていることが分かります。この点は，図 12.2 を参照することで容易に確認できます。

12.3　フィリップス曲線と完全雇用 GDP

この節では，期待物価上昇率がゼロのケース（$\pi^e = 0$）を前提にします。

この前提のもと，フィリップス曲線とAD-AS分析を結合することで，「経済は長期的に完全雇用GDPを達成する」という命題を導きます。なお期待物価上昇率がゼロ以外のときの議論は次節で行います。

◆Story編　名目賃金の変化と完全雇用GDPへの調整

第11章のAD-AS分析の最後で，賃金（名目賃金です）が上昇するとAS曲線が上方にシフトすることに触れました。一方，名目賃金の変化は，前節で見たように，フィリップス曲線で説明されます。ここでは，「期待物価上昇率がゼロで変化しない（つまり $\pi^e = 0$ で固定されている）」という基本的な状況を想定し，AD-AS分析にフィリップス曲線を組み入れます。

完全雇用GDP（Y^N）は，失業率が自然失業率（u^N）に等しいとき（雇用量が完全雇用量（N^N）のとき）のGDP水準でした。いま，実際のGDP（Y）が完全雇用GDPよりも低いものとします（$Y^N > Y$）。このとき，経済全体の雇用量（N）は完全雇用水準に達していないと考えられ（$N^N > N$），失業率（u）が自然失業率を超えます（$u^N < u$）。[7] 景気が悪いので，失業率が高まっているという状態です。図12.4の①と②を参照してください。

ここでフィリップス曲線の説明を思い出します。失業率が自然失業率を上回っているので，「求人数＜求職者数」となっていることが分かります。つまり，名目賃金に低下圧力がかかっています。失業して職を求めている人が多いので，少しぐらい賃金を下げても大丈夫だろうと考える企業が出てくるというイメージです。なお，いま人々の期待物価上昇率をゼロ（$\pi^e = 0$）と想定しているので，期待物価上昇率の影響から上乗せ的に名目賃金が上がることはありません。結局，名目賃金の水準は低下圧力によって下がり始めます（図12.4の③）。

次にAD-AS分析を用います。名目賃金が実際に下落してくると，それぞれの企業は費用面で一定の余裕が生まれます。すると今度は，販売競争に勝

---

[7] 労働力人口が変化しないということを仮定しています。

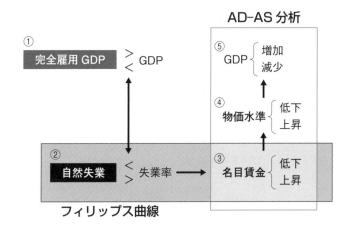

図 12.4　完全雇用 GDP への調整（イメージ）

つため，生産物の価格を下げる企業も増えてくるでしょう。経済全体の物価水準も低下していき，実質貨幣供給量は増加，"金融緩和的な効果" が働きます。結果，均衡 GDP の水準が上昇するので，実際の GDP も当初の状態から増加します（図 12.4 の④と⑤）。この「名目賃金の低下→物価水準の低下→ GDP の増加」という動きは，失業率が自然失業率と一致する完全雇用 GDP まで続きます。

　反対に GDP が完全雇用 GDP を超えていると，上の説明と逆の調整が働きます。このとき失業率は自然失業率よりも低くなっているので，労働市場で名目賃金に上昇圧力がかかります。実際に名目賃金が上昇して，物価水準の上昇を引き起こすでしょう。インフレーションが発生する訳です。このインフレーションは実質的な "金融引締め効果" をもたらすので，GDP は減少していき完全雇用 GDP に向かいます。

◆ Technical 編 **完全雇用 GDP への調整：グラフによる説明**

　AD-AS 分析のグラフとフィリップス曲線を利用して，Story 編のポイント

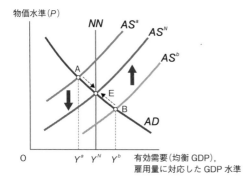
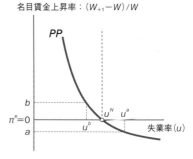

物価水準(P)　　　　　　　　　　　　　　　名目賃金上昇率：$(W_{+1}-W)/W$

図12.5　**完全雇用GDPへの調整（グラフによる確認）**

を確認します。図12.5にはフィリップス曲線のグラフとAD–AS分析のグラフを並べています。なおAD–AS分析のグラフでは，完全雇用GDP（Y^N）の水準を意味する線（Y^Nを通る垂直な線NNです）を中心に置いています。またフィリップス曲線は$\pi^e = 0$に対応したものです。

　まずAS曲線がAS^aで，経済はこの線とAD線の交点（A点）にあるとします。つまりGDPはY^a（$< Y^N$）の水準です。このときの失業率は自然失業率よりも大きくなるので，右のグラフではu^a（$> u^N$）に対応します。

　フィリップス曲線から，このときの名目賃金上昇率はマイナス（$W_{+1} - W)/W = a < 0$）となることが分かるでしょう。そのこと（名目賃金の低下）を受け，AS曲線はAS^aからAS^Nに向けて下方シフトします。結果，AD曲線との交点もE点に向けて移動し，GDPは増加します。

　次にAS曲線がAS^bのケース，つまり経済がB点にあるときを考えます。GDPは完全雇用GDPよりも大きいY^bの水準になるので，失業率は自然失業率よりも小さいu^b（$< u^N$）が対応します。フィリップス曲線によって名目賃金上昇率はプラスの値（$(W_{+1} - W)/W = b > 0$）となるのが分かり，AS曲線はAS^bから上方にシフトしていきます。GDPは減少して，この場合も最終的に完全雇用GDP（Y^N）が達成されます。

Technical 編の確認問題

[1] 実際の GDP が完全雇用 GDP よりも小さいとき，失業率が自然失業率よりも高くなっている。つまり労働市場では需要不足失業（もしくは非自発的失業）が存在している。この場合，政府支出を増やして失業対策を行うべきか。労働者の立場ではなく，設備投資を考えている経営者の立場から論じなさい。

（解説）

[1] まず，もしも労働者の立場に立つのなら答えは「行うべき」です。しかし設備投資を考えている企業経営者の立場に立つと「行うべきではない」となる可能性もゼロではありません。政府支出の増加は，AS 曲線ではなく AD 曲線の方を右方シフトさせます。そのため IS-LM 分析で指摘されたクラウディング・アウトに加え，物価上昇による "金融引締め的効果" も伴う訳です。つまり全体的に長期金利は上昇し，設備投資を行うことが不利になります。政府支出の増加によって長期金利が急上昇する危険性も出てくるでしょう。「政府支出を増加させるのではなく，物価水準の低下で有効需要が高まるのを待てば良い（図 12.5 の A 点から E 点の移動のように，AS 曲線が下方にシフトしていくのを待てば良い）」という意見も，設備投資を考えている経営者からは出てくるかもしれません。インフレ（物価上昇）を引き起す政策が，万人に対して常にプラスとなる訳ではないということです。

12.4 期待形成と完全雇用 GDP
：インフレ総供給曲線の分析

　前節では，期待物価上昇率がゼロ（$\pi^e = 0$）という想定のもと，GDP が完全雇用 GDP に収束していくことを説明しました。ここでは期待物価上昇率に関して，より一般的な想定を置いて分析を進めます。

　ただし，あらかじめ留意しなくてはならないことは，「期待物価上昇率がゼロ」の仮定を外すと，AD-AS 分析を直接利用するのが困難になる点です。そもそも，AD 曲線および AS 曲線で議論しているのは物価水準（P）で，物価上昇率（$\pi \equiv (P_{+1} - P)/P$）や期待物価上昇率（$\pi^e$）という "変化率" ではないからです。

　以下では，フィリップス曲線をベースにした「**インフレ総供給曲線**」を利

用します。その上で，名目貨幣供給量の増加率に注目して（これが実際には総需要曲線の代わりになります），GDP の時間的な動きを分析します。

　12.2 節のフィリップス曲線の議論に，名目賃金と物価水準の関係を加えると，「物価版フィリップス曲線」が導出できます。まず，失業率が自然失業率よりも低い水準になったとします。このとき名目賃金の上昇が加速しますが，その上昇分は各企業によって生産物の価格に上乗せされることが，これまでの話からも分かります。つまり，物価水準の上昇も結果的に加速します（物価上昇率が高まるということです）。

　例えば，労働市場が人手不足で（名目）賃金が3%上昇したとします。このとき企業は，賃金の上昇分を生産物の価格に上乗せすることで利潤の低下をカバーしようとするでしょう。ここでは，やや極端なケースですが，企業は3%の賃金の上昇（労務費用の3%の上昇ということです）に対して，生産物の価格も3%引き上げるものと想定します。この想定のもと，経済の物価上昇率も3%上昇することになります。

　反対に，失業率が自然失業率よりも高いとデフレ圧力がかかります。名目賃金に対する低下圧力は，物価水準に対するデフレ圧力を引き出し，実際に物価上昇率を低下させます。

　以上のように，失業率と物価上昇率の間にフィリップス曲線と類似した関係を見いだせます。また名目賃金上昇率がそうであったように，物価上昇率も期待物価上昇率（π^e です）から影響を受けることになります。

　図 12.6 の左のグラフでは，縦軸に物価上昇率（$\pi \equiv (P_{+1} - P)/P$）を取り，改めて失業率と物価上昇率の関係を表しました。この右下がりの曲線が「物

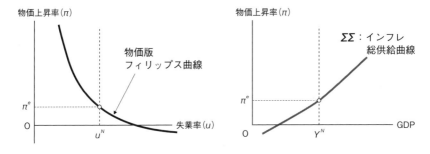

図12.6 インフレ総供給曲線

価版フィリップス曲線」で，物価上昇率と失業率の関係が確認できます。

　ここでは，図12.2で説明したフィリップス曲線と同様に，実際の失業率が自然失業率と一致したとき（$u = u^N$のときです），物価上昇率が期待物価上昇率と等しくなる（$\pi = \pi^e$です）ように描いている点に注意してください。物価版フィリップス曲線も，期待物価上昇率（π^e）の変化に対してシフトすることになります。[8]

　物価版フィリップス曲線を用いると，インフレ総供給曲線が容易に導かれます。図12.4でも見たように，労働力人口が一定のとき，

　　失業率 ＞［＜］自然失業率 ⇔ GDP ＜［＞］完全雇用GDP

という関係が成立しました。このことに注意して，縦軸に物価上昇率（π）を取り横軸をGDPとしたグラフで，物価版フィリップス曲線のポイントを描き直します。図12.6の右のグラフに描いた$\Sigma\Sigma$です（Σ：シグマ）。この$\Sigma\Sigma$が「インフレ総供給曲線」と呼ばれるものです。

---

[8] なお理論的な厳密性にこだわる場合，物価版フィリップス曲線には若干の注意が必要です。実は上記の物価版フィリップス曲線の説明では，AS曲線が右上がりというポイントを十分に考慮していません。もしも考慮すると，物価版フィリップス曲線に若干のズレが生じます。この部分の整合性をとるため，AS曲線の段階でケインズ理論をベースにしたものを採用せず，**マークアップ原理**と呼ばれる考え方（生産物価格は単純に賃金の一定倍（マークアップ）になるという考え方）をあらかじめ採用することもあります。

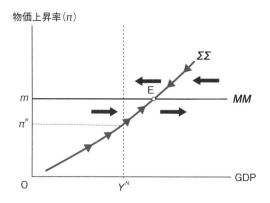

図 12.7　インフレ総供給曲線と GDP の動き

　GDP が完全雇用 GDP（Y^N）を超えていると（$Y > Y^N$），失業率は自然失業率未満になるので（$u < u^N$）インフレが加速します。反対に GDP が完全雇用 GDP に達していないと（$Y < Y^N$），失業率は自然失業率を超えているので（$u > u^N$）インフレが減速します。インフレ総供給曲線 $\Sigma\Sigma$ は以上の状況を説明しています。

●インフレ総供給曲線を用いた分析のフレームワーク

　このように，インフレ総供給曲線を見ることで物価上昇率が分かります。一方，GDP の動きを分析するために，ここでは次のことを考えます。

　物価上昇率を π% として，いま，中央銀行が名目貨幣供給量を m% のスピードで増やし続けているとします。実質貨幣供給量は M/P なので，分子の名目貨幣供給量（M）の増加率（m）が，分母の物価水準（P）の上昇率（π）を上回ると，実質貨幣供給量は増加し続けることが分かります。つまり，$m > \pi$ のときに継続的な金融緩和が行われていると言えます。反対に $m < \pi$ ならば実質貨幣供給量は減少を続けるので，継続的な金融引締めがなされていると考えます。

　以上を踏まえると，物価上昇率と GDP の動きを結び付けることができま

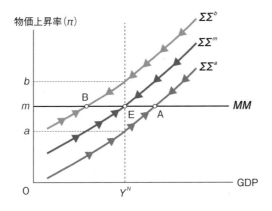

図12.8　インフレ総供給曲線を用いた分析

す。

$\pi < m \Rightarrow$ 継続的な金融緩和 $\Rightarrow$ 有効需要↑ $\Rightarrow$ 継続的な GDP ↑

$\pi > m \Rightarrow$ 継続的な金融引締め $\Rightarrow$ 有効需要↓ $\Rightarrow$ 継続的な GDP ↓

です。インフレ総供給曲線に上記の関係を組み合わせれば，GDP と物価上昇率がダイナミックに分析可能となります。

　図12.7 に注目します。このグラフはインフレ総供給曲線と上の関係を結び付けたもので，GDP と物価上昇率の動きが矢印によって表されています。

　経済はインフレ総供給曲線 $\Sigma\Sigma$ に沿って動くということがポイントです。[9]例えば，物価上昇率（π）が m の水準より下のとき（経済が MM 線の下側の領域にあるとき）GDP は増加するので，経済は $\Sigma\Sigma$ 上を右上方向へ移動して行きます。他方，m より上のとき（MM 線の上側の領域にあるとき），$\Sigma\Sigma$ 上を左下方向に経済は動きます。

●インフレ総供給曲線と完全雇用 GDP：人々の期待が固定的なケース

　MM 線とインフレ総供給曲線を用いて経済の動きを分析してみます。まず，

---

[9] ここでは，実際の GDP が AD–AS 分析の均衡 GDP と常に一致している状況を前提にしています。

インフレ総供給曲線に関しても，完全雇用 GDP のところ（$Y = Y^N$）で人々の期待物価上昇率の水準（π^e）が表されることに注目します。例えば，図 12.8 には 3 つのインフレ総供給曲線 $\Sigma\Sigma^a$, $\Sigma\Sigma^m$, $\Sigma\Sigma^b$ を描きました。それぞれの期待物価上昇率（π^e）は a, m, b が対応します。なお，名目貨幣供給量は m％で継続的に増加しているものとし，MM 線で表しています。

初めに，人々の期待物価上昇率が a％で変化しないとき，つまり「$\pi^e = a$」で固定されているケースを考えます（インフレ総供給曲線は $\Sigma\Sigma^a$ に対応します）。この $\Sigma\Sigma^a$ のケースでは，期待物価上昇率（π^e）が名目貨幣供給量の増加率よりも低いことがポイントになります（$\pi^e = a < m$ です）。なお，実際の物価上昇率（π）は，$\Sigma\Sigma^a$ の高さで確認できます。$Y = Y^N$ のところに注目すると，経済が完全雇用 GDP に達っしているとき，名目貨幣供給量の増加率（m）より実際の物価上昇率（π）の方が低いことが分かるでしょう。つまり，完全雇用 GDP の状態でも金融緩和的効果が発生し，GDP の増加はストップしません。経済は A 点へ向かいます。

反対に期待物価上昇率が b％で変化しないとき（インフレ総供給曲線が $\Sigma\Sigma^b$ のとき）は，基準値となる $Y = Y^N$ のときの物価上昇率が名目貨幣供給量の増加率（m）より高くなります。そのため，経済が完全雇用 GDP に近い状態のときに金融引締め効果が発生し，経済は逆に B 点に向かいます。

最後に期待物価上昇率が m％で名目貨幣供給量の増加率と一致するときを確認します（$\Sigma\Sigma^m$ のときです）。このケースに限って，GDP は完全雇用 GDP の水準に収束することが分かるでしょう。

このように，人々が期待を固定させてしまっている場合，その期待物価上昇率と名目貨幣供給量の増加率がたまたま一致しない限り，完全雇用 GDP は達成できません。期待物価上昇率と名目貨幣供給量の増加率が異なると，上で述べたように GDP の水準が完全雇用水準から外れます。要するに，人々の期待のあり方によって，実際の経済状況も変化してしまう可能性があります。

なお 12.3 節の分析は，期待物価上昇率をゼロと仮定し，かつ暗黙的に名

目貨幣供給量の増加率もゼロとしていました。そのため「最終的に完全雇用GDPが達成」という結論が得られた訳です。

●インフレ総供給曲線と完全雇用GDP：固定的な期待の修正

期待が固定されているケースを前提にした分析は，インフレ総供給曲線の特性を理解する上で重要です。しかし，より踏み込んで経済を考える際，「人々の期待が固定されている」という想定にも問題があります。というのも，一般に，固定された期待物価上昇率と実際の物価上昇率が，そのまま一致するようなことはないからです。

例えば図 12.8 の $\Sigma\Sigma^a$ のケースでは，人々は期待物価上昇率として a％を予想（期待）し続けている一方で，実際の物価上昇率は A 点で与えられる m％に収束します。$\Sigma\Sigma^b$ のケースでは b％の物価上昇率を予想しているものの，実際の物価上昇率はやはり m％で，予想が外れています。このような間違えた予想を人々が持ち続けるという想定は，現実的にも無理があります。予想や期待が外れ続ければ，人々はそれを修正していくでしょう。

図 12.8 の場合，人々の予想や期待はトライ・アンド・エラーを繰り返しながら，現実の物価上昇率である m％へ修正されていくと考えることもできます。もしもそうであるのならば，インフレ総供給曲線も徐々に $\Sigma\Sigma^m$ へシフトしていきます。その結果，GDP の水準も時間とともに完全雇用 GDP へ収束します。つまり長期的に完全雇用状態が達成できる訳です。

人々の期待のあり方が現実の経済に影響を与える一方で，現実の状況が人々の期待の持ち方を変化させていきます。このような「人々の期待」と「現実の経済」との間のキャッチボールで，最終的には完全雇用状態が達成できると考えることも可能です。

●インフレ総供給曲線と完全雇用GDP：合理的期待のケース

以上から，少なくとも長期的な視点に立てば，期待の調整を通して経済が完全雇用状態に向かう可能性が見えてきました。一方，「合理的期待」とい

う考え方があります。これは，「人々は入手可能な全ての情報を利用して一番適切な期待を形成する」という考え方です。この**合理的期待形成**が実際になされると，時間のかかる「期待の調整」を待たずして，経済で完全雇用状態が達成されることになります。

　合理的期待形成の大きな特徴は，「人々はトライ・アンド・エラーを重ねて予想を修正していくのではなく，初めから可能な限りの知識と情報を利用し，全体的に整合性が取れるような予想を形成する」と想定することです。つまり人々は予想（期待）を設定するとき，事前に頭の中で綿密なシミュレーションを行い，その上で，一番整合性の取れた"合理的"なものを予想（期待）の水準として選択する，そんな状況を仮定する訳です。この点を図12.8の例で見ていきましょう。

　合理的期待形成仮説に基づく経済主体は次のように考えます。

　「まず物価上昇率の期待水準がa％のケースをシミュレーションしてみよう。人々が本当にこのa％を期待水準として持ったのならば，実際の物価上昇率はどうなるのか。図12.8を参考にすれば，どうもこのとき実際の物価上昇率はa％ではなく，もっと高いm％に向かうようだ。でも待てよ。このことは，人々の誰もが気付くに違いない。ということは，そもそも人々が，このa％を期待物価上昇率に設定すること自体，論理的に整合性が取れない。

　では，物価上昇率をb％と期待したらどうだろうか。この場合も図12.8を参照すると，実際の物価上昇率はやはりm％に向かう。つまり，人々が期待物価上昇率をb％に設定しても，現実の物価上昇率はそれよりも低い値となる。このことも誰もが知るだろうから，期待物価上昇率として人々がb％を設定すること自体，整合性に欠ける。

　それならば期待物価上昇率をm％にしたらどうか。この場合なら，確かに実際の物価上昇率もm％になるので，人々の期待値と実際の値が完全に整合的になる。つまり，期待物価上昇率としてはm％が一番合理的だ。以上から，自分自身もm％を期待値として設定しよう。」

　経済理論を"熟知"していることも同時に想定されている人々は，トライ・

アンド・エラーを繰り返すことなく，このように頭の中でシミュレーションした上で，"合理的"な水準であるm%を期待物価上昇率として設定します。

　以上が**合理的期待形成仮説**の概要です。人々が実際に合理的期待形成を行っているのならば，期待の調整などというプロセスを経ることなく，短期間で完全雇用状態が達成されることになります。

 Technical 編の確認問題

[1] 中央銀行が名目貨幣供給量の増加率を増やしたとする。このことは GDP に
　　どのような影響を与えるのか。期待が固定されるケースと合理的期待のケー
　　スに分けて分析しなさい。

(解説)

[1] 図 12.9 で確認しましょう。名目貨幣供給量の増加率を増やすことによって，*MM* 線は
　MM′ 線にシフトします。いま期待が当初の物価上昇率 m で固定されている場合，GDP
　の水準は図の A 点に向けて増加し，完全雇用 GDP を超えるでしょう。一方，人々が
　合理的期待を形成しているのならば，期待物価上昇率は $m′$ が選択されるので，結局，
　均衡点は E 点から F 点に移るだけになります。この場合，物価上昇率（インフレ率）
　が加速するだけで GDP 水準が変化することはありません。

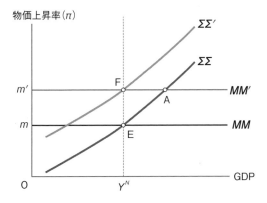

図 12.9　インフレ総供給曲線を用いた分析：貨幣増加率の変化

■文献案内

　現在発刊されているマクロ経済学のテキストは多様化しており，同じテーマを扱っていても，説明の仕方にそれぞれの個性が反映されています。そのためテキストを選ぶ際も，自分の学びたい方向とマッチしたものを見つけることが肝要です。

　さて，本書では長期金利と短期金利を分けて考えました。他方，多くのマクロ経済学のテキストでは，短期金利の議論を省略して，流動性選好理論を導入しています。そのようなスタンスのテキストとしては，例えば，

- [1] 岩田規久男『基礎コース　マクロ経済学　第2版』新世社，2005年
- [2] 井堀利宏『入門マクロ経済学　第4版』新世社，2020年
- [3] 宮川努・滝澤美帆『グラフィック　マクロ経済学　第2版』新世社，2011年
- [4] 福田慎一・照山博司『マクロ経済学・入門　第5版』有斐閣アルマ，2016年

があげられます。[1] は，本書とほぼ同レベルのテキストです。[2] から [4] は本書で触れることのできなかったトピックが多く含まれており，学部中級以上のテキストとしても評価を得ています。

　また，より進んだ学部上級から大学院レベルのものとして，

- [5] 浅子和美・加納悟・倉澤資成『マクロ経済学　第2版』新世社，2009年
- [6] 三野和雄『マクロ経済学』培風館，2013年
- [7] 二神孝一・堀敬一『マクロ経済学　第2版』有斐閣，2017年

などが挙げられます。いずれも上級レベルの内容を多く取り上げており，ミクロ経済学などの知識を習得した後に挑戦することをお勧めします。

　次に，金利の決定メカニズムとして短期金利の議論を重視する立場のテキストですが，ここでは，まず，

　　[8] D. アセモグル・D. レイブソン・J. リスト『アセモグル / レイブソン
　　　　 / リスト マクロ経済学』東洋経済新報社，2019 年

を挙げておきます。さらに，

　　[9] 飯田泰之・中里透『コンパクト マクロ経済学 第 2 版』新世社，2015 年

の後半も，短期金利を重視するスタンスが紹介されています。

　短期金利を金利の中心とみなすスタンスは，結局，「中央銀行が全ての金利をコントロールできる」という発想につながります。なお大学院レベルでは，この発想を全面的に取り入れてモデルが構築されたりします。大学院のテキストは，一般にミクロ経済学と経済数学を十分にマスターしていないと歯が立ちませんが，参考までに，やや古くなっていますが，大学院レベルの日本語で書かれたテキストを 1 つ紹介しておきます。

　　[10] 加藤涼『現代マクロ経済学講義』東洋経済新報社，2007 年

なお金融政策については，マクロ経済学のテキストだけでなく，金融のテキストにあたることもお勧めします。以下，理論というより実践向けのテキストと，金融政策に関する学部中級から大学院レベルのテキストをそれぞれ紹介します。

　　[11] 田渕直也『[新版] この 1 冊ですべてわかる 金融の基本』日本実業
　　　　 出版社，2019 年
　　[12] 白川方明『現代の金融政策 理論と実際』日本経済新聞出版社，2008 年

です。[12] は中央銀行について学ぶ際の定番となっているものです。

■索　引

著者紹介

中村　勝克（なかむら　まさかつ）

1969 年　東京都生まれ
1996 年　横浜国立大学経済学研究科修士課程修了
1999 年　一橋大学経済学研究科博士課程単位取得退学
1999 年～ 2000 年　経済企画庁経済研究所任期付研究員
2004 年～ 2006 年　内閣府経済社会総合研究所客員研究員（兼務）
福島大学経済経営学類教授を経て
現　　在　立正大学経営学部教授

主要著書・論文

『通貨危機のマレイシア経済への影響——forward-looking モデルの分析——』（渡邉清實と
　の共著，経済企画庁経済研究所，2000 年）

"A Note on the Constant-Elasticity-of-Substitution Production Function," (with Hideki
　Nakamura, *Macroeconomic Dynamics*, 2008)

「Stay or Evacuate?——ナイト的不確実性に関するモデル分析——」（『商学論集』，2016 年）
ほか

ライブラリ 経済学基本講義—2

基本講義 マクロ経済学 第2版

2015 年 4 月 10 日ⓒ	初 版 発 行
2022 年 9 月 25 日ⓒ	第 2 版 発 行

著 者	中 村 勝 克	発行者	森 平 敏 孝
		印刷者	山 岡 影 光
		製本者	小 西 惠 介

【発行】　　株式会社　新世社
〒 151-0051　東京都渋谷区千駄ヶ谷 1 丁目 3 番 25 号
編集☎(03)5474-8818(代)　　サイエンスビル

【発売】　　株式会社　サイエンス社
〒 151-0051　東京都渋谷区千駄ヶ谷 1 丁目 3 番 25 号
営業☎(03)5474-8500(代)　　振替 00170-7-2387
FAX☎(03)5474-8900

印刷　三美印刷㈱　　製本　㈱ブックアート

サイエンス社・新世社のホームページのご案内
https://www.saiensu.co.jp
ご意見・ご要望は
shin@saiensu.co.jp まで

ISBN978-4-88384-356-5
PRINTED IN JAPAN

ライブラリ経済学基本講義　9

基本講義
労働経済学

阿部正浩　著
A5判／296頁／本体2,800円（税抜き）

労働経済学の最新入門テキスト。大学生のアルバイトや就職活動といった身近なトピックによるStory編から始め問題意識を喚起したうえ，続くTechnical編で労働経済学による理論的解説を行う構成として理解しやすさを配慮。労働をめぐる様々な統計データを紹介し，これからの働き方を考えるヒントも含めて読者のキャリア形成に資する内容となっている。2色刷。

【主要目次】
どうして大学へ行くの？／働くか，働かないか，それが問題だ──労働供給（1）／仕事探しは大変です──職探し理論／どれくらい働くの？──労働供給（2）／何人雇えば良いの？──短期の労働需要／機械を使うか，人手を使うか──長期の労働需要／労働者と企業の出会いの場──労働市場のメカニズム／どうして賃金が違うの？（その1）──補償賃金仮説／どうして賃金が違うの？（その2）──差別の経済学／賃金はどう支払われる／どうやってスキルを身につけるのか──人材開発／失業はなぜ起こる／団結して交渉しよう──労使関係と労働組合／これからどうなるの？──労働市場と働き方の未来

発行　新世社　　　発売　サイエンス社